Noreena Hertz

# Armutszeugnis

Noreena Hertz

# Armutszeugnis

## Warum Schulden die Welt gefährden

Aus dem Englischen
von Stefan Gebauer

ECON

Die Originalausgabe erschien 2004 unter dem Titel
*I.O.U. The debt threat and why we must defuse it*
bei Fourth Estate London/New York.

Econ ist ein Verlag der Ullstein Buchverlage GmbH

ISBN 3-430-14336-5


Gesetzt aus der Sabon und Cantoria bei
Franzis print & media GmbH, München
Druck und Bindung: Bercker, Kevelaer
Printed in Germany

*Für Jonathan, Arabel und David –*
*in Dankbarkeit.*

# Inhalt

## KAPITEL EINS

# Rock The Vote

»Und ihr sollt das fünfzigste Jahr heiligen und sollt eine Freilassung ausrufen im Lande für alle, die darin wohnen; es soll ein Erlassjahr für euch sein. Da soll ein jeder bei euch wieder zu seiner Habe und zu seiner Sippe kommen.«

*3. Buch Mose, 25:10 – Teil der Inschrift der Freiheitsglocke*

»Und wer ist hier der Elvis?«, fragte der Rockstar ungeduldig. Die Frage schallte durch Leslie Gelbs Büro in dem altehrwürdigen Sandsteingebäude, dem Sitz des Council on Foreign Relations. Die gereizte Stimme war die eines Mannes, der daran gewöhnt war, in Stadien aufzutreten, in denen tausende an seinen Lippen hingen.

Gelb hatte seinem Besuch gerade einen kurzen Vortrag über die Machtstrukturen in den Vereinigten Staaten gehalten und dabei die einflussreichsten Männer aufgezählt: David Rockefeller, den UNO-Botschafter Richard Holbrooke, den Finanzminister Robert Rubin, den ehemaligen Zentralbankchef Paul Volcker und einige Schlüsselfiguren der Republikanischen Partei. Eine kleine Kette aus prominenten Namen, die sozusagen von der Wall Street nach Washington und zurück reichte. Die kleine Einführung hatte Bono unmissverständlich vor Augen geführt, dass er hier in einer ganz anderen Liga zu spielen versuchte. Paul McGuinness, der Manager von U2, hatte ihn gewarnt, dass es zwei verschiedene Paar Schuhe seien, sich bei Konzerten für den Schuldenerlass einzusetzen oder sich für dieses Anliegen mitten hinein in die Mühlen der amerikanischen Politik zu begeben. Obwohl Bono die Ermahnung noch in frischer Erinnerung hatte, preschte der Rockstar schon wieder nach vorn.

»Wissen Sie, ich habe auch einen Job«, sagte er halb im Scherz. Es war gut möglich, dass der ausgesprochen unmodische Gelb, der zu jener Zeit die wichtigste außenpolitische Denkfabrik der Vereinigten Staaten leitete, nicht die geringste Ahnung hatte, welche Bedeutung dieser junge Mann besaß. Bei ihm hatten sich schon viele selbstgefällige Investmentbanker, Vertreter des Außenministeriums, Journalisten und akademische Leuchten die Klinke in die Hand gegeben – Typen wie er, aus der Popkultur, dürften eher weniger darunter gewesen sein.

Gelb ließ sich durch die Bemerkung nicht aus der Ruhe bringen. Er beugte sich zu Bono hinüber und wiederholte in heiserem Ton (er hatte am Vortag die Stimme verloren), dass jede der gerade genannten Personen »im Grunde geeignet ist, dieses Vorhaben im Keim zu ersticken«. Wenn Bono wirklich vorhabe, die Vereinigten Staaten zum Verzicht auf alle ausstehenden Schuldenzahlungen der ärmsten Länder der Welt zu bewegen, ganz zu schweigen von der Idee, die USA sollten die Schulden dieser Länder bei der Weltbank, dem IWF und den regionalen Entwicklungsbanken übernehmen, so werde er die Unterstützung all dieser Führungspersönlichkeiten benötigen – und das wäre erst der Anfang. Aber im Grunde sei dies eh verlorene Liebesmüh; denn kein Mensch könne ein derart kompliziertes und politisch schwieriges Vorhaben durchsetzen, schon gar nicht allein. Die Schulden der Entwicklungsländer waren ein heikles Thema, zu dem zahlreiche Parteien befragt werden mussten. Voraussetzung für einen von der amerikanischen Regierung angeführten Schuldenerlass war eine Einigkeit, die im gegenwärtigen, sehr polarisierten Klima kaum zu erzielen war. »Es gibt keinen Elvis«, sagte Gelb schließlich. Er hatte dem Rockstar deutlich zu verstehen gegeben, dass es an der Zeit war, das Gespräch zu beenden. Gelb hatte Recht: Es gab keinen Elvis, und ebenso wenig gab es eine Abkürzung auf dem langen Weg zum Schuldenerlass.

Schließlich nahm sich Paul Hewson, ein anderer bekannter irischer Musiker, der Aufgabe an und überquerte dreißigmal den Atlantik, um unter großen Mühen eine Koalition zu schmieden, die einige der unsentimentalsten Politiker der Welt einschloss. Nachdem Hewson diese Leute anderthalb Jahre lang belästigt und umgarnt hatte, sprachen sich ein Dutzend prominenter Demokraten und Republikaner im Kongress sowie die Regierung Clinton dafür aus, den 33 ärmsten Ländern der Welt ihre Schulden bei den Vereinigten Staaten zu erlassen. Außerdem sollte ein Teil der Kredite übernommen werden, die jene Länder bei der Weltbank und dem Internationalen Währungsfonds aufgenommen hatten. Dies war die Krönung des ersten – und bis dahin letzten – ernsthaften Versuchs der Bürger der westlichen Welt, ihre Politiker dazu zu bringen, sich mit dem schweren Erbe der Verschuldung der Dritten Welt auseinander zu setzen.

Doch was hatte Bono und all die anderen dazu bewegt, sich so dafür zu engagieren, die Entwicklungsländer von ihrer Schuldenlast zu befreien? Waren denn nicht *alle* Länder verschuldet? Die Vereinigten Staaten waren es mit Sicherheit. Sie standen bei ihren Gläubigern mit 3 Billionen Dollar in der Kreide, rund zehnmal so viel wie der gesamte afrikanische Kontinent. Aber niemandem kam es in den Sinn, einen Erlass dieser Schulden zu fordern.

Der Unterschied ist Folgender: Die Vereinigten Staaten mögen das am höchsten verschuldete Land sein, aber sie sind zumindest gegenwärtig in der Lage, ihre Kredite zu bedienen. Die ärmsten Länder in Afrika, Asien und Lateinamerika sind dazu nicht imstande. Sie müssen einen unannehmbar hohen Preis bezahlen, um ihre Schulden begleichen zu können – eine Rechnung, die in erster Linie die Armen und Kranken zu begleichen haben. Botswana, wo mittlerweile 40 Prozent der Erwachsenen HIV-positiv sind, wendet mehr Geld für den Schuldendienst auf als für die medizinische Versorgung und für Maßnahmen zur Aids-Vorbeugung. In Nigeria, wo die Kindersterblichkeit höher ist als in jedem anderen Land der Welt, fließt mehr Geld in die Rückzahlung der Schulden als in das Gesundheitswesen. Länder, die es sich nicht leisten können, ihren Bürgern eine medizinische Grundversorgung, Bildung und Wohnraum anzubieten, müssen ihre armseligen Ressourcen und vielfach auch *sämtliche* Hilfsgelder für die Rückzahlung von Schulden aufwenden, die in der Regel vor langer Zeit von autoritären Regimen aufgenommen wurden, die das Volk nicht gewählt hatte. In Afrika sterben Tag für Tag Kinder, weil mehr Geld in den Schuldendienst fließt als in die Versorgung der zum Teil Not leidenden Bevölkerung. Und diese unerträgliche Ungerechtigkeit war es, die Bono und seine Mitstreiter einfach nicht ruhen ließ.

Er fand es unerträglich, dass viele Entwicklungsländer nur deshalb verschuldet waren, weil sie im Kalten Krieg von den Supermächten schamlos als Faustpfand eingesetzt worden waren. Und es trieb ihn zur Weißglut, dass die entwickelte Welt weiterhin Kredite an Diktaturen und korrupte Regime in armen Ländern vergab, für die dann das einfache Volk geradestehen musste, das gezwungen war, unter diesen Machthabern zu leben. Noch wütender machte ihn, dass der Westen die Kreditvergabe an Entwicklungsländer weiterhin an die Bedingung knüpfte, dass mit dem Geld auch Waffen oder Militärtechnologie gekauft würden. Und ein weiteres Grundübel war, dass diese Schulden für die Händler an der Wall Street und die »Schuldengeier«, die über den hoch verschuldeten Ländern kreisten, nichts weiter waren als ein weiteres Produkt, das man kaufen und verkaufen konnte, ungeachtet des Schadens, der vielfach damit angerichtet wurde.

Trotzdem: Der Rockstar hätte sich deswegen noch lange nicht in einen politischen Lobbyisten verwandeln müssen. Er hätte seine politischen Aktivitäten weiterhin auf die Musikbranche beschränken und dennoch eine wichtige Rolle spielen können. Um zu verstehen, wie es zu seinem ungewöhnlichen Engagement kam, muss man sich in die Situation des Jahres 1999 zurückversetzen. Als sich Bono damals mit Gelb traf, hatte die Bewegung für den Schuldenerlass in Europa viele Anhänger. Aus bescheidenen Anfängen an der mittelenglischen Keele University hatte sich innerhalb weniger Jahre die breite Allianz der »Jubilee Coalition« entwickelt, der unter anderen Kirchen, die Mothers Union, die British Medical Association, Gewerkschaften und Hilfsorganisationen angehörten. In Großbritannien hatten sich 500 000 Menschen an der Kampagne »Cancel the Debt« beteiligt und Postkarten an Finanzminister Gordon Brown geschickt – sogar Browns eigene Mutter hatte an ihren Sohn appelliert. In Italien trugen rivalisierende Fußballteams Trikots, auf denen zum Schuldenerlass aufgefordert wurde, und am Todestag von Frank Sinatra hatten 70 000 Demonstranten rund um den Veranstaltungsort des G-8-Gipfels in Birmingham eine Menschenkette gebildet, um dagegen zu protestieren, dass die reichsten Länder der Welt die Entwicklungsländer ausbluten ließen.

In den Vereinigten Staaten hingegen war die öffentliche Präsenz der »Jubilee Coalition« trotz der Unterstützung zahlreicher religiöser Gruppen gering, und die Kampagne für einen Schuldenerlass zum Jahrtausendwechsel war nicht aus den Startlöchern gekommen. Doch ohne eine ernsthafte Beteiligung der Vereinigten Staaten würde die gesamte Jubilee-Kampagne scheitern. Die 6 Milliarden Dollar, die die armen Länder allein den USA schuldeten, hingen wie Mühlsteine um die ausgemergelten Hälse der Schuldner. Noch wichtiger war, dass es ohne ein Engagement der Vereinigten Staaten nicht möglich sein würde, die Weltbank, den Internationalen Währungsfonds und die regionalen Entwicklungsbanken dazu zu bewegen, den ärmsten Nationen jene 70 Milliarden Dollar zu erlassen, mit denen sie bei diesen Einrichtungen in der Kreide standen.

Die Aufgabe, die amerikanische Öffentlichkeit zu mobilisieren, wurde Jamie Drummond übertragen, einem jungen britischen Aktivisten der Bewegung für das Erlassjahr 2000. Drummond ahnte, dass die Zeit nicht ausreichen würde, um jene massive öffentliche Unterstützung zu gewinnen, die in Europa so wirkungsvoll gewesen war. Er entschloss sich daher, die herkömmlichen Denkmuster zu sprengen und einen anderen Weg einzuschlagen: In den Vereinigten Staaten, so seine Einschätzung, würde man mit einer prominenten Figur am ehesten Aufmerksamkeit erregen. Und der irische Musiker Bono, dessen Band U2 mehr als 100 Millionen Platten verkauft hatte und der für seinen leidenschaftlichen Einsatz für die Menschenrechte, den Umweltschutz und die Entwicklungshilfe bekannt war, sollte diese prominente Figur sein.

Ein glücklicher Zufall wollte es, dass Jamies Vater einen nützlichen Nachbarn an der irischen Westküste hatte: Chris Blackwell, der legendäre Gründer von Island Records, stellte den Kontakt zu Bono her. Und der war sofort Feuer und

Flamme. Im Jahr 1985 hatte er bereits an Bob Geldofs revolutionärem Live-Aid-Konzert teilgenommen, mit dem 70 Millionen Dollar für die Hungernden in Äthiopien gesammelt worden waren; später hatte er dort gemeinsam mit seiner Frau Ali einen Sommer lang in einem Waisenhaus gearbeitet. Bono hatte mit eigenen Augen gesehen, dass der Schuldendienst die ärmsten Länder erdrückte. Ihm schien es völlig absurd, dass für jeden Dollar, den die Entwicklungsländer an Hilfsgeldern von den westlichen Staaten erhielten, mehrere Dollar mit Zins und Zinseszins in die reichen Länder zurückflossen. Der vielleicht wichtigste Beweggrund Bonos war aber, dass der tiefgläubige Rockstar die Verbindung des Schuldenerlasses mit dem Jubeljahr 2000 sehr verlockend fand. Schließlich habe jeder das Recht auf einen Neubeginn, und für Bono hatte die westliche Welt schlichtweg die moralische Pflicht, die Voraussetzungen dafür so schnell wie möglich zu schaffen.

»Großartige Ideen sind wie großartige Melodien«, erklärt Bono im Rückblick. »Sie sind auf eine gewisse Art zwingend, zeichnen sich durch Klarheit aus und prägen sich leicht ein. Und diese Idee ging mir nicht mehr aus dem Kopf. Ich wusste, dass das Vorhaben gut und dass der richtige Zeitpunkt dafür gekommen war. Es war eine Gelegenheit, die wir nicht ungenutzt verstreichen lassen durften.«

Doch während der Rockstar mit seiner unvermeidlichen Sonnenbrille riesige Stadien füllen konnte, war er auf dem politischen Parkett Amerikas ein Niemand. Er würde Hilfe brauchen, um den Schuldenerlass in den Vereinigten Staaten auf das politische Tapet zu bringen. Also rief er eine junge Frau an, von deren Unterstützung er sich einiges erwartete: Bei einem Charity-Projekt hatte er Eunice Shriver kennen gelernt, die Tochter von Rose und Joseph Kennedy. Bono betrachtete die Gründerin der Special Olympics-Bewegung als »Hibernophile«, da sie mehr über die irische Kultur und Politik wusste als die meisten Iren. Eunice erklärte sich sofort bereit, ihm zu helfen, und schlug vor, auch ihren Sohn mit einzubeziehen: »Ich glaube, Bobby kann uns hier sehr nützlich sein.«

Bobby Shriver sollte sich mehr als nützlich erweisen. Denn während Bono leidenschaftliches Engagement mitbrachte, verstand Bobby etwas von Politik. Von vornherein war ihm klar, dass man den Schuldenerlass in den Vereinigten Staaten nur durchsetzen konnte, wenn man nicht nur die Demokraten, sondern auch die Republikaner, die rechtskonservativen Journalisten und vor allem die Wall Street für das Vorhaben gewann. Ausgehend von dieser Erkenntnis arrangierte Bobby Shriver unverzüglich ebenjenes Treffen zwischen Bono und dem gut vernetzten Gelb.

Bevor er und Bono auf die Leute auf Gelbs Liste losgelassen werden konnten, mussten sie sich zunächst ausreichend mit Fakten versorgen. »Ich hatte mich bislang immer nur um meine eigenen Angelegenheiten gekümmert«, erinnert sich Shriver. »Ich hatte Platten aufgenommen und Filme produziert. Als Bono anrief, wusste ich *nichts* über die Schuldenfrage. Für mich stand fest, dass ich mich weder mit ihm noch mit irgendjemand anderem nach Washington wagen würde, bevor wir nicht wussten, wovon wir sprachen. Wir mussten wirklich verstehen, worum es ging.« Also griff Bobby zum Telefon und rief Jeffrey Sachs an, einen der berühmtesten Wirtschaftsprofessoren in Harvard.

»Ich sagte zu Jeff: ›Ein Freund, mit dem ich die Weihnachtsaufnahme gemacht habe, ein Musiker namens Bono, würde gern für ein paar Tage nach Cambridge kommen, um sich über die Fakten zu informieren. Wäre das möglich?« Sachs erklärte sich sofort bereit, ihnen weiterzuhelfen. »Ich wollte Bono unbedingt kennen lernen«, erzählt er. Allerdings bezweifelte der Ökonom, der sich bereits seit Jahren ohne nennenswerten Erfolg für den Schuldenerlass einsetzte, dass der Musiker große Wirkung erzielen würde. »Er meinte, es werde unmöglich funktionieren«, erinnert sich Bobby. »Ich höre ihn noch sagen: ›In Washington wird euch niemand beachten. Es ist unmöglich, die Aufmerksamkeit der Leute auf diese Frage zu lenken.‹« Nach zwei Tagen Nachhilfe in Sachen Schuldenerlass hatte Sachs seine Meinung geändert. »Er sagte: ›Dieser Bursche ist wirklich sehr überzeugend. Vielleicht kann er ja doch etwas bewirken‹«, so Shriver rückblickend.

Nun, da Bono über solide Sachkenntnisse verfügte, konnte Bobby Shriver damit beginnen, sein Rolodex wirbeln zu lassen. Der Erste, den er anrief, war der Weltbankchef James Wolfensohn. Seit Jamie Drummond ihn für die Kampagne gewonnen hatte, hatte Bobo vergeblich versucht, einen Termin bei Wolfensohn zu bekommen. Shriver, der unmittelbar nach seinem Jurastudium einige Jahre für Wolfensohn gearbeitet hatte, wurde gleich durchgestellt. »Jim hielt sich gerade in London auf, und als ich zu ihm sagte: ›Sie haben sicher von dieser Kampagne für das Erlassjahr gehört‹, meint er nur: ›Selbstverständlich‹. Also fuhr ich fort: ›Ein Freund von mir, ein Sänger, ist in der Schuldenfrage aktiv und würde sich gerne mit Ihnen treffen.‹ Jim erwiderte: ›Oh, das geht nicht, dafür habe ich keine Zeit.‹ Aber ich ließ nicht locker: ›Jim, er ist gerade in Dublin. Sie sind in London. Er könnte doch morgen zu Ihnen fliegen. Morgen ist Sonntag, und am Sonntag haben Sie doch nichts zu tun, oder?‹ Wolfensohn gab tatsächlich nach: ›Na gut. Wenn er mich mittags im Berkeley Hotel treffen kann, werde ich mit ihm essen.‹ Aufgeregt rief ich Bono an: ›Ist es dir möglich, morgen Mittag im Berkeley zu sein? Dann würde sich Wolfensohn mit dir zum Essen treffen.‹ Bono sagte: ›Wow. Kann ich Bob mitnehmen?‹ [Bob Geldof, der zum Ritter geschlagene Sänger der Boomtown Rats und Gründer von Live Aid.] Ich antwortete: ›Das liegt bei dir, Junge. Es ist deine Verabredung. Was immer du willst.‹ Danach rief ich Wolfensohn noch einmal an und teilte ihm mit, dass Bono pünktlich um 12 Uhr dort sein und auch noch diesen anderen Burschen mitbringen werde.‹«

Das Mittagessen wurde die reinste Katastrophe. »Hinterher rief mich Wolfensohn wutentbrannt an«, erinnert sich Bobby. »Er war sehr verärgert, denn Geldof hatte ihn unentwegt beschimpft.« Bono bestätigt Wolfensohns Bericht: »Tja, Bob ging ihn tatsächlich sehr hart an. ›Sie verfluchtes Dies und Sie verfluchtes Das, wie können Sie verflucht noch mal so ruhig dasitzen, Sie Arsch.‹ Jim Wolfensohn, ein Gentleman der alten Schule, warf mir immer wieder verzweifelte Blicke zu. Immerhin fanden wenigstens wir beide einen gemeinsamen Nenner.«

»Jim mochte Bono«, meint Shriver. »Er hielt ihn für einen klugen Kopf. Wenn er, Bono, Geld für den Schuldenerlass auftreiben wolle, werde er ihm so gut wie möglich helfen, erklärte mir Wolfensohn später.« Damit war der Ball im Spiel.

Der Nächste auf Shrivers Liste war der einflussreiche Zentralbanker und frühere Vorsitzende der Federal Reserve, Paul Volcker. »Volcker lachte mir ins Gesicht, als ich das Gespräch auf das Erlassjahr brachte«, berichtet Bono. »Er prustete tatsächlich laut los. Als er sich wieder beruhigt hatte, sagte er: ›Ich habe nicht das Geringste für diese Idee übrig. Ich habe sie 1968 gehasst, ich habe sie 1972 gehasst, ich habe sie 1985 gehasst, und ich hasse sie heute. Sie sind aus Irland, stimmt's? Sie sollten beim Angeln bleiben.‹« Doch Bono biss nicht etwa verärgert an, sondern erklärte Volcker geduldig, dass die Kampagne für das Jubeljahr etwas ganz anderes sei. Dabei ginge es nicht nur um den Schuldenerlass, sondern um die einmalige Chance, mit einem Federstrich gleiche Ausgangsbedingungen für alle zu schaffen und die seit langem gestörte Beziehung zwischen der nördlichen und der südlichen Hemisphäre auf eine neue Basis zu stellen. Seine Geduld machte sich bezahlt: »Am Ende unseres sehr langen Gesprächs sagte Volcker: ›Geben Sie mir Ihre Telefonnummer.‹ Und er übernahm nicht nur einige Anrufe für mich, sondern half mir wirklich – auch wenn er dabei hinter den Kulissen blieb.

Nach Volcker war Rockefeller an der Reihe, der weise alte Mann der Wall Street und ehemalige Präsident der Chase Manhattan Bank. »Dieses Gespräch verlief von Anfang an sehr erfreulich«, erinnert sich Bobby. »Wir sprachen über die aktuellen Versuche zur Lösung des Verschuldungsproblems und über die Schwierigkeiten mit diesen Ansätzen. Wir führten über mehrere Monate eine intensive Korrespondenz.«

Auf Rockefeller folgten Richard Holbrooke und Bob Hormats, der stellvertretende Chairman von Goldman Sachs. Dann waren Bono und Bobby so weit, dass sie sich nach Washington wagen konnten. Der damalige amerikanische Finanzminister Robert Rubin wich ihnen aus. »Ich kam einfach nicht an ihn heran«, erzählt Bono. »Ich wäre sogar bereit gewesen, über den großen Teich zu ihm zu schwimmen, wenn er mir dann einen Termin gegeben hätte.« Rubin war ein Anhänger des ersten amerikanischen Finanzministers Alexander Hamilton, der nach dem Unabhängigkeitskrieg darauf bestanden hatte, dass die einzelnen Staaten all ihre Schulden zurückzahlten. Da konnte es nicht überraschen, dass Rubin ein erbitterter Gegner des Schuldenerlasses war. Aber als es dank der Intervention von Hillary Clinton schließlich doch gelang, zum Finanzminister vorzudringen, erklärte sich dieser immerhin bereit, ihnen keine Steine in den Weg zu legen – ein Befürworter der Idee würde er aber nie werden.

Larry Summers, der designierte Finanzminister, schien ihrem Anliegen eher gewogen zu sein. Summers war Chefökonom der Weltbank gewesen und galt als leidenschaftlicher Anhänger der Entwicklungshilfe. Dennoch war es nicht leicht, ein Treffen zu arrangieren. »Ich sah eigentlich überhaupt nicht ein, warum ich mich mit einem mir vollkommen unbekannten irischen Sänger zusammensetzen sollte«, erinnert sich Summers. »Aber die jungen Frauen in meinem Mitarbeiterstab meinten, ich müsse ihn einfach treffen.«

Sheryl Sandberg, Summers' damalige Stabschefin, bestätigt die Geschichte: »Es stimmt, Larry hatte keine Ahnung, wer Bono war, und er hatte auch noch nie von U2 gehört. Die Sache sorgte im Büro für große Heiterkeit. Als Stabschefin konnte ich Empfehlungen abgeben, welche Personen der Minister treffen sollte. Und als uns Bono um einen Termin bat, setzte ich mich dafür ein, dass trotz des engen Zeitplans ein Treffen angesetzt wurde. Aber mir war auch klar, dass dies keine normale Arbeitssitzung werden würde.«

Das Problem war, dass Summers kein Aufsehen erregen wollte, da seine Vereidigung als Finanzminister unmittelbar bevorstand. Das Letzte, was er wollte, waren Klatschreportagen über ein Treffen mit einem Popstar – genau die richtige Munition für seine politischen Gegner, die ihn ohnehin als liberalen Spinner abzustempeln versuchten. Das Gespräch konnte daher unmöglich in seinem Büro stattfinden. Also wechselte man vom Finanzministerium ins gegenüberliegende Weiße Haus und traf sich im Büro von Gene Sperling, der damals den nationalen Wirtschaftsrat leitete.

Sandberg erinnert sich: »Wir saßen zu sechst um den Tisch, als Bono in Jeans und mit seiner Sonnenbrille auf der Nase hereinmarschierte – eine im Weißen Haus eher unübliche Aufmachung. Larry wollte partout nicht einsehen, dass ein Rockstar eben so aussehen musste.«

»Ich hatte das Gefühl, dass sich das Gespräch mit Larry nicht sehr vorteilhaft entwickelte«, sagt Bono rückblickend. »Ich hatte nicht gerade einen guten Tag, und er trommelte während meines Vortrags die ganze Zeit zerstreut mit den Fingern auf der Tischplatte herum.« Die übrigen Teilnehmer an der Sitzung gewannen allerdings einen anderen Eindruck. Stephanie Flanders, Summers' frühere Redenschreiberin, war beeindruckt: »Bono war sehr gut informiert. Er zitierte zahlreiche elend lange Studien – Analysen der Schuldenfrage, Berichte an den Kongress und so weiter. Alle waren verblüfft, dass er sich so gut auskannte.«

Sandberg stimmt zu: »Er kannte sämtliche Akronyme, er verstand die Schuldenströme, er wusste über das Kapitalrisiko Bescheid.« Summers selbst fasst das Gespräch so zusammen: »Es stellte sich heraus, dass er tatsächlich eine ganze Menge über das Thema wusste.«

Als sich die Sitzung ihrem Ende näherte, blickte Bono Summers fest an und sagte: »Überall auf der Welt habe ich zu hören bekommen: Wenn du Larry Summers überzeugen kannst, ist es machbar. Denn wenn *er* dabei ist, wird es auch gemacht. Und deshalb bin ich heute hierher gekommen. Um Sie von der Dringlichkeit dieser Sache zu überzeugen.«

Sandberg erinnert sich an die überraschten Gesichter der Anwesenden. »Wir waren einfach baff. Wenige Leute treten im Finanzministerium derart energisch auf und sprechen auf diese Art mit dem Minister. Bonos Auftritt war sehr inspirierend. Ich denke, wir alle wollten am Ende einfach daran glauben, dass es möglich war, dass dieses Vorhaben etwas war, für das es sich zu kämpfen lohnte.«

»Ich war wirklich beeindruckt von Bono«, gesteht auch Larry Summers. »Sein Engagement zeigte, dass es viele Menschen gab, denen die Schuldenfrage wirklich am Herzen lag.« Im Gespräch mit Bono verpflichtete sich der designierte Minister zwar zu nichts, doch als der Sänger gegangen war, wandte er sich an Flanders und sagte: »Ich glaube, das Gewissen der

Regierung wurde soeben wachgerüttelt. Dieser Bursche hat Recht. Wir müssen das in Ordnung bringen.«

Der erste Schritt dazu war, dass Präsident Clinton dazu bewegt wurde, den ärmsten Ländern der Welt einen Erlass ihrer Schulden bei den Vereinigten Staaten einzuräumen. Ein Ziel, das Bono von Professor Sachs ans Herz gelegt worden war. Zwar gab es seit einigen Jahren verschiedene Programme zur Verringerung der Schuldenlast armer Länder, die im Wesentlichen vom britischen Finanzministerium unterstützt wurden. Im Rahmen dieser Programme erließen die Gläubiger den armen Staaten jedoch lediglich einen Teil der Schulden – nicht genug, um wirklich wieder solvent zu werden. Eine hundertprozentige Streichung der Schulden würde der internationalen Gemeinschaft dagegen unmissverständlich signalisieren, dass das ständige Hin und Her in der Schuldenfrage keinen Sinn machte. Und diese Maßnahme würde Maßstäbe für andere Gläubigerländer setzen und sie vielleicht dazu bewegen, dem amerikanischen Beispiel zu folgen.

Die Unterscheidung zwischen dem »Schuldennachlass« und »Schuldenstreichung« war einige Monate vorher vorgenommen worden, nachdem Bono sich am Tag der amerikanischen Intervention im Kosovo mit Präsident Clintons nationalem Sicherheitsberater Sandy Berger getroffen hatte: »Er war vollkommen übernächtigt und sagte mit geröteten Augen zu mir: ›Schon wieder kommen Sie mir damit? Schuldenerlass, Schuldenerlass! Mein Gott, das klingt ja scheußlich. Sie schreiben doch Songs – können Sie sich kein besseres Wort ausdenken?‹ Ich antwortete spontan: ›Schuldenstreichung.‹ Er sagte: ›Das ist besser. ›Erlass‹ klingt nach Almosen. ›Streichung‹ klingt nach Gerechtigkeit.‹«

Die Gelegenheit, Clinton von dieser Idee zu überzeugen, schien günstig. Der Präsident war gerade vom Gipfel der acht reichsten Industrienationen in Köln zurückgekehrt, bei dem auch die Verringerung des Schuldenbergs der Entwicklungsländer ein zentrales Thema gewesen war. Der amerikanische Präsident hatte bereits finanzielle Unterstützung zugesagt, um dem IWF und der Weltbank ebenfalls den Verzicht auf einen Teil der Schuldenrückzahlungen zu ermöglichen. Außerdem wollte er den Betrag, auf den die Vereinigten Staaten verzichten würden, nach oben korrigieren. Doch die Streichung *aller* Schulden der armen Länder bei den USA war etwas ganz anderes. Konnten sich die Vereinigten Staaten das wirklich leisten? »Ich erinnere mich an ein hektisches Wochenende, an dem sich Larry und Gene [Sperling, der das erste Treffen mit Summers ermöglicht hatte] mit mir trafen, um das Konzept durchzurechnen und realisierbar zu machen«, erzählt Bono. Gene hatte seine Nichte mitgebracht, auf die er an diesem Wochenende aufpassen musste. »Das waren alles viel beschäftigte Personen, die sich an einem Samstag trafen, um sich anschreien zu lassen und darüber zu diskutieren, wie viel es tatsächlich kosten würde, diese Schulden zu streichen. Die Frage war dabei, wie weit sie abgeschrieben werden konnten, sodass das Ziel des hundertprozentigen Schuldenerlasses am Ende auch erreicht werden konnte.«

»Es gelang uns tatsächlich«, erzählt Summers lächelnd. »Nach 36 Stunden hatten wir festgestellt, dass wir es uns leisten konnten, die Schulden zu streichen.« Wenn der Wert der ausstehenden Kredite zu rund 90 Prozent abgeschrieben wurde, würden die tatsächlichen Kosten des Schuldenerlasses von 6 Milliarden Dollar für die Vereinigten Staaten auf nur etwa 600 Millionen Dollar sinken.

Ausgestattet mit Summers' Zahlen, gab Präsident Clinton am 29. September 1999 in einer Rede vor der Weltbank bekannt, dass die Vereinigten Staaten den 33 ärmsten Ländern der Welt ihre Schulden zu 100 Prozent erlassen würden. Damit waren die USA das erste Land, das eine derart weit reichende Verpflichtung einging. Bono hielt sich gerade in Frankreich auf, als er von Clintons Ankündigung erfuhr. »Bobby rief mich an und erzählte mir die Neuigkeiten. Es war das Größte für mich! Wir hatten so hart dafür gearbeitet, dass ich vor Freude umherhüpfte. Der absolute Durchbruch, hundert Prozent, kein Getue, keine Spielchen. Die Vereinigten Staaten hatten sich an die Spitze gesetzt. Gut, es waren nur 33 Länder [die Befürworter der Erlassjahr-Kampagne hatten gefordert, 52 armen Ländern die Schulden zu erlassen], aber es war eine klare Ansage, eine Melodie, die ins Ohr ging!«

Es hatte den Anschein, als sei man wirklich auf dem richtigen Weg – bis die ersten kritischen Stimmen laut wurden, die behaupteten, Clinton tue das nur, weil er wisse, dass der Kongress die Maßnahme ohnehin nicht bewilligen würde. Niemals würde die republikanische Mehrheit der Finanzierung des Programms zustimmen. Der Regierung würde es nicht gelingen, die Republikaner dazu zu bewegen, für die Bereitstellung des Geldes zu stimmen, das erforderlich war, um die versprochene hundertprozentige Streichung der Schulden sowie die Bürgschaft für den IWF und die Weltbank – für den Anfang allein 545 Millionen Dollar – zu finanzieren.

Die Bereitstellung von 545 Millionen Dollar für eine Maßnahme durchzusetzen, bei der es sich im Grunde um Entwicklungshilfe handelte, ist generell nicht einfach – schließlich bringt so etwas keine Wählerstimmen. Sandberg erklärt: »Selbst den Abgeordneten, die eigentlich dafür waren, fiel es nicht leicht, dies auch laut zu sagen. Ein Schuldenerlass für Afrika? Die Vereinigten Staaten tun so etwas einfach nicht!«

Es war also höchste Zeit, den Terminator einzuschalten. Bobby Shriver, der Großartiges geleistet hatte, als es darum gegangen war, Banker, Liberale und Fachleute an Bord zu holen, war als Abkömmling der Kennedys sicher nicht der geeignete Mann, um die Republikaner für den Schuldenerlass zu gewinnen. Aber seine familiären Bande ermöglichten ihm Zugang zu einem »schlagenden Argument«: Seine Schwester Maria war mit dem Filmstar Arnold Schwarzenegger verheiratet, der sich schon damals, fünf Jahre vor seiner Wahl zum Gouverneur von Kalifornien, in republikanischen Kreisen bewegte.

»Bono und ich erklärten Arnold das Konzept«, erinnert sich Bobby. »Er dachte darüber nach und sagte: ›Ich kenne jemanden, der euch weiterhelfen kann. John Kasich, der Kongressabgeordnete aus Columbus in Ohio, ist ein Freund von mir.‹« Schwarzenegger hatte Kasich beim ›Arnold Classic Body Building Contest‹ kennen gelernt, der alljährlich in Columbus stattfand. Kasich, der damals den Haushaltsausschuss des Repräsentantenhauses leitete, genoss großen Einfluss. Und er war alles andere als ein »verweichlichter Liberaler«. »John war ein beinharter Rechtsaußen«, so Shriver, »und ein kluger Kopf.

Nicht so gelehrt wie Larry Summers, aber mit praktischer Intelligenz ausgestattet. Er verstand, wovon wir sprachen, war in der Welt herumgekommen und wusste, dass die Amerikaner im Ausland nicht beliebt waren. Und das war vor dem 11. September! Kasich begriff, dass die USA anderen Ländern mit einer Schuldenstreichung, die in seinen Augen relativ wenig kosten würde, zeigen konnten: ›Seht her, wir sind nicht bloß eine Bande von Vollidioten, die mit B1-Bombern über euer Land donnern.‹«

Kasichs Unterstützung sollte sich als entscheidend erweisen. Er gewann nicht nur weitere wichtige Mitglieder der republikanischen Führung für die Sache des Schuldenerlasses – darunter den Sprecher des Repräsentantenhauses, Dennis Hastert, und den Mehrheitsführer Dick Armey –, sondern er sicherte sich auch die Unterstützung nicht ganz so prominenter, jedoch ebenso wichtiger republikanischer Politiker in beiden Häusern des Kongresses.

Im November 1999, zwei Monate nach Clintons historischer Ankündigung, beschloss der Kongress schließlich die Bereitstellung von 110 Millionen Dollar. Ein Anfang war gemacht, doch von den 545 Millionen, um die sich die Organisatoren der Jubeljahr-Kampagne bemüht hatten, war dieser Betrag weit entfernt. Mit diesem Geld konnten die Vereinigten Staaten den Verzicht auf die Schuldenrückzahlungen nur ein Jahr lang finanzieren; und für die Beteiligung der regionalen Entwicklungsbanken am Schuldenerlass waren damit keine Mittel vorhanden. Auch fehlte weiterhin das Geld, das der Währungsfonds und die Weltbank benötigten, um den größten Schuldnern unter den armen Ländern auch nur einen Teil ihrer Schulden zu erlassen. Wenn die in Köln eingeleitete internationale Initiative nicht im Sand verlaufen sollte, mussten also weitere 435 Millionen Dollar beschafft werden.

Sandberg erinnert sich: »Ich rief Bono an und sagte zu ihm: ›Wenn du helfen möchtest, die Sache in Gang zu bringen, musst du wieder in die Stadt kommen.‹ Wir brauchten ihn. Bono konnte an jedes Kongressmitglied herantreten, und wir mussten unbedingt zusätzliche Unterstützung gewinnen. Er war damals gerade mit Plattenaufnahmen und den Dreharbeiten für einen Dokumentarfilm beschäftigt und sagte mir, dass er in den nächsten Wochen die Dreharbeiten nicht unterbrechen durfte. Ich erwiderte, dass es in ein paar Wochen zu spät sein werde. Zwei Tage später war er hier. Und einmal in Washington gelandet, war er nicht mehr zu bremsen. Er sprach einen Abgeordneten nach dem anderen an und beschwor sie, dass sie mit dem Schuldenerlass die Welt verändern könnten. Er stand in aller Herrgottsfrühe auf und lief sich in den Fluren die Fersen wund. Und zum Abendessen brachte er immer noch einen Abgeordneten oder ein Stabsmitglied mit. Sie müssen sich diese Situation einmal vorstellen: Hier hatten wir einen Rockstar, der überall offene Türen vorfand und gleichzeitig ebenso viel von der Materie verstand wie jedes Stabsmitglied, das sich rund um die Uhr mit diesem Thema beschäftigte. Und dann brachte er noch diese unvergleichliche Leidenschaft mit.«

Politiker auf beiden Seiten des politischen Spektrums erlagen Bonos Zauber, doch eine Schlüsselfigur blieb bei ihrer ablehnenden Haltung: Sonny Callahan, ein konservativer Kongressabgeordneter aus Alabama, hielt als Vorsitzender des Unterausschusses für Auslandsaktivitäten im Bewilligungsausschuss des Repräsentantenhauses das Scheckbuch in der Hand. Callahan hielt unbeirrbar an seiner Überzeugung fest, dass das geforderte zusätzliche Geld lediglich »die Weltbank und andere ermutigen wird, weiterhin faule Kredite zu vergeben. Und die armen Länder wird es dazu verurteilen, sich erneut zu verschulden.« Schuldenerlass bedeutete für Callahan, das Geld »in ein Rattenloch zu werfen«.

Shriver streckte seine Fühler aus und versuchte, Callahan über einen alten Angelkumpel zu beeinflussen, doch es war vergebens. Im Juni 2000 empfahl Callahans Ausschuss dem Repräsentantenhaus, in jenem Jahr den Schuldenerlass lediglich in Höhe von 69 Millionen Dollar zu finanzieren, was noch weniger war als der Kongress im November bewilligt hatte. Die Befürworter des Schuldenerlasses hatten das Sechsfache gefordert. Nun würde Präsident Clinton sein in Köln abgegebenes Versprechen nicht halten können und den im September vor der Weltbank angekündigten Plan zur hundertprozentigen Streichung der Schulden aufgeben müssen.

»Wir waren gescheitert«, erzählt Shriver. »Mit dieser Empfehlung des Ausschusses war es im Grunde schon vorbei. Die Ausschussempfehlungen werden vom Kongress fast nie abgelehnt.« Nur wenn es gelang, im Kongress einen *floor fight* zu inszenieren und auch zu gewinnen, das heißt, nur wenn das Repräsentantenhaus dazu bewegt werden konnte, die Ausschussempfehlung abzulehnen, konnte die Vorlage doch noch gestoppt werden.

Wollte man in dieser Auseinandersetzung die Oberhand behalten, so musste man noch mehr Republikaner überzeugen. Und das würde man schnell tun müssen, denn die Entscheidung des Repräsentantenhauses und des Senats über die Mittel für den Schuldenerlass würde zu Beginn des neuen Haushaltsjahres fallen, das heißt am 1. Oktober. Es blieben also nur noch knapp vier Monate Zeit.

»John Kasich setzte sich an die Spitze der Kampagne«, berichtet Shriver. »Doch wir mussten dafür sorgen, dass er, wenn er sich dafür aussprach, die Empfehlung des Ausschusses abzulehnen, Rückendeckung von seinen Parteikollegen erhielt. Also trafen wir uns mit Jim Leach aus Iowa und setzten uns mit dem Mitarbeiterstab des Präsidenten zusammen. Wir ließen einfach nicht locker und riefen sämtliche Personen an, die dazu beitragen konnten, Callahans Empfehlung zu Fall zu bringen. Wir brachten Volcker dazu, sie anzurufen, wir brachten den Präsidenten dazu, sie anzurufen.« Bono kam in jenen Monaten achtmal aus Europa herüber. »Er flog wie ein müder alter Hund hin und her. Und ich nahm ähnlich lange Reisen aus Los Angeles auf mich, um ihn in Washington zu treffen. Wir waren einigermaßen mitgenommen, denn die ganze Sache war mittlerweile mehr als ein Ganztagsjob geworden. Wenn wir uns nicht trafen, dann hingen wir am Telefon, schrieben Leute an, führten Konferenzgespräche und recherchierten wie die Verrückten die Namen von Zeitungsredakteuren in wichtigen Staaten, um anschließend Artikel in diesen Blättern unterzubringen«, erzählt Bobby Shriver.

»Es hatte etwas von absurdem Theater«, ergänzt Bono, der damals eigentlich eine neue Platte mit dem Titel *All That You Can't Leave Behind* fertig stellen sollte. »Denn einige Male versteckte sich Bobby im Nebenzimmer, wenn ich mich mit Republikanern traf. ›Ich bin ein Kennedy‹, pflegte er zu sagen. ›Du kannst mich hier nicht gebrauchen.‹ Er kam tatsächlich mit dem Flugzeug aus Los Angeles, um dann in einem anderen Raum zu hocken und zu warten.«

Das Engagement, die Hartnäckigkeit und die unerschütterliche Zuversicht der beiden ermutigten auch ihre Verbündeten, noch einmal alles aus sich herauszuholen. Kasich warf sein beträchtliches politisches Gewicht in die Waagschale. »Er gehört zu jener Art von Menschen, denen man lieber nicht in die Quere kommen möchte. Die Leute wussten, dass er sie einfach fertig machen würde, wenn sie ihm die Gefolgschaft verweigerten«, so Shriver.

Larry Summers setzte sich ebenfalls vorbehaltlos für ihre Sache ein. »Er stellte sich in einer Zeit, in der eine kaum vorstellbare Feindseligkeit zwischen den Parteien herrschte, diesen Gesprächen«, erinnert sich Bono. »Nach der Lewinsky-Affäre war die Atmosphäre vollkommen vergiftet, aber er blieb eisern an unserer Seite.« Professor Jeffrey Sachs fungierte als Gastgeber bei einer prominent besetzten Konferenz zum Thema Schuldenerlass in Washington, und »Gene Sperling rief ständig bei uns an und hatte ausgezeichnete Ideen, wie wir die Dinge vorantreiben konnten«, ergänzt Shriver. Die amerikanischen Aktivisten der Jubeljahr-Kampagne liefen sich auf dem Capitol Hill die Sohlen durch, um die Kongressabgeordneten und ihre Mitarbeiter über das Vorhaben zu informieren. Sie verfassten Vordrucke, die die Befürworter des Schuldenerlasses an ihre Abgeordneten schicken konnten, und sie besorgten die E-Mail-Adressen unentschiedener Senatoren und Abgeordneter. Zudem konnten sie Großunternehmen für die Kampagne gewinnen: Goldman Sachs, Motorola, Bechtel, Caterpillar und Merck unterzeichneten einen offenen Brief, in dem zur Bereitstellung der erforderlichen 435 Millionen Dollar aufgerufen wurde.

Aber wenn sie die Konfrontation im Kongress für sich entscheiden wollten, würde all das noch immer nicht genügen, da mehrere republikanische Schlüsselfiguren wackelten. Callahan musste unbedingt weiter an den Rand gedrängt werden.

Es war an der Zeit, diesen Herrn einmal anzurufen. Eunice Shriver hatte seine Nummer. Sie war mit dem Fernsehprediger Billy Graham befreundet, dessen virtuelle Gemeinde mehrere hundert Millionen Mitglieder hatte. Graham willigte ein, für Bono und Bobby ein Video zu drehen, das an widerborstige Kongressmitglieder verschickt werden sollte. In der zwei Minuten langen Aufnahme, in der auf jeglichen religiösen Pomp verzichtet wurde, forderte Graham die Parlamentarier auf, den Schuldenerlass vorbehaltlos zu unterstützen.

An Jesse Helms, den notorisch konservativen, sehr einflussreichen republikanischen Senator und Vorsitzenden des außenpolitischen Ausschusses im Senat – eine Symbolfigur des Widerstands gegen jegliche Auslandshilfe –, schickte man kein Video. Schließlich war er Grahams Senator und kannte den Reverend gut. Diesem Umstand war es zu verdanken, dass ein Treffen zwischen Bono und Helms arrangiert werden konnte, das die Wende brachte.

»Bono stellte sozusagen eine spirituelle Beziehung zu Helms her«, schmunzelt Shriver. »Die beiden sprachen über die gewaltige Kluft zwischen der Armut Afrikas und dem Wohlstand Amerikas. Sie unterhielten sich über die Bibel, über Kinder und Ähnliches. Und Helms war beeindruckt von Bonos Aufrichtigkeit und seinem großen Wissen. Nicht nur in Bezug auf die Heilige Schrift, sondern auch in Bezug auf die Finanzen. Am Ende willigte er tatsächlich ein, unsere Sache uneingeschränkt zu unterstützen.«

Als der erzkonservative Senator ins Lager der Befürworter wechselte, hatten all jene Politiker, die seine Ablehnung geteilt hatten, die Absolution, ihren Widerstand gegen den Schuldenerlass ebenfalls aufzugeben. Obendrein erregte Helms' wundersame Wandlung großes öffentliches Aufsehen – es hieß, der harte Mann der amerikanischen Politik sei während des Treffens mit Bono in Tränen ausgebrochen. Nun konnte man davon ausgehen, dass auch die letzten Nachzügler – Leute wie Phil Gramm aus Texas, der sich jeder Anfechtung der Ausschussempfehlung zu widersetzen drohte – keinen Widerstand mehr leisten würden. Sonny Callahan war damit der letzte Unbeugsame.

»Harry Belafonte erzählte mir in jenen Tagen eine Geschichte, die mich dazu veranlasste, mich an Sonnys Seelsorger zu wenden«, erzählt Bono. »Harry war mit Martin Luther King und einigen anderen Anhängern der Bürgerrechtsbewegung zusammen gewesen, als Bobby Kennedys Ernennung zum Justizminister bekannt gegeben wurde. Dr. King und seine Freunde waren sehr niedergeschlagen, da Bobby zu jener Zeit als reaktionär galt, wenn es um Bürgerrechtsfragen ging. Seine Ernennung schien ein schwerer Rückschlag, und alle Anwesenden schimpften über Kennedy, der in ihren Augen ein hoffnungsloser Fall war. Doch nach einer Weile meinte King: ›Es muss doch etwas geben, das uns mit ihm aussöhnen kann.‹ Seine Mitstreiter antworteten: ›Martin, es gibt an ihm nichts Versöhnliches. Er ist ein irischer Rassist.‹ King erklärte das Treffen mit folgenden Worten für beendet: ›Kommt zurück, wenn ihr etwas Versöhnliches gefunden habt.‹ Bei ihrem nächsten Treffen zwei Wochen später erklärten sie: ›Wir haben etwas gefunden. Und zwar seinen Seelsorger. Kennedy ist religiös und hört wirklich auf diesen Priester.‹ Also statteten sie ihm einen Besuch ab. Und siehe da, als Bobby Kennedy in Los Angeles ermordet wurde, gab es keinen größeren Freund der Bürgerrechtsbewegung als ihn.‹ Mit seiner unglaublichen Stimme sagte Harry dann zu mir: ›Bono, jeder Mensch kann eine Kehrtwende vollziehen.‹«

Sonny Callahan wurde die Probe aufs Exempel. Der Politiker erinnert sich: »Sehen Sie, es gab Priester, die am Sonntag von der Kanzel den Schuldenerlass predigten und ihre Gemeinden anwiesen, Druck auf diesen Callahan auszuüben. Mein Seelsorger zählte leider auch dazu. Schließlich gab ich nach. Was hätte ich auch sonst tun können?«

Als es Anfang September schließlich zur entscheidenden Auseinandersetzung im Kongress kam und Kasich sich wie geplant erhob, um seine Einwände gegen die Empfehlung des Bewilligungsausschusses vorzubringen, leistete Callahan keinen Widerstand. Und in einem der seltenen Augenblicke überparteilicher Einigkeit stimmten die Abgeordneten beider Parteien mehrheitlich gegen die Empfehlung. Am 25. Oktober 2000 schließlich willigte der Kongress ein, 435 Millionen Dollar für den Schuldenerlass bereitzustellen – genau der Betrag, auf den die Betreiber der Kampagne gehofft hatten.

☆☆☆

Mit ihrem ungeheuren Einsatz haben Bono Fox und Bobby Shriver bewiesen, dass die Bürger etwas bewirken können, dass sie Politiker tatsächlich zum Handeln bewegen können. Doch befreite die große Geste der Vereinigten Staaten, zu der diese beiden den Anstoß gaben, die Entwicklungsländer aus der Schuldenfalle? Eröffnete die Initiative von Köln den ärmsten Ländern der Erde tatsächlich die Chance auf einen Neubeginn? Verzichteten der Internationale Währungsfonds und die Weltbank wirklich auf die Rückzahlung der von ihnen gewährten Kredite? Bedeutete die Finanzierung eines Schuldenerlasses in Höhe von 435 Millionen Dollar, dass die Vereinigten Staaten von Amerika und andere Länder eine neuartige Verpflichtung eingingen, die Entwicklung in den benachteiligten Weltregionen zu finanzieren? Oder deutete die Tatsache, dass dieser Schuldenerlass derart schwer durchzusetzen war, darauf hin, dass es auch weiterhin schwierig sein würde, Geld für die Auslandshilfe zu beschaffen?

Und was geschieht mit ebenfalls hoch verschuldeten Ländern wie Brasilien, der Türkei oder Pakistan, die nicht in das Schuldenerlassprogramm aufgenommen wurden? Wie wahrscheinlich ist es, dass Schwellenländer wie diese auf kurz oder lang ebenfalls in eine Schuldenkrise und in die Zahlungsunfähigkeit getrieben werden? Und wie destabilisierend würde sich eine solche Entwicklung auf die Weltwirtschaft auswirken? Mehr noch: Was ist mit den beiden größten Bedrohungen für unsere zukünftige Stabilität – mit der Umweltzerstörung und dem Terrorismus? Welchen Zusammenhang gibt es zwischen diesen Problemen und der Schuldenfrage? Ist die Verschuldung nur für Geldgeber, Finanzexperten und Kirchgänger von Interesse? Oder sollten wir uns alle für die Frage interessieren, wie die Gefahren, die von der Verschuldung ausgehen, abgewendet werden können?

Wie um alles in der Welt war es überhaupt dazu gekommen,

dass die meisten Entwicklungsländer am Ende des zweiten Jahrtausends unter derart großen Schulden zu ersticken drohten? Wie konnte die Kreditvergabe, die an sich ein unerlässliches Instrument der Entwicklungspolitik ist, zur Ursache einer so dramatischen Lage werden? Irgendetwas war hier gründlich falsch gelaufen …

# DER HINTERGRUND

KAPITEL ZWEI

# Es ist die Politik, Dummkopf

Stellen Sie sich vor, Ihr Bankberater würde zu Ihnen sagen: »Ich leihe Ihnen so viel Geld, wie Sie möchten, wenn Sie nur mein Freund sind.«

## Schuldenbande

»Essen, schlafen und scheißen.« Das war alles, was Mao Tsetung nach eigenen Angaben während seiner ersten Auslandsreise im Dezember 1949 in Moskau getan hat. Er hätte hinzufügen sollen: »... und warten.« Denn das war seine Hauptbeschäftigung in den vielen Pausen zwischen Mahlzeiten und Nickerchen. Man hatte ihn außerhalb von Moskau in einer von Stalins Datschas in einem Birkenwald untergebracht und damit praktisch von der Welt abgeschnitten. Dort bestand sein einziger Zeitvertreib darin, sich Filme über das Leben des sowjetischen Diktators anzusehen. Nachdem Mao schon 8600 Kilometer mit dem Zug angereist war, um Stalin zu treffen, musste er nun noch mehrere Wochen warten, bis er vom »Mann aus Stahl« empfangen wurde.

Maos Reise diente einem doppelten Zweck. Erstens erhoffte sich die neu entstandene Volksrepublik China, die sich in einer kritischen wirtschaftlichen Lage befand, von den Sowjets einen Kredit über 300 Millionen Dollar. Mao hatte keine andere Quelle für »stabile Devisen« in Aussicht, denn die Vereinigten Staaten würden China kein Geld leihen. Und zweitens strebte Mao einen chinesisch-sowjetischen Beistandspakt an.

In Anbetracht der Tatsache, dass die Sowjetunion selbst knapp bei Kasse war und gerade darum kämpfte, ihre vom Zweiten Weltkrieg schwer in Mitleidenschaft gezogene Wirtschaft wieder aufzubauen, waren 300 Millionen Dollar ein gewaltiger Betrag. Dazu kam, dass Stalin Zeit brauchte, um sich darüber klar zu werden, ob ein Bündnis mit dem kommunistischen China wirklich im Interesse seines Landes war. Würde Mao, der in Stalins Augen ein »Höhlenmarxist« war und den Sozialismus nicht wirklich verstand, ein nützlicher Verbündeter sein? Oder eher eine Belastung?

Am Ende überwand Stalin seine Zweifel. China war zu wichtig für die Sowjetunion, als dass man den Verlust dieses Partners riskieren konnte. Eine Reihe von Ländern, darunter Indien, hatte die Volksrepublik bereits offiziell anerkannt, und Stalin befürchtete, sich mit einer fortgesetzten Ausgrenzung die Feindschaft der chinesischen Kommunisten zuzuziehen. Mit der Bewilligung des Kredits würde er sich Chinas Wohlverhalten auf lange Zeit sichern.

Es zeigte sich bald, dass die Entscheidung für Bündnisvertrag und Kredit eine kluge gewesen war. Als nämlich nur wenige Monate später der Koreakrieg ausbrach, und die von der Sowjetunion unterstützte nordkoreanische Armee bereits einige Wochen nach der amerikanischen Landung bei Inchon am Rand der Vernichtung stand, forderte Stalin die Chinesen zu einer Intervention auf. Mao leistete dem Ansuchen Folge, was nicht zuletzt daran lag, dass er demonstrieren wollte, dass die Sowjetunion mit der Unterstützung Chinas das Richtige getan hatte. Ironischerweise und sehr zu Maos Ärger floss fast der gesamte sowjetische Kredit in den Kauf sowjetischer Waffen, die China brauchte, um in Korea einen langen Stellvertreterkrieg für die Sowjetunion zu führen.

Vier Jahre später rückte die Schuldenfrage erneut in den Mittelpunkt der chinesisch-sowjetischen Beziehungen. Im Jahr 1954 bot Stalins Nachfolger Nikita Chruschtschow den Chinesen zum Zeichen der »brüderlichen« Unterstützung weitere 500 Millionen Dollar zu einem sehr niedrigen Zinssatz von 2 Prozent an. Der Kredit sollte in den Jahren 1966 und 1967 getilgt werden – doch diesmal zahlte China das Geld zu Chruschtschows großer Überraschung vorzeitig zurück. Wie der Staats- und Parteichef dem Zentralkomitee der KPdSU im Februar 1964 erklärte, hätten die Chinesen aus einem derart günstigen Kredit großen finanziellen Nutzen ziehen können, und das habe man den chinesischen Genossen auch klar gemacht. Doch Mao habe auf der Rückzahlung bestanden. »Gibt es irgendeinen Ökonomen, der das versteht?«, fragte Chruschtschow. »Wahrscheinlich kennt nur Mao Tse-tung den Grund.«

Nun, Mao hatte auf der frühzeitigen Rückzahlung des Kredits beharrt, weil ihm nur allzu bewusst war, dass Schulden nicht nur *finanzielle* Kosten haben. Er wusste, dass die Aufnahme eines Kredits bei anderen Staaten auch mit großen politischen Kosten verbunden sein kann. Denn sie erzeugt eine Abhängigkeit, die entweder ein Machtungleichgewicht herstellt oder ein bereits bestehendes Ungleichgewicht festigt. Mao wollte das Risiko, dass seine politische Bewegungsfreiheit durch einen Kredit eingeschränkt wurde und die Souveränität Chinas in Gefahr geriet, keinesfalls eingehen.

Zu einem ähnlichen Schluss war hundert Jahre früher schon Simon Bolivar gelangt, der Befreier der spanischen Kolonien in den Anden (die etwa dem heutigen Gebiet von Venezuela, Kolumbien und Equador entsprechen). »Die Schulden verabscheue ich mehr als die Spanier!«, rief Bolivar seinen Waffengefährten zu, denn sie bedrohten die Unabhängigkeit, »die zu erringen so viel Blut gekostet hat«.[1] [Fußnoten siehe Anmerkungen] Und im Jahr 2002 zeigte die indische Regierung, dass sie genauso dachte: Sie zahlte ihre teuersten multilateralen Kredite (beim IWF, bei der Weltbank und den regionalen Entwicklungsbanken) zurück[2]; ein Jahr später teilte Premierminister Atal Behari Vajpayee 22 Gläubigerländern mit, seine Regierung wolle keine finanzielle Hilfe mehr von anderen Ländern annehmen, da Indien nicht länger bereit sei, die damit verbundenen Bedingungen zu akzeptieren.[3] Ähnlich argumentierte der thailändische Ministerpräsident Thaksin Shinawatra, als sein Land im Jahr 2003 einen Kredit in Höhe von 12 Milliarden Dollar, den der IWF angesichts der drohenden Asienkrise zugestanden hatte, ein Jahr vor Ablauf der Tilgungsfrist zurückzahlte. Vor einer riesigen Flagge stehend und mit patriotischer Musikuntermalung schwor der Ministerpräsident, dass dies »das letzte Mal (sei), dass dieses Land Schulden beim IWF gehabt hat«. Die »qualvolle Belastung«, die die Schulden für die Nation gewesen seien, sollte nie wiederkehren.

Dennoch: Das Verhalten von Mao, Bolivar, Vajpayee und Shinawatra ist eher untypisch. Die meisten Entwicklungsländer lehnen eine Verschuldung nicht ab. Im Gegenteil, die Führungen dieser Länder nehmen vielfach jeden Kredit, den sie kriegen können, freudig an.

## Im Kalten Krieg

Zu keiner anderen Zeit in der jüngeren Geschichte wurden so »großzügig« Kredite gewährt wie in den Tagen des Kalten Krieges. Die Auseinandersetzung über die Verbreitung beziehungsweise die Eindämmung des Kommunismus wurde von zwei politischen und wirtschaftlichen Ideologien und drei Lagern geführt – vom kapitalistischen Block unter Führung der Vereinigten Staaten und von den sozialistischen Blöcken, die von China und der Sowjetunion beherrscht wurden. Ziel beider Seiten war es, so viele Staaten wie möglich auf ihre Seite zu bringen. Die Kredite an Länder und Regionen stiegen direkt proportional zu ihrer geopolitischen Bedeutung oder den ideologischen Loyalitätsverhältnissen. Und die Verschuldung diente dazu, enge Bindungen zu knüpfen und die Stabilität der beiden Blöcke zu gewährleisten. Ein munterer Basar, auf dem Geld gegen Einfluss getauscht wurde.

Im Jahr 1960 beispielsweise, als die größte »rote Gefahr« in Südasien und dem Fernen Osten ausgemacht wurde, floss die Hälfte der amerikanischen Hilfsgelder (Kredite und Zuschüsse) in wichtige »Dominostaaten« wie Südkorea, Vietnam, Thailand, Indien, Pakistan und Iran. Einige Jahre vorher, zwischen 1945 und 1952, hatten die Amerikaner dagegen den sowjetischen Vorstoß in Europa als größte Bedrohung empfunden[4]; prompt erhielt dieser Kontinent 13,3 Milliarden Dollar Finanzhilfe aus den USA (in diesem Fall in erster Linie Zuschüsse), während sich andere Regionen mit sehr viel weniger Unterstützung begnügen mussten.

Nach dem Fiasko in der Schweinebucht, also nach dem misslungenen Versuch der Vereinigten Staaten, das kommunistische Regime Fidel Castros in Kuba zu stürzen[5], stieg Lateinamerika zum bevorzugten Kreditempfänger der USA auf. Kurz nach der

Invasion sprach John F. Kennedy in einer Rede von einem »Kampf, der in vielerlei Hinsicht schwieriger zu führen ist als ein Krieg«, von einem Kampf, der »jeden Tag ohne Geschützdonner in tausenden Dörfern, auf tausenden Märkten … und in den Klassenzimmern rund um den Erdball ausgefochten wird«. Um diesen Kampf zu gewinnen, davon war Kennedy überzeugt, mussten die betroffenen Regionen finanziell unterstützt werden. Und zwar nicht aus den wohlklingenden Gründen, die er wenige Monate zuvor in seiner Antrittsrede dargelegt hatte: »Den Menschen in den Hütten und Dörfern auf dem halben Erdball, die darum kämpfen, die Fesseln der Armut zu sprengen, versprechen wir, alles zu tun, um ihnen bei der Selbsthilfe zu helfen, so lange dies auch dauern mag. Nicht, weil die Kommunisten es möglicherweise tun, nicht, weil wir ihre Stimmen gewinnen wollen, sondern weil es das Richtige ist.«[6]

Der Grund war vielmehr, dass »die Roten« Kredite gewähren würden, wenn es die Vereinigten Staaten nicht taten. Einige Zeit später, kurz nach dem Ende der kubanischen Raketenkrise, erklärte Kennedy an einem stürmischen Winterabend in einer Rede im Waldorf Astoria: »Vor nicht einmal einem Monat hat diese Nation der Welt gezeigt, dass sie sowohl den Willen als auch die Waffen besitzt, um jeder Bedrohung der Sicherheit der freien Menschen entgegenzutreten. Wir werden das gewonnene Terrain nicht aufgeben und nicht von dem eingeschlagenen Kurs abweichen. Doch langfristig wird diese Sicherheit nicht allein von militärischen und diplomatischen Maßnahmen abhängen. … Mit der Entwicklungshilfe festigen die Vereinigten Staaten rund um den Erdball ihren Einfluss und ihre Kontrolle und stabilisieren zahlreiche Länder, die andernfalls zweifellos zusammenbrechen oder sich dem kommunistischen Block anschließen würden. … Ich räume der Hilfe für andere Länder einen zentralen Platz in den Programmen zum Schutz der Sicherheit der freien Welt ein.«[7]

Tatsächlich erhöhten sich die Auslandsschulden Lateinamerikas zwischen 1960 und 1970 um 230 Prozent von 12,6 auf 28,9 Milliarden Dollar.[8] Der Großteil dieses Geldes wurde von der amerikanischen Regierung und der Weltbank bereitgestellt – einer Einrichtung, die nach dem Zweiten Weltkrieg gegründet worden war, um die wirtschaftliche Stabilität der *Welt* zu erhalten. Während des Kalten Krieges wurde sie allerdings von den USA unverhohlen als Instrument für *ihre* Außenpolitik benutzt. Unter anderem vergab die Weltbank Kredite an das den USA freundlich gesonnene Somoza-Regime in Nicaragua und an Jugoslawien, nachdem dieses sozialistische Land aus dem Ostblock ausgeschert war und die Vereinigten Staaten eine »diskrete und unauffällige« westliche Unterstützung für Tito empfohlen hatten.[9] Polen erhielt hingegen im Jahr 1948 keinen Kredit, denn die USA wollten einem kommunistischen Land kein Geld zur Verfügung stellen. Und auch Allendes Chile musste ohne Kredit auskommen, nachdem Nixon Anweisung gegeben hatte, »den Feind [Chile] zum Schreien zu bringen«. Wenige Monate, nachdem Allende dem Militärputsch zum Opfer gefallen war, wurde Chile dann wieder Geld geliehen.

## Alle spielen sie mit

Die Rivalität im Kalten Krieg war nicht auf die Auseinandersetzung zwischen den Vereinigten Staaten und deren kommunistischem Gegenpart beschränkt. Denn auch im »roten Block« wurden im Kampf um die Vorherrschaft in der kommunistischen Welt sehr oft Kredite eingesetzt. So wird beispielsweise berichtet, dass Deng Xiaoping Vietnam im Jahr 1965 einen riesigen Kredit von 4 Milliarden Yuan[10] (1,6 Milliarden Dollar) anbot, sofern sie die wirtschaftlichen Bande zu Moskau kappten, das zu jener Zeit Hanois Waffen- und Munitionskäufe finanzierte.

Ein weiterer Beleg dafür sind etwa die sowjetischen Kredite an das entkolonialisierte Afrika Ende der fünfziger und Anfang der sechziger Jahre – eine Hilfe, die ursprünglich nichts mit der Auseinandersetzung zwischen Moskau und Washington zu tun hatte. Die Sowjets engagierten sich nur deshalb in dieser Region, weil die Chinesen ihnen die Führungsrolle im internationalen Kommunismus und bei den nationalen Befreiungsbewegungen streitig machen wollten: Beide Seiten hielten den Einfluss in Afrika für entscheidend in dieser Auseinandersetzung; und wenn es auch hunderte Millionen Dollar an

Krediten kosten würde, diesen Einfluss zu sichern – was es tatsächlich tat – dieses Geld musste investiert werden.[11]

In diesem besonderen Fall stieg auch der Westen bald in das Spiel ein. Denn die chinesische und sowjetische Einflussnahme in Afrika war eine enorme Bedrohung. In einem Dokument des britischen Foreign Office aus dem Jahr 1959 findet sich dazu folgende Warnung: »Wenn die Loyalität Afrikas gegenüber dem Westen erhalten werden soll, müssen Afrikas wirtschaftliche Interessen mit seinen politischen Neigungen übereinstimmen und diese gleichzeitig verstärken. Eines der größten Probleme in der Beziehung zwischen dem Westen und Afrika wird darin bestehen, durch verschiedene Kanäle einen angemessenen Fluss von wirtschaftlicher Unterstützung und insbesondere von Kapital in die neu entstandenen Staaten zu gewährleisten. Die dazu erforderlichen Beträge werden nach allen Berechnungen sehr hoch sein, und wenn die Westmächte zu wenig Sensibilität für die wirtschaftlichen Bestrebungen des unabhängigen Afrika zeigen, besteht durchaus die Möglichkeit, dass sich die Regierungen der neuen Staaten der Sowjetunion zuwenden, um die Unterstützung zu erhalten, die sie zweifellos benötigen werden.«

Um diese Gefahr zu bannen, fuhr Washington eine zweigleisige Strategie, um »freundliche« afrikanische Regierungen mit Waffen zu versorgen und ihnen sowohl über die amerikanische Entwicklungsbehörde US-AID als auch über die Weltbank und andere internationale Finanzinstitutionen Mittel zukommen zu lassen. Ein Memorandum des Nationalen Sicherheitsrats aus dem Jahr 1965 enthält folgende Empfehlung: »US-AID sollte als politische Waffe eingesetzt werden, wobei vor allem die afrikanischen Freunde der Vereinigten Staaten unterstützt werden sollten.«[12]

Die Folge war natürlich, dass die Sowjetunion nun, da die chinesisch-sowjetische Liebesaffäre mit Afrika offiziell zu einer *ménage à trois* geworden war, ihre Kredite an die wichtigsten Länder der Region weiter aufstockte, um zu verhindern, dass die mit ihr verbündeten Parteien das Lager wechselten. Im Anschluss daran kam es zu einer alles andere als wünschenswerten Entwicklung: Es wurde üblich, dass Ost und

West rivalisierende Gruppen innerhalb ein und desselben Landes finanzierten. In Angola beispielsweise gewährte die Sowjetunion der MPLA Kredite für den Kauf von Waffen, während die mit der MPLA verfeindeten FNLA und UNITA ihre Waffen mit amerikanischem Geld bezahlten.

Welche Ironie: Die im Kalten Krieg im Namen der Sicherheit und des Friedens vergebenen Kredite schürten schon zu jener Zeit Konflikte und Instabilität. Und die Supermächte, die ja eigentlich ihre unmittelbaren nationalen Sicherheitsinteressen wahren wollten, trugen wesentlich dazu bei, mit ihrer Vergabepolitik die Grundlagen für spätere Unsicherheit und Instabilität zu schaffen.

Dies taten sie auf zwei Arten: Erstens trugen sie mit der zügellosen Kreditvergabe aktiv dazu bei, den Schuldenberg der Dritten Welt aufzuhäufen. Viele Entwicklungsländer borgten sich sehr viel mehr Geld als sie zurückzahlen konnten. So wurde schon damals die Saat der Krise ausgebracht, unter der die Dritte Welt gegenwärtig zu leiden hat. Zweitens finanzierten die Supermächte häufig diktatorische, korrupte und selbstsüchtige Regime, die ihre Investitionsentscheidungen nie von den Bedürfnissen ihrer Völker abhängig machten und deren Vermächtnis in wachsender Armut, Konflikten, sozialer Unruhe und gesellschaftlicher Spaltung bestand.

Ein gutes Beispiel für diese Fehlentwicklung ist Zaire, die heutige Demokratische Republik Kongo. Das korrupte Regime von Mobutu Sese Seko erhielt in den siebziger Jahren die Hälfte der gesamten amerikanischen Finanzhilfe für Schwarzafrika. Zaire behielt seine Vorzugsstellung selbst dann noch, als ein internes IWF-Memo publik geworden war, in dem Karin Lissakers (die spätere Geschäftsführerin des Währungsfonds) das Land mit deutlichen Worten verurteilt hatte. In dem Memo hieß es unter anderem: »Die Kreditgeber haben keinerlei (ich wiederhole: keinerlei) Aussicht, ihr Geld von der korrupten Regierung Zaires zurückzubekommen.« Mobutus verrücktes Ausgabengebaren wurde legendär: Unter anderem charterte er die Concorde für private Shopping-Ausflüge nach Paris, kaufte dutzende Grundstücke in Europa, ließ den größten Supermarkt der Welt bauen und eine Stahlfabrik errichten, die das Land nach Ansicht eines Bankers so dringend benötigte wie Zentralheizungen. Doch obwohl das IWF-Memo aus dem Jahr 1978 unmissverständlich war und die Verschwendungssucht Mobutus immer groteskere Formen annahm, setzte die amerikanische Regierung noch 1987 (über den Währungsfonds) einen weiteren Kredit an Zaire durch. Als Gegenleistung stellte Mobutu sein Territorium für einen verdeckten Militäreinsatz der USA gegen das benachbarte Angola zur Verfügung. Heute muss die Demokratische Republik Kongo 37 Prozent der Staatseinnahmen für den Schuldendienst aufwenden[13] – nicht sonderlich erfreulich für ein Land, in dem das nationale Pro-Kopf-Einkommen 90 Dollar beträgt.[14]

Ein weiteres tyrannisches Regime, jenes von Saddam Hussein, wurde in den achtziger Jahren von verschiedenen Regierungen, die ihre eigenen geopolitischen Interessen verfolgten, mit Krediten im Umfang von rund 100 Milliarden Dollar überhäuft. Die Hälfte dieses Geldes kam aus arabischen Staaten, die die irakische Invasion des Iran unterstützten, vor allem aus Saudi-Arabien.[15] Obendrein erhielt der irakische Diktator 7 Milliarden Dollar von den Russen, 6 Milliarden von den Franzosen, mehrere Milliarden von Deutschen und Briten und mindestens 10 Milliarden Dollar von den Vereinigten Staaten, wobei ein Großteil dieses Geldes über die Exportkreditagenturen verdeckt in den Irak geschleust wurde.

Während die europäischen Kredite an den Irak vorwiegend den Interessen der heimischen Waffenhersteller dienten, waren die Beweggründe für die Kreditvergabe im Fall der Vereinigten Staaten in erster Linie geopolitischer Natur. Dies kam ans Licht, als der »Irakgate-BNL-Skandal« (BNL steht für die italienische Banca Nationale del Lavero) aufgedeckt wurde: Hunderte amerikanische Dokumente belegen, dass Kredite des amerikanischen Landwirtschaftsministeriums im Umfang von mehreren hundert Millionen Dollar für den Aufbau des irakischen Militärpotenzials abgezweigt worden waren: »Die Kredite der BNL an den Irak waren Teil einer von der Regierung Reagan eingeleiteten und von George Bush fortgesetzten verdeckten Operation, die mit italienischen Regierungsvertretern koordiniert wurde. Ziel des Plans war es, die heimliche Wiederaufrüstung des Irak zu finanzieren, um zum einen das Kräftegleichgewicht im iranisch-irakischen Krieg wiederherzustellen und zum anderen die amerikanische Position in den Verhandlungen über die Befreiung von rund 50 amerikanischen Geiseln zu verbessern, die zu jener Zeit in der amerikanischen Botschaft in Teheran festgehalten wurden.«[16]

Im Kalten Krieg finanzierten Ost und West tyrannische Regime und Regierungen, die nicht einmal ein Lippenbekenntnis zu den ideologischen Überzeugungen der Geldgeberregierungen ablegten: Zaire erhielt Geld von den Vereinigten Staaten, obwohl das Land nie die freie Marktwirtschaft übernahm Angola wurde trotz seines unaufrichtigen Bekenntnisses zum Sozialismus von der Sowjetunion mit Krediten versorgt. Saddam Hussein bekam bis zum Golfkrieg im Jahr 1991 Geld vom Westen und von arabischen Staaten, obwohl zu jener Zeit bereits allgemein bekannt war, dass sein Regime bei einem Giftgasangriff auf die Stadt Halabja 5000 irakische Kurden ermordet und 10 000 weitere verletzt hatte. Der argentinischen Militärjunta liehen die USA in den siebziger Jahren Geld, obwohl unter der Herrschaft der Generale zehntausende Menschen »verschwanden«. Lyndon B. Johnson hatte eine wunderbar treffende Formulierung gefunden, als er begründen musste, warum seine Regierung dem korrupten und brutalen südvietnamesischen Führer Ngo Dinh-Diem für den Kampf gegen die Kommunisten 4 Milliarden Dollar an Krediten und Zuschüssen gewährt hatte[17]: »Zum Teufel, Diem ist eben unser einziger Mann dort drüben.«[18]

Es liegt auf der Hand, dass die Supermächte Nutzen aus diesen Krediten zogen. Aber warum liehen sich die Länder der Dritten Welt derart gewaltige Summen von anderen Staaten, obwohl vollkommen klar war, dass Gegenleistungen und treue Gefolgschaft dafür verlangt wurden? In den schlimmsten Fällen lag es schlicht daran, dass die politische Führung in diesen Ländern wusste, wie leicht es war, die Gelder verschwinden zu lassen oder Misswirtschaft damit zu betreiben – kein Bankmanager würde ihnen über die Schulter schauen und sie nach der Verwendung des Geldes fragen oder gar eine Rückzahlung fordern. In der Regel befanden sich die Empfängerländer aber einfach nicht in einer so starken Position wie Mao Tse-tung, Bolivar, Vajpayee oder Shinawatra – sie *mussten* Kredite im Ausland aufnehmen, da die Kapitalbildung im eigenen Land nicht ausreichend war, um die für die wirtschaftliche Entwicklung notwendigen Investitionen zu finanzieren. In manchen Fällen war nicht einmal die Grundversorgung gedeckt. Der Export, sofern vorhanden, brachte keine ausreichenden Deviseneinnahmen, um die Einfuhren zu finanzieren und den laufenden Schuldendienst zu leisten. Die ärmeren Länder sahen sich gezwungen, die Auswirkungen der Preisschwankungen bei den Rohstoffen – etwa aufgrund der Ölkrise in den siebziger Jahren – auszugleichen (So wie man beim Verlust des Arbeitsplatzes einen Kredit aufnehmen muss, um über die Runden zu kommen). Zuschüsse standen nicht in ausreichendem Maß zur Verfügung[19], und Kredite waren entweder anderswo nicht zu bekommen, oder die bilateralen Kreditgeber (also andere Regierungen) boten das Geld zu deutlich günstigeren Bedingungen und vielfach unter dem Marktzins an.

Hinzu kam, dass die Entwicklungsländer häufig sehr viel mehr Geld bekamen als sie tatsächlich benötigten. Da es nicht den Anschein hatte, als würde der Ost-West-Konflikt jemals enden, glaubten die meisten Länder der Dritten Welt, sie könnten Ost und West immer weiter gegeneinander ausspielen. Das Geld würde ihnen auf diese Weise nie ausgehen. Die Entwicklung gab ihnen zunächst auch Recht: Der Geldhahn blieb offen, es wurden immer neue Kredite angeboten, und für die vorhandenen bestand stets die Möglichkeit der Umschuldung.

Natürlich gab es Zeiten, in denen ein tatsächliches, legitimes und angemessenes Bedürfnis nach Kreditaufnahme bestand, doch in der Vergabepraxis war oft keine wirtschaftliche Vernunft mehr zu erkennen (vernünftige Kreditvergabe bedeutet, dass ein kostengünstiges Darlehen für einen wirtschaftlich vernünftigen Zweck genutzt wird). Und natürlich wurden manche Kredite durchaus produktiv eingesetzt. Beispielsweise nahm Brasilien im Kalten Krieg zahlreiche Kredite auf, um seine Industrie aufzubauen, und in Afrika wurden wichtige Infrastrukturprojekte finanziert. Auch die Geldgeber waren manchmal vernünftig genug, Kredite nur an Länder zu vergeben, die über Erdölvorkommen oder andere Bodenschätze, über Kaffee oder andere für den Export geeignete Güter verfügten – mit anderen Worten, sie liehen nur kreditwürdigen Ländern Geld. Doch in der Mehrzahl der Fälle verzerrte die Geopolitik die Kreditpolitik derart, dass die einfachsten Grundregeln sowohl für die Vergabe als auch für die Aufnahme von Krediten vollkommen missachtet wurden.

## Plötzlich sehen die Dinge ganz anders aus

Mit dem Ende des Kalten Krieges nahm die Entwicklung einen anderen Lauf.[20] Auf einmal wurde die Gefolgschaft strategisch einst wichtiger Länder der Dritten Welt als überflüssig betrachtet. Bestehende Kredite wurden über Nacht fällig gestellt[21] und neue entweder zurechtgestutzt oder zu sehr viel weniger großzügigen Bedingungen bereitgestellt. Doch viele Schuldnerländer konnten ihre alten Schulden nur bedienen, wenn ihnen neue Kredite gewährt wurden.

Nachdem Moskau in der Vergangenheit stets gerne zur Umschuldung bereit gewesen war, setzte das postkommunistische Russland, das den wirtschaftlichen Zusammenbruch der Sowjetunion zu verdauen hatte, nun seine früheren Satellitenstaaten unter Druck, damit sie die offenen Kredite zurückzahlten.[22] Präsident Clinton begann sich für eine »Trade-not-aid«-Politik einzusetzen, obwohl die mittlerweile von der Finanzhilfe abhängigen Länder unter einer Schuldenlast stöhnten, derer sie sich durch den Handel allein nie würden entledigen können – insbesondere in Anbetracht der Tatsache, dass genau jene Güter, die die Entwicklungsländer an die entwickelte Welt hätten verkaufen können, infolge der protektionistischen Handelspolitik der reichen Länder auf den westlichen Märkten nicht wettbewerbsfähig waren.

Jene Länder, die im Kalten Krieg mit großem Erfolg die Supermächte gegeneinander ausgespielt hatten, wurden nun von ihren früheren Geldgebern fallen gelassen. Nordkorea etwa war in den sechziger Jahren so von der Sowjetunion verhätschelt worden, dass die Russen sogar Geld für eine Ölraffinerie bereitgestellt hatten, obwohl das Land über keinerlei

Erdölvorkommen verfügte. Folgendes Argument des nordkoreanischen Regimes hatte genügt: »Ihr müsst bedenken, dass die Amerikaner bereits eine Ölraffinerie in Südkorea gebaut haben.« Anfang der neunziger Jahre schraubte die Sowjetunion die Unterstützung für Pjöngjang quasi von heute auf morgen drastisch zurück.

Regierungen, die bisher davon profitiert hatten, dass ihre Geberländer beide Augen zudrückten, wurden plötzlich hart an die Kandare genommen. Zaire etwa wurde nun von seinen langjährigen Kreditgebern immer häufiger streng ermahnt, die Korruption zu bekämpfen. Solange man Mobutus Unterstützung gebraucht hatte, wäre dies undenkbar gewesen.

Nachdem bis dahin beinahe verantwortungslos Kredite vergeben worden waren, wurde die Unterstützung nun mit einem ebenso schockierenden Mangel an Sorgfalt und Ernsthaftigkeit zurückgezogen. Zwischen dem Ende des Kalten Krieges und dem Beginn des neuen Jahrtausends wurde die Entwicklungshilfe insgesamt um 40 Prozent gekürzt, obwohl sich die finanzielle Situation und die Lebensbedingungen – vor allem im Bereich der medizinischen Versorgung – in weiten Teilen der Dritten Welt verschlechterten und obwohl die armen Länder mittlerweile unter ihren Schuldenbergen zu ersticken drohten. Ganze Regionen wurden von ihren früheren »Schutzherren« aufgegeben: So entzogen die Vereinigten Staaten den meisten lateinamerikanischen Ländern jegliche Unterstützung[23], und auch Afrika wurde schwer getroffen. Im Jahr 1994 zog das *African Research Bulletin* Bilanz: »Das Ende des Kalten Krieges ... bedeutete einen Rückschlag für Schwarzafrika. Aufgrund der Rivalität zwischen den Supermächten hatten sich arme Länder einst in einer starken Position befunden, da sie über wertvolle Standorte für Militärstützpunkte, die Hoheit über strategisch wichtige Meereszonen oder große Reserven an strategischen Bodenschätzen verfügten ... Afrikas Verhandlungsposition ist deutlich schwächer geworden.«[24]

Viele Nationen, die in den Sog des neuen globalen Machtvakuums gerieten, waren im Bemühen um Kredite, Unterstützung und »Patrone« nunmehr auf sich gestellt. Im Jahr 1993 machte Vietnam das außergewöhnliche Angebot, die Schulden des früheren Südvietnam zu übernehmen, in der Hoffnung, die Bezahlung der bis dahin nicht anerkannten Schulden aus dem Krieg werde ihm helfen, westliche Kreditgeber anzulocken. Besonders bitter war dies in Anbetracht der Tatsache, dass Vietnam mit diesem Zugeständnis im Grunde einwilligte, die Schulden seines früheren Feindes zu übernehmen. Obendrein zählte (und zählt) Vietnam zu den am höchsten verschuldeten armen Ländern der Welt. Als die Vietnamesen 1997 einwilligten, den Vereinigten Staaten 146 Millionen Dollar der im Krieg von Südvietnam angehäuften Schulden zurückzuzahlen, verpfändeten sie damit drei Viertel des jährlichen Gesundheitshaushalts des Landes. Doch wie Nguyen Manh Hoa, der Leiter der Abteilung Auslandsschulden des Finanzministeriums, erklärte: »Wir mussten die alten Schulden anerkennen, um neue Beziehungen knüpfen und neue Kredit- und Kooperationsvereinbarungen schließen zu können.« Die Schulden, die von den politischen Führern armer Länder bereitwillig in Kauf genommen worden waren, weil sie sie lange zu ihrem Vorteil hatten nutzen können, sind mit dem Ende des Kalten Krieges zu einem Mühlstein am Hals der Dritten Welt geworden.

Selbstverständlich waren nicht alle Länder gleichermaßen von der um sich greifenden Vernachlässigung betroffen. Einige behielten ihre Bedeutung und erhalten weiterhin Kredite, wobei ihre bestehenden Schulden umstrukturiert und teilweise sogar gestrichen werden. Dass man etwa der Türkei regelmäßig zu Hilfe eilt, liegt daran, dass dieses Land ein »Tor zu den Ölfeldern« darstellt und von großer geopolitischer Bedeutung für die NATO ist. Selbst nach der Weigerung der Türkei, den Vereinigten Staaten im Irakkrieg ihr Territorium als Aufmarschgebiet zur Verfügung zu stellen, wurden dem Land bis zu 8,5 Milliarden Dollar an Kreditgarantien angeboten, um die »möglicherweise aus den Feindseligkeiten resultierenden Verzerrungen der Zahlungsbilanz auszugleichen«[25].

Manchmal scheint es auch zwingend nötig, ein unmittelbar benachbartes Land vor dem Zusammenbruch zu bewahren. Dies war gewiss der Grund dafür, dass Präsident Clinton seinem mexikanischen Amtskollegen Ernesto Zedillo im Jahr 1995 mit einem Kredit von 20 Milliarden Dollar unter die

Arme griff, obwohl diese Rettungsmaßnahme von 85 Prozent der amerikanischen Öffentlichkeit abgelehnt wurde. »Bob Rubin und [Lawrence] Summers machten mir klar, dass Mexiko ansonsten zusammenbrechen werde, was wiederum den Zusammenbruch Brasiliens nach sich ziehen werde. Wir hatten keine andere Wahl«, erklärte Clinton rückblickend.[26]

In anderen Fällen wird immer noch um die Gefolgschaft eines Landes gestritten. So ringen China und Taiwan in der Kontinuität des Kalten Krieges um die diplomatische Anerkennung in Afrika und der Pazifikregion und lassen sich von den mit großzügigen Krediten geköderten Nehmerländern wie eh und je gegeneinander ausspielen.[27] Und dann sind da natürlich noch die Länder, deren Loyalität benötigt wird, um die Kriege des 21. Jahrhunderts auszufechten. Der pakistanische Präsident General Pervez Muscharraf wurde für seine Unterstützung für den Krieg gegen den Terror nach dem 11. September damit belohnt, dass die Vereinigten Staaten seinem Land ein Drittel der bilateralen Schulden – eine Milliarde Dollar – erließen. Und am 13. Dezember 2001, nur zwei Monate nach dem Terrorangriff auf die Vereinigten Staaten, bot der Pariser Klub (jene Gruppe von Gläubigerstaaten, die über Umschuldungsmaßnahmen entscheidet) Pakistan an, Kredite im Umfang von 12 Milliarden Dollar »umzustrukturieren« und die Rückzahlung auf 38 Jahre zu strecken, wobei das Land in den ersten 15 Jahren der Kreditlaufzeit keinerlei Schuldendienst würde leisten müssen. Wenige Monate vorher wäre es noch undenkbar gewesen, Pakistan derart vorteilhafte Bedingungen zuzugestehen. Und im Januar 2003 – mehr als ein Jahr vor dem in der Kölner Schuldeninitiative vorgesehenen Termin – erließen die Vereinigten Staaten Äthiopien 30 Millionen Dollar seiner Schulden. Die Wahl des Zeitpunkts diente offenkundig den Interessen der USA, denn genau zu jener Zeit bemühten sich die Amerikaner in der Dritten Welt massiv um Unterstützung für den Krieg gegen den Irak.[28]

Bei anderen Gelegenheiten erhält ein Land einfach deshalb einen Kredit, weil der Geldgeber seinen Einfluss in der betreffenden Region wahren will. So gaben die Franzosen dem ruandischen Regime von General Juvénal Habyarimana im Jahr

1992 Kredit für den Waffenkauf – darunter Kalaschnikows, Antipersonenminen, Plastiksprengstoff, Mörser und Geschütze mit großer Reichweite –, um ihre »Glaubwürdigkeit« und ihren Einfluss im frankophonen Afrika zu wahren. Die Vereinigten Staaten wiederum orientieren sich bei ihren Rettungsaktionen für krisengeschüttelte Länder auch daran, ob sich dort amerikanische Militärstützpunkte befinden. Kein Wunder also, dass Südkorea, wo ein großes amerikanisches Truppenkontingent stationiert ist, in der asiatischen Finanzkrise von 1997/98 amerikanische Finanzhilfe erhielt, während Thailand und Indonesien leer ausgingen.

Die moralische Eignung der begünstigten Regierungen spielt auch heute vielfach keine Rolle. So wurden der Türkei im Jahr 2003 Hilfsgelder und eine Umschuldung angeboten, obwohl sich dieses Land weiterhin Menschenrechtsverstöße zuschulden kommen lässt. Die Franzosen gaben in Ruanda einem bekannten Terrorregime Geld, das höchstwahrscheinlich verwendet wurde, um die Waffen für den entsetzlichen Völkermord im Jahr 1994 zu kaufen. Pakistan wurde zum Beispiel nach dem 11. September ein Umschuldungspaket angeboten, obwohl die durch einen Staatsstreich an die Macht gekommene Regierung Muscharraf der Forderung nach Wiederherstellung der Demokratie nicht nachgekommen war. Und mehrere zentralasiatische Länder werden als Gegenleistung für ihre Unterstützung im Krieg gegen den Terror von den Vereinigten Staaten mit Krediten versorgt, obwohl sie weiterhin die Menschenrechte verletzen.

## Ausgeliefert

So viel ist klar: Der Kreditgeber ist kein Wohltäter, der sich in die Welt der Realpolitik verirrt hat. Er verfolgt seine Interessen, von denen die Behandlung der Schuldnerländer abhängt. Wie dieses ausschließlich eigennützige Verhalten von der Bevölkerung der Schuldnerländer wohl wahrgenommen wird? Vielfach können die Menschen in diesen Ländern nicht den geringsten Nutzen aus dem geliehenen Geld ziehen, weil die Kredite despotischen Regimen zum Machterhalt dienen oder unklug verwendet werden. Es ist sehr leicht, die Schulden als Instrument zur Unterwerfung zu betrachten, das lediglich dazu dient, die Schwachen schwach, die Armen in Armut, die Machtlosen machtlos zu halten, und auf diese Art die bestehenden sozialen und wirtschaftlichen Hierarchien nicht nur zu erhalten, sondern zu festigen – wie wir gesehen haben, hegte Mao Tse-tung diesbezüglich klare Befürchtungen.

Will sich ein Land aus diesem Teufelskreis befreien, dann gelingt das nur, wenn es nach den Regeln der reichen Welt spielt. Und die sind alles andere als gerecht. Die Kreditgeber dürfen sich zusammenschließen, während die Bestimmungen des Pariser Klubs den Kreditnehmern dieses Recht ausdrücklich vorenthalten. Im Jahr 1998 erwog das amerikanische Finanzministerium nicht einmal, den vom Hurrikan »Mitch« verwüsteten mittelamerikanischen Ländern Nicaragua und Honduras einen Teil ihrer Schulden zu erlassen, wobei Beamte des Ministeriums offiziell einräumten, der Grund dafür sei der »mangelnde Nutzen« einer solchen Maßnahme.[29] Im Juli 2003 beschlossen die Vereinigten Staaten, jenen Ländern, die sich weigerten, amerikanische Soldaten von einer möglichen Verfolgung durch den Internationalen Strafgerichtshof auszunehmen, keine Militärhilfe mehr zukommen zu lassen. Zahlreiche weitere Beispiele scheinen diese Deutung zu bestätigen.[30] Doch inwieweit diese Interpretation zutrifft, ist nicht die wesentliche Frage: Allein die Tatsache, dass die Kreditvergabe leicht als Mittel zur Machtausübung *verstanden* werden kann, verursacht gravierende Probleme, die der gesamten Menschheit schaden können. Aber dazu später mehr.

Dass Schulden als wirksamer Kontrollmechanismus eingesetzt werden, weckt lediglich Unzufriedenheit in eben jenen Ländern, in denen der Westen Einfluss ausüben möchte, insbesondere in Anbetracht der oft sehr nachdrücklichen Machtausübung durch die Kreditgeber. Als der Jemen zum Beispiel gegen die UNO-Resolution 678 stimmte, die grünes Licht für den ersten Golfkrieg gab, bemerkte ein hochrangiger amerikanischer Diplomat: »Dies wird die teuerste Neinstimme sein, die Sie je abgegeben haben.«[31] In der Folge wurde ein 70 Millionen Dollar teures amerikanisches Hilfsprojekt im Jemen gestrichen, und zwar ungeachtet der Tatsache, dass das Land zu den am höchsten verschuldeten armen Ländern der Welt zählte (und zählt) und dass die Lebenserwartung dort bei nur 46 Jahren lag. Da kann es nicht überraschen, dass es im Jahr 1991 im Jemen zu großen antiamerikanischen Demonstrationen kam und die amerikanische Botschaft sogar mit Schusswaffen angegriffen wurde.

☆☆☆

Rollen wir also die Geschichte der Verschuldung der Dritten Welt einmal auf. Und was das für eine abstoßende Geschichte ist. Es stimmt, dass es einige wenige Fälle von Ländern gibt, die aus relativ altruistischen oder uneigennützigen Beweggründen Kredite vergeben haben (hier kommen mir Finnland und die Niederlande in den Sinn)[32], doch im Allgemeinen wäre es naiv zu glauben, dass die Kreditvergabe an die Entwicklungsländer in erster Linie auf dem Wunsch beruht, Kennedys »leidenden Massen« zu helfen. In der Geschichte der Kreditvergabe zwischen Staaten geht es im Großen und Ganzen nicht um Altruismus, ja nicht einmal um aufgeklärten Eigennutz. Der Eigennutz ist üblicherweise kurzsichtig, und Altruismus gibt es nicht.[33]

Es stimmt auch, dass manche Kredite von den Beweggründen des Geldgebers tatsächlich großen wirtschaftlichen und sozialen Nutzen zeitigten, doch allzu oft profitierten nur die bösen Buben davon, während die Armen, Ausgegrenzten und Verwundbaren kaum etwas von den Erträgen sahen. Einige Entwicklungsländer, die es sich erlauben konnten, nahmen Abstand von der Verschuldung. Andere hatten keine Wahl und mussten Kredite aufnehmen. Gelegentlich wurde das Geld für produktive Investitionen verwendet, doch zumeist nahmen die Entwicklungsländer einfach alles, was ihnen die Supermächte bereitwillig anboten. Die Folge war, dass die meisten Schuldnerländer nach dem Ende des Kalten Kriegs in unmöglich zurückzuzahlenden Schulden versanken und jeglichen Wohlstand einbüßten. Die Kreditgeber ihrerseits stellten nicht nur die Mittel und manchmal die Waffen für innere und äußere Konflikte zur Verfügung, sondern stützten mit Blick auf ihre unmittelbaren nationalen Sicherheitsinteressen auch diktatorische und korrupte Regime.

Was wir bislang erlebt haben, war vielfach die Antithese einer vernünftigen Kreditpolitik, die voraussetzt, dass ein Kredit unter Bedingungen beantragt und zugestanden wird, die es ermöglichen, mit dem geliehenen Geld Investitionen vorzunehmen und ausreichende Erträge zu erzielen, um die Schulden abzuzahlen und die Grundlage für ein nachhaltiges Wirtschaftswachstum zu schaffen.

Die Geschichte der Kreditpolitik ist auch die Geschichte der vollkommenen Unfähigkeit der westlichen Regierungen, ihre langfristigen Sicherheitsinteressen richtig einzuschätzen. Dass nach dem Ende des Kalten Krieges, ausgehend von der Fehleinschätzung, die großen Sicherheitsrisiken gehörten der Vergangenheit an, die Hilfe für die ärmsten Länder weitgehend eingestellt wurde, trug zweifellos dazu bei, jene unsichere Welt zu schaffen, in der wir heute leben müssen. Die kurzsichtigen Entscheidungen, die unter Missachtung der Menschlichkeit, ja sogar des aufgeklärten Eigeninteresses unter geopolitischen Gesichtspunkten gefällt wurden, sind ein zentraler Bestandteil der Geschichte der Gefahren, die von der Verschuldung ausgehen.

KAPITEL DREI

# Greifen wir den bösen Buben unter die Arme

Stellen Sie sich vor, Sie gehen zu Ihrem Berater in der Bank und sagen: »Können Sie mir ein paar hundert Millionen für ein Projekt leihen, das nicht umweltverträglich ist, die Korruption anheizen dürfte und wahrscheinlich nie zustande kommen wird ... oder wie wäre es mit ein paar hundert Millionen, damit ich jemanden in Stücke schießen kann?«

## Ein zeitloses Bild

Am 5. Februar 2003 legte Colin Powell dem Sicherheitsrat der Vereinten Nationen ein Dossier vor, das die Notwendigkeit eines militärischen Vorgehens gegen den Irak begründen sollte. Einer der Gründe für die angestrebte Intervention war die Existenz einer Produktionsanlage für Chemiewaffen, der »Chlorfabrik Falludscha 2«. Die Anlage, die sich 50 Meilen von Bagdad entfernt befand, war nach Ansicht der amerikanischen Regierung ein Schlüsselbestandteil des irakischen Chemiewaffenprogramms und musste sogar nach Meinung des vorsichtigen Hans Blix, des ehemaligen Leiters der UNO-Waffeninspekteure, möglicherweise zerstört werden.

In Anbetracht der Tatsache, dass das Dossier nicht nur von den Vereinigten Staaten, sondern auch von Großbritannien als Rechtfertigung für den Krieg herangezogen wurde, wirkt es ein wenig skurril, dass es ausgerechnet die britische Regierung gewesen war, die die 14 Millionen Pfund teure Fabrik 17 Jahre vorher errichtet hatte. Im Jahr 1985 hatte die britische Exportkreditagentur ECGD, eine Regierungsbehörde, die Handelsaktivitäten britischer Unternehmen in risikoreichen Regionen finanziert, einem britischen Tochterunternehmen der deutschen Firma Uhde eine Exportversicherung zugestanden, damit Uhde Ltd. besagte brandgefährliche Chemiefabrik im Irak errichten konnte.

War der britischen Regierung bewusst, dass diese Fabrik, für deren Bau sie mit dem Geld der britischen Steuerzahler haftete, zur Entwicklung chemischer Waffen genutzt werden konnte? Natürlich wusste sie es. Zu jener Zeit legten hochrangige Regierungsvertreter sogar schriftlich dar, es sei »zweifellos möglich«, dass die Iraker die Absicht hatten, in der Fabrik Senfgas herzustellen. Das britische Verteidigungsministerium warnte, die Anlage könne zum Bau von Chemiewaffen verwendet werden, und wies darauf hin, das in der Fabrik produzierte Chlor könne »zur Herstellung von Phosphortrichlorid verwendet werden, einer wichtigen Vorläufersubstanz von Nervengasen«. Richard Luce, ein Beamter im Auswärtigen Amt, äußerte sogar die Sorge, dieses Geschäft werde Großbritanniens Ruf zerstören, sollte es bekannt werden. Sein Ratschlag lautete: »Meiner Meinung nach muss alles getan werden, um den vorgeschlagenen Verkauf zu verhindern und dem betroffenen Unternehmen die Exportgarantie des ECGD vorzuenthalten.« Doch der damalige konservative Handelsminister Paul Channon ließ keinen Zweifel daran aufkommen, wo die Prioritäten der britischen Regierung lagen: »Ein Verbot würde sich nachteilig auf unsere übrigen Handelsprojekte im Irak auswirken.«

Wie sich herausstellte, handelte es sich bei diesen »anderen Projekten« um einträgliche Waffengeschäfte. Der Radiohersteller Racal lieferte im Jahr 1985 mit Rückendeckung der Exportkreditversicherung, die eine Garantie über 42 Millionen Pfund bereitstellte, mehrere technologisch anspruchsvolle Radios des Typs Jaguar V an Saddams Armee. Diese Radios ermöglichten es den Irakern, feindliche Störversuche auf dem Schlachtfeld zu umgehen. Zwei Jahre später erhielt Marconi von der ECGD Mittel für den Verkauf des Zielerfassungssystems Armets (Artillery Metrological System) an die irakische Armee. 1988 übernahm die Behörde eine Garantie für den Verkauf eines Ausbildungskomplexes für Militärpiloten an die irakische Luftwaffe durch Tripod Engineering und gab Thorn EMI

Rückendeckung für einen Vertrag über die Lieferung des Cymbeline-Radarsystems für die Mörserlokalisierung. Die Regierung in London bewilligte sogar noch Exportkredite für Geschäfte mit dem Irak, nachdem der britische Journalist Farzad Bazoft im Jahr 1990 auf Saddam Husseins Befehl hingerichtet worden war.[1]

Und nicht nur die britische Exportkreditagentur versicherte das Engagement heimischer Unternehmen in dubiosen und gefährlichen Projekten an Saddams Regime. Zahlreiche Regierungen sicherten sich über diese Agenturen ihren Teil des Kuchens oder finanzierten gleich selbst ganze Geschäfte. Zur selben Zeit, als die Briten Uhde den Weg für den Bau der erwähnten Chemiewaffenfabrik ebneten, drängte das Weiße Haus seine Exportkreditagentur, die Export-Import Bank (Ex-Im) zur Finanzierung einer neuen Erdölpipeline im Irak. Sofern das Geschäft zustande kam, würde Bechtel die Durchführung übernehmen. »Das Außenministerium hat beträchtlichen Druck auf Ex-Im ausgeübt, um zusätzliche Kredite verfügbar zu machen, unter anderem auch für diese Pipeline«, schrieb der Bechtel-Vertreter H. C. Clark am 29. Februar 1984 in einem internen Memo.[2] Und dies ungeachtet der Tatsache, dass die schrecklichen Verbrechen von Saddams Regime allgemein bekannt waren und die Öffentlichkeit über die Vergasung tausender iranischer Soldaten mit Chemiewaffen im iranisch-irakischen Krieg informiert worden war.

Präsident Reagans Sondergesandter für den Mittleren Osten, Donald Rumsfeld, betrieb gemeinsam mit Außenminister George Schultz (zufälligerweise auch der Ex-Präsident von Bechtel) eifrig Lobbying für das Geschäft. Ihre Bemühungen sollten sich bezahlt machen: Am 21. Juni 1984 bewilligte Ex-Im vorläufige Kreditgarantien über 484,5 Millionen Dollar für das Pipeline-Projekt.

Sollten Sie sich jetzt fragen, ob es einen Zusammenhang zwischen Geschäften wie sie Uhde, Racal, Thorn EMI und Bechtel abgeschlossen haben, und der Schuldenfrage gibt, kann ich Sie beruhigen. Es gibt ihn. Denn wenn bei solchen Geschäften etwas schief geht – beispielsweise hielt sich die irakische Regierung nach der Invasion Kuwaits nicht mehr an den Vertrag mit Uhde – muss die Exportkreditagentur, die das Geschäft versichert hat, dem betroffenen Unternehmen fast sämtliche ausstehenden Beträge erstatten und darüber hinaus auch die Verpflichtungen des Schuldnerlands übernehmen. Anschließend werden diese Schulden zu den offenen bilateralen Schulden addiert, die der Schuldner beim Gläubigerland hat, dem diese Exportkreditagentur angehört. Somit werden die bilateralen Schulden, die die Entwicklungsländer zu tragen haben, erhöht. 95 Prozent der Schulden, die die Entwicklungsländer bei der britischen Regierung haben, entfallen beispielsweise auf Ausfuhrkredite.[3] Insgesamt sind 65 Prozent aller Gelder, die die Länder der Dritten Welt staatlichen Gläubigern schulden, Schulden bei Exportkreditagenturen.[4]

So wie eine Supermarktkette kreditwürdigen Kunden Kreditkarten für den Kauf der Produkte des Supermarkts anbietet, geben die staatlichen Exportkreditagenturen Ausländern Kredit, damit sie die Produkte des Gläubigerlands erwerben können.[5] Je mehr die Exportkreditagenturen verkaufen, desto glücklicher sind die heimischen Unternehmen – und umso stärker steigen die Schulden der anderen Länder.

Saddam Husseins Irak etwa sorgte für jede Menge gute Laune bei den westlichen Waffenproduzenten. Der Großteil der gut 26 Milliarden Dollar, die der Irak heute den Briten, Franzosen, Deutschen, Japanern und Amerikanern schuldet, wurde nach Saddams Machtergreifung in den achtziger Jahren angehäuft.[6] Die meisten Gelder flossen in die Beschaffung von militärischer Ausrüstung und in Waffenprogramme und somit direkt in die Taschen internationaler Waffenhersteller, deren Geschäfte wiederum von den Exportkreditagenturen der Gläubigerländer versichert wurden.[7]

Und nun wird das irakische Volk plötzlich aufgefordert, diese Schulden zu begleichen.[8] Zumindest soll es jenen Teil der Schulden zurückzahlen, der nach Ansicht der Gläubiger realistischerweise aus ihm herausgequetscht werden kann. Derselben Nation, die derart unter Saddam Husseins Regime gelitten hatte, dass ihre »Befreiung« erforderlich wurde, wird nun gesagt, dass sie Schulden zurückzahlen soll, die eben dieses Regime mit ausdrücklicher Ermutigung durch westliche Unternehmen und Regierungen angehäuft hat, um Unterdrückung, Gewalt und einen Völkermord zu bezahlen! Kredite, die zweifellos in die Kategorie »verabscheuungswürdig« fallen. Oder ist die irakische Situation nur eine besonders dramatische?

## Wie die Dinge liegen

Beginnen wir mit einigen Fakten.[9] Exportkreditagenturen wie die amerikanische Ex-Im, die deutsche Hermes, die italienische SACE, die japanische Export-Import Bank, die schweizerische ERG, die französische COFACE, die kanadische EDC oder die britische ECGD sind die weltweit größte Quelle öffentlicher Gelder für private Projekte. Zwischen 1982 und 2001 unterstützten diese Behörden Exporte im Wert von 7334 Milliarden Dollar und ausländische Direktinvestitionen (in erster Linie in der Dritten Welt) im Umfang von 139 Milliarden Dollar. Allein im Jahr 2000 stellten die Exportkreditagenturen insgesamt 500 Milliarden Dollar an Exportgarantien und Versicherungen für Unternehmen bereit, die Handel mit den Entwicklungsländern betrieben, und gewährten neue Exportkredite im Umfang von 58,8 Milliarden Dollar. Die beiden größten derartigen Behörden, jene Japans und der Vereinigten Staaten, stellten in der jüngeren Vergangenheit jährlich zusammen neue Kredite und Garantien im Wert von durchschnittlich 15 Milliarden Dollar bereit.

Da die Entwicklungshilfe ja beständig weiter gekürzt wird, gewinnen die Exportkredite an Bedeutung für die Länder der Dritten Welt. Zwischen 1988 und 1996 stieg der Umfang der neuen Exportkredite und -garantien weltweit um das Vierfache, wobei rund die Hälfte der neuen Mittel auf Entwicklungsländer entfiel. Mittlerweile stammen 80 Prozent der Finanzmittel für Projekte und Investitionen in Entwicklungsländern von den Exportkreditagenturen. Und die Ausfuhrkredite haben mittlerweile den zwei- bis dreifachen Umfang der Hilfsgelder, die von der Weltbank, den regionalen Entwicklungsbanken und den Ländern der Ersten Welt zur Verfügung gestellt werden – eine Entwicklung, die sich vermutlich fortsetzen wird. Im Aktionsplan der G-8 für Afrika aus dem Jahr

2002 heißt es noch sehr engagiert: »Wir verpflichten uns dazu ..., Afrika zu helfen, Investitionen sowohl aus Afrika als auch aus aller Welt anzulocken und Maßnahmen durchzuführen, welche das Wirtschaftswachstum ankurbeln – unter anderem, indem ... die Finanzierung von Privatinvestitionen durch den verstärkten Einsatz der Einrichtungen für die Entwicklungsfinanzierung sowie der Kredit- und Risikoversicherungsagenturen gefördert wird.«

Doch anstatt zur Finanzierung von Projekten eingesetzt zu werden, die »das Wirtschaftswachstum ankurbeln«, dienten und dienen die Exportkredite vielfach zur Durchführung von Projekten, die nicht weniger gefährlich, dubios oder irregeleitet sind als jene im Irak Saddam Husseins. Wieder und wieder werden mit Exportkrediten Bestechungsgelder gezahlt, tyrannische Regime oder Diktaturen unterstützt oder umweltschädliche beziehungsweise sozial nicht wünschenswerte Projekte finanziert.

Und erneut sind es die einfachen Bürger dieser Länder, die die Zeche zu bezahlen haben. Die Exportkreditagenturen zählen zu den größten Gläubigern der Entwicklungsländer: Die Schulden für Exportkredite machen etwa ein Viertel – in einigen Ländern sogar mehr – der langfristigen Verpflichtungen der Dritten Welt aus.[10] Gabun, Nigeria und Algerien haben jeweils mehr als 50 Prozent ihrer Schulden bei Exportkreditagenturen gemacht.[11]

Die Regierungen der Industriestaaten verfolgen mit der Vergabe von derartigen Krediten zum Teil geopolitische Interessen; in der Mehrzahl der Fälle dienen diese Kredite jedoch den unterschiedlichen, wenn auch verwandten Interessen der heimischen Unternehmen. Und das ist am Beispiel des Irak besonders gut zu beobachten: Die britische Exportkreditagentur ECGD verfolgt derzeit das ausdrückliche Ziel, »den Exporteuren von britischen Gütern und Dienstleistungen mit Garantien, Versicherungen und Rückversicherungen gegen etwaige Verluste dabei zu helfen, sich Aufträge zu sichern und im Ausland zu investieren«.

Darüber hinaus dienen die Exportkreditagenturen auch den Interessen der Geschäftsbanken. Stephen Kock, ein bei der

Midland Bank für Waffengeschäfte zuständiger Manager, erklärt das Prinzip so: »Bevor wir einem Unternehmen Geld vorschießen, verlangen wir stets eine Garantie seitens der staatlichen Ausfuhrkreditversicherung ECGD ... Wir können nicht verlieren. Hat der ausländische Partner nach 90 Tagen nicht bezahlt, so wird das Unternehmen stattdessen vom britischen Staat bezahlt. Wir bekommen in jedem Fall das geliehene Geld zurück, natürlich samt Zinsen – es ist wunderbar.«[12] Besonders wunderbar ist, dass die ECGD den Banken üblicherweise rund 0,75 Prozent jährlich auf den Gesamtwert eines von der Exportkreditagentur gedeckten Kredits zahlt, was der Bank einen zusätzlichen Anreiz gibt, dem britischen Exporteur das Kapital zur Verfügung zu stellen.[13]

Nun mögen 0,75 Prozent pro Jahr nicht besonders beeindruckend wirken, doch bei einem Projekt mit einem Umfang von 500 Millionen Dollar beläuft sich die Prämie auf stattliche 3,8 Millionen Dollar. Und das alles für einen Kredit, der nicht mit dem geringsten Risiko verbunden ist – es ist so, als liehe man der Bank of England Geld! Da verwundert es nicht, dass die Banken enorme Summen ausgeben, um die großen Konzerne für sich zu gewinnen. Alle wollen natürlich unbedingt *die* Bank sein, bei der das Unternehmen seinen von der ECGD gedeckten Kredit aufnimmt.

Aus Sicht eines westlichen Unternehmens sind die Exportkreditvereinbarungen also wirklich etwas Großartiges, versetzen sie das Unternehmen doch in die Lage, einen Teil des Geschäftsrisikos in den Entwicklungsländern auf den Staat abzuwälzen. Indem die Exportkreditagenturen niedrigere Gebühren, Prämien und Zinsen anbieten als die privaten Geldgeber und indem sie Transaktionen absichern, die der private Finanzsektor vernünftigerweise ablehnen würde, subventionieren diese Behörden indirekt die heimischen Exporteure.

Die Exportkredite verschaffen den Unternehmen zudem den Vorteil, dass sich die Regierung in ihren Dienst stellt. Hat ein Unternehmen einmal eine Exportkreditgarantie in der Tasche, so hat es die Gewissheit, dass die Politik seine Investition schützen wird, sollte etwas schief gehen. »Die Export-Import-Bank kann ein mächtiger Verbündeter sein«, erklärte Edmund B.

Rice von der Lobbying-Gruppe Coalition for Employment through Exports. »Wer sie auf seiner Seite hat, der kann das Gewicht der amerikanischen Botschaft, unseres Botschafters, des Finanzministeriums hier und des Außenministeriums im Ausland in die Waagschale werfen.«[14]

Es kann im Grunde niemanden verwundern, dass die Konzerne ein energisches Lobbying für die Exportkreditagenturen betreiben. Als Ende der neunziger Jahre der Versuch unternommen wurde, die amerikanische Overseas Private Investment Corporation (OPIC) abzuschaffen, die eine ähnliche Funktion wie die Ex-Im erfüllt, sich jedoch ausschließlich auf die Entwicklungsländer konzentriert, schrieb Kenneth Lay (der mittlerweile in Ungnade gefallene ehemalige Geschäftsführer von Enron) an jedes einzelne Kongressmitglied einen Brief, in dem er diese Einrichtung erbittert verteidigte.

Was aber liegt den westlichen Regierungen daran, sich derart in den Dienst der Konzerne zu stellen? Im Normalfall tun sie es, weil sie nicht in der Lage sind, sich von dem alten Glaubenssatz »Was im Interesse der Wirtschaft ist, ist auch im Interesse der Nation« zu lösen – ein Denkansatz, der dringend überwunden werden sollte: Denn erstens bezweifeln die meisten Wirtschaftswissenschaftler, dass eine Nation ihren Wohlstand langfristig heben kann, indem sie ihre Ausfuhren subventioniert. Zweitens nehmen die Subventionen den Exporteuren den Anreiz, alles in ihrer Macht Stehende dafür zu tun, dass die Käufer ihrer Produkte die Rechnung auch begleichen werden.[15] Da die Exporteure wissen, dass ihnen die Exportkreditagenturen aus der Klemme helfen werden, sollten ihre Geschäfte schief gehen, sind sie versucht, möglichst viel zu exportieren. Drittens erweist sich die Subventionierung der Exporte erfahrungsgemäß als sehr kostspielig für die Exportländer: Viele Exportkreditagenturen mussten daher in den letzten zwei Jahrzehnten gewaltige Verluste hinnehmen.[16] Und schließlich verfolgen die unter den Fittichen der Exportkreditagenturen agierenden Unternehmen oft nur ihre eigenen Interessen, anstatt etwas für ihr Heimatland zu tun.

In den Vereinigten Staaten handelt es sich bei den meisten Unternehmen, die große Geldsummen von Ex-Im erhalten haben, um Betriebe, die rücksichtslos Arbeitsplätze abbauen und ihre Kosten durch eine Verlagerung der Produktion ins Ausland senken. Die fünf Unternehmen, die in den neunziger Jahren am meisten von der Unterstützung durch Ex-Im profitiert haben – AT&T, Bechtel, Boeing, General Electric und McDonnell Douglas – haben in diesem Zeitraum gemeinsam mehr als 300 000 Arbeitsplätze vernichtet und die Produktion nach Indien, Mexiko, Japan und in andere Länder verlegt.[17] Noch schlimmer ist, dass Ex-Im bei der Wahl der unterstützten Unternehmen ausgesprochen selektiv vorgeht und nur eine Hand voll Konzerne begünstigt. So gingen im Jahr 2001 mehr als 60 Prozent der Kredite und Exportgarantien von Ex-Im an drei Konzerne, und 10 Unternehmen teilten sich 90 Prozent der Unterstützungen.[18] Ähnliches ist auch in anderen Ländern zu beobachten.

## Wir füllen die falschen Taschen

Obwohl viele der von den Exportkreditagenturen finanzierten Projekte scheitern, wird der Löwenanteil der Subventionen üblicherweise nicht von den westlichen Steuerzahlern bezahlt, sondern den Völkern der Dritten Welt aufgebürdet werden. Wie wir gesehen haben, bilden die aufgrund nicht zurückgezahlter Exportkredite angehäuften Schulden einen beträchtlichen Teil der Gesamtverschuldung bei staatlichen Kreditgebern. Die Zinsen, die bei derartigen Krediten anfallen, sind dabei eine besonders große Belastung für die Entwicklungsländer, da sie sich an den Marktzinsen orientieren und nicht an den niedrigeren Zinssätzen für bilaterale oder multilaterale Kredite (das heißt für all jene Kredite, die von der Weltbank, dem Währungsfonds oder den regionalen Entwicklungsbanken gewährt werden).

Hätten die Länder, die heute Schulden bei den Exportkreditagenturen haben, nachweislich von den Projekten profitiert, die mit Unterstützung der Exportkreditagenturen durchgeführt wurden, so könnte man argumentieren, dass diese Fortschritte die Verschuldung aufwiegen würden. Doch in vielen Fällen stellt sich der versprochene Nutzen nie ein, zahlreiche Projekte werden überhaupt nicht durchgeführt. Ein ehemaliger Mitarbeiter der HSBC berichtete mir, sämtliche von der Exportkreditagentur getragenen Projekte, an denen er in einem Zeitraum von zwölf Monaten in der Bank gearbeitet habe, seien gescheitert.[19]

Dazu kommt, dass Milliarden Dollar an Krediten der Exportkreditagenturen direkt in die Taschen korrupter Regierungsvertreter in den Empfängerländern fließen. Nur ein Beispiel: Acres, ein von der kanadischen Exportkreditagentur EDC unterstütztes Unternehmen, wurde im September 2002 von einem Gericht in Lesotho verurteilt, weil es an Masupha Sole, den ehemaligen Geschäftsführer des zu trauriger Berühmtheit gelangten Highlands-Dammprojekts, 260 000 Dollar Bestechungsgeld gezahlt hatte.[20] Dieses Projekt versank nicht nur in Korruption, sondern entwurzelte auch hunderte von der Subsistenzwirtschaft lebende Bauern und beeinträchtigte das Leben von rund 27 000 Menschen. Die Kosten der mit Mitteln der Exportkreditagenturen ausgestatteten Projekte werden üblicherweise massiv aufgeblasen, um die notwendigen »Provisionen« zahlen zu können. So förderte im Jahr 2000 eine Untersuchung im indonesischen Versorgungssektor mehrere Belege dafür zutage, dass die meisten von ausländischen Exportkreditagenturen finanzierten Stromversorgungsprojekte auf künstlich in die Höhe getriebenen Kalkulationen beruhten und »im Durchschnitt 37 Prozent teurer waren als Projekte, bei denen eine internationale Ausschreibung stattgefunden hatte«.[21] Zu ähnlichen Ergebnissen kam die Nichtregierungsorganisation (NGO) Transparency International, die sich dem Kampf gegen die Korruption verschrieben hat. Die Organisation bestätigt, dass es gang und gäbe ist, den Wert von Verträgen mit Exportkreditagenturen um 10 bis 20 Prozent aufzublasen, um die »Provisionen« (auch als Bestechungsgelder bekannt) zu decken, die Voraussetzung für den Zuschlag sind.[22]

Doch anstatt zu versuchen, korrupte Länder deshalb von der Finanzierung durch Exportkreditagenturen auszuschließen, lassen die Regierungen der reichen Länder zu, dass einige der korruptesten Länder der Welt – Indonesien, die Türkei, die Philippinen – weiterhin zu den zehn wichtigsten Empfängern von Unterstützungsgeldern der Exportkreditagenturen zählen. Transparency International formuliert es so: »Die anhaltende Unfähigkeit der Exportkreditagenturen, das Problem der Korruption in Angriff zu nehmen, hat dazu geführt, dass sich einige dieser Behörden fast schon der Beihilfe zu kriminellen Verstößen schuldig machen.«[23]

Tatsächlich sind illegale Praktiken im Betätigungsfeld der Exportkreditagenturen derart verbreitet, dass die Korruption fast schon als ergänzendes Exportgut betrachtet werden kann, das von unseren Regierungen finanziert wird. Der Vertreter eines der wichtigsten britischen Unternehmen in Afrika, das mit finanzieller Unterstützung der britischen Exportkreditagentur ungezählte Schulen und Krankenhäuser errichtet hat, erklärte mir voller Stolz, in den letzten 10 Jahren mehr als 75 Millionen Dollar an Schmiergeldern bezahlt zu haben, um seine Projekte durchführen zu können.

Selbstverständlich sind die von den Exportkreditagenturen vergebenen Kredite weder zwangsläufig noch in allen Fällen abzulehnen. Ohne diese Gelder könnten die armen Länder viele Projekte nicht finanzieren, die nützlich sind oder zumindest keinen Schaden anrichten. Der gerade erwähnte Auftragnehmer mag zwar viele Millionen Dollar an Bestechungsgeldern bezahlt haben, er baute aber auch Schulen und Krankenhäuser. Die Schmiergelder könnten in diesem Fall als eine Art von Betriebssteuer betrachtet werden. Es ist nur so, dass die Kredite der Exportkreditagenturen, die in den Empfängerländern die Taschen korrupter Eliten füllen, dadurch nicht nur die demokratische Entwicklung untergraben, sondern auch das Wirtschaftswachstum lähmen können, indem sie die Korruption im Grunde legitimieren. Eine Reihe empirischer Studien hat gezeigt, dass die Korruption ein Hindernis für das Engagement zahlreicher potenzieller Investoren darstellt.[24] Das bedeutet, dass der Gesamtertrag aus den Krediten möglicherweise extrem gering oder sogar negativ ausfällt. Vor kurzem stellte Transparency International fest: »Keine der Exportkreditagenturen scheint ernsthaft über die Möglichkeit nachzudenken, Ländern, in denen in der Vergangenheit Korruption beobachtet wurde, den Zugang zur Exportförderung zu verwehren.«[25]

Die Exportkreditagenturen haben in jüngster Zeit einige zaghafte Schritte unternommen, um die wachsende Kritik an ihren Aktivitäten zu besänftigen. So hat beispielsweise Großbritannien ein neues Garantieverfahren eingeführt, das die Unternehmen zu der Zusicherung verpflichtet, keine Bestechung zu praktizieren.[26] In der Praxis sind derartige Reformen zumeist allerdings unzureichend und nicht durchzusetzen.[27] Die britische Exportkreditagentur ECGD etwa hat weiterhin keine Befugnis zur Untersuchung der von ihr finanzierten Projekte und damit keine Möglichkeit, die Einhaltung der Bestimmungen zu gewährleisten.

Ein weiteres Problem ist, dass die von den Exportkreditagenturen ausgewählten Projekte oft sehr umstritten sind. Der Präsident der Elfenbeinküste, Félix Houphouët-Boigny, errichtete in seinem Geburtsort Yamoussoukro die größte Kirche der Welt, eine dem Petersdom nachempfundene Kathedrale mit 36 Meter hohen Fenstern aus buntem Glas, einer 280 Tonnen schweren Kuppel, die doppelt so hoch ist wie die Kathedrale von Nôtre Dame, und einem 10 Meter hohen vergoldeten Kruzifix. Für dieses Bauwerk stellten europäische Exportkreditagenturen 150 Millionen Dollar bereit. Und so steht nun in einer Stadt mit 100 000 Einwohnern eine Replik des Petersdoms mit klimatisierten Sitzplätzen für 7000 Gläubige, Stehplätzen für 12 000 weitere Personen und einem Vorplatz, auf dem sich 350 000 Menschen versammeln können. Schade eigentlich, dass nur 15 Prozent der Bevölkerung der Elfenbeinküste Christen, und die Katholiken dabei auch noch in der Minderheit sind. Noch schlimmer ist, dass Houphouët-Boigny dieses gewaltige Bauwerk zu einer Zeit errichten ließ, in der Millionen Menschen in seinem Land an Krankheiten starben. Für Impfprogramme war kein Geld übrig, und AIDS geriet langsam außer Kontrolle.

Ein weiteres anschauliches Beispiel liefert das Atomkraftwerk Bataan auf den Philippinen, das 1976 für mehr als 2 Milliarden Dollar gebaut wurde, die überwiegend von der amerikanischen Exportkreditagentur Ex-Im bereitgestellt wurden.[28] Die Gelder, die aufgenommen wurden, um das größte und teuerste Bauprojekt in der Geschichte der Philippinen durchzuführen, kosten das Land heute noch 170000 Dollar am Tag; der ganze Kredit wird erst im Jahr 2018 getilgt sein.[29] Das Groteske dabei ist: Das Pro-Kopf-Bruttoinlandsprodukt der Philippinen liegt bei gerade einmal 4000 Dollar, 40 Prozent der Bevölkerung leben unter der Armutsgrenze, und die jährlichen Gesundheitsausgaben pro Einwohner betragen lediglich 30 Dollar. Und dieses Land nahm immense Kosten für den Bau eines Kraftwerks auf sich, das nie in Betrieb genommen wurde. »Die Philippinen sind nicht in den Genuss eines einzigen Watts Elektrizität gekommen«, erklärt Leonor Briones, die Finanzministerin des Landes. Im Grunde genommen muss das als Glück bezeichnet werden, denn das Atomkraftwerk beruht auf einem alten Zwei-Schleifen-Modell, das keinerlei Sicherheitsstandards erfüllt; obendrein steht die Anlage auf einer Erdbebenlinie am Fuß eines Vulkans.

## Die Finanzierung von Umweltverschmutzung und Waffenschmuggel

Die Exportkreditagenturen finanzieren nicht nur größenwahnsinnige und unsinnige Projekte oder korrupte Eliten. Nein, sie verzichten zudem fast völlig auf Sicherheitsmechanismen und bemühen sich nicht einmal um den Schutz der Menschenrechte oder der Umwelt. Beispielsweise sind die meisten Exportkreditagenturen nicht gesetzlich verpflichtet, umweltschädliche oder sozial nicht wünschenswerte Projekte auszusondern. Sie müssen auch nicht dafür sorgen, dass die von ihnen finanzierten Projekte unter Wahrung der Menschenrechte genutzt werden, die Umwelt schonen oder deren Beitrag zur lokalen Entwicklung geprüft wird. Es wurde zwar versucht, die G-8-Staaten dazu zu bewegen, sich auf grundlegende soziale und umweltpolitische Standards für ihre Exportkreditagenturen zu einigen, aber das einzige Ergebnis dieser Bemühungen war eine nicht bindende Vereinbarung, die vorsieht, dass die Unternehmen nunmehr verschiedene Fragebögen zu den Projekten ausfüllen müssen. Unabhängige Prüfungen, ob Theorie und Praxis übereinstimmen, sind nicht vorgesehen … Diese Vereinbarung, deren Grenzen offenkundig sind, beruht auf einem Kompromiss, der zustande gekommen war, nachdem Deutschland und Frankreich zunächst die Gespräche boykottiert hatten. Ihre Exportkreditagenturen drohten aufgrund der amerikanischen Forderungen nach strengeren Maßstäben ihren Wettbewerbsvorteil einzubüßen – ironischerweise gehörten zu jenem Zeitpunkt in beiden Ländern die Grünen der Regierung an.

In der Praxis bedeutet all dies, dass viele der von den Exportkreditagenturen finanzierten Projekte – besonders beliebt sind große Infrastrukturprojekte wie Dämme und Atomkraftwerke sowie Projekte zur Nutzung von Bodenschätzen, etwa Minen und Ölraffinerien – weiterhin die Umwelt schädigen und vielfach obendrein nachteilige soziale Folgen haben.[30] Ein ausgezeichnetes Beispiel ist der »Drei-Schluchten-Damm« in China.[31] Dieses Projekt wird die Umsiedlung von 1,3 Millionen Menschen erzwingen und 13 Städte fluten. Es ist von ausufernder Korruption und massiven Konstruktionsmängeln begleitet und wird von zahlreichen chinesischen Wissenschaftlern, Ingenieuren und Journalisten abgelehnt. Dennoch wurde das Projekt von mehreren europäischen Exportkreditagenturen mit fast 1,5 Milliarden Dollar an Kreditgarantien und -versicherungen ausgestattet. Ein hochrangiger britischer Beamter meinte dazu zynisch: »Ich hörte, es gab dort ein paar Probleme mit der Entfernung der Bauern?«

Interessanterweise sind die amerikanischen Exportkreditagenturen strengeren Vorschriften unterworfen als ihre europäischen Gegenstücke. Präsident Clinton setzte 1992 und 1997 verpflichtende Standards durch, die etwa Investitionen in Projekte verhindern, »die eine unfreiwillige Umsiedlung von Menschen im großen Stil erfordern«. Dasselbe gilt für »große Dammprojekte, die die natürlichen Ökosysteme oder den Lebensunterhalt der lokalen Bevölkerung bedrohen«. Dennoch haben auch Ex-Im und OPIC große Summen in Projekte mit zweifelhaften Auswirkungen auf die Umwelt investiert. So stellten die beiden Behörden zwischen 1992 und 1998 zusammen 23,2 Milliarden Dollar für die Finanzierung von Erdöl-, Erdgas- und Kohleprojekten rund um den Erdball zur Verfügung.[32] Bis zum Ende ihrer Nutzungsdauer werden diese Anlagen 29,3 Milliarden Tonnen Kohlendioxid freisetzen. Das entspricht der Belastung durch 24 Milliarden Flüge von New York nach London und zurück – eine gewaltige Menge, die nur mit der Pflanzung von 48 Milliarden Bäumen ausgeglichen werden könnte.

Einer der größten Kunden der amerikanischen Exportkreditagenturen war in den neunziger Jahren Enron. Die von Enron gebaute Pipeline von Bolivien nach Brasilien durchschneidet den größten verbleibenden Regenwald der Welt und auch einen Teil der Feuchtgebiete des Pantanal. Sie schädigt 39 Indianerstämme und mehrere andere Gemeinschaften und zerstört die Umwelt. Die Weltbank erklärte, sie hätte die Finanzierung dieses Projekts abgelehnt. Zahlreiche Mitarbeiter der OPIC gestanden ein, dass das Projekt die Richtlinien der Behörde verletzt habe. Doch niemand stoppte es. Vielmehr war die Pipeline typisch für jene Art von Projekten, die den Segen von Ex-Im und OPIC fanden.

Wie das Beispiel des Irak zeigt, zählen Waffenverkäufe ebenfalls zu den Exporten, für die ein hoher Prozentsatz der von den Exportkreditagenturen gewährten Kredite in Anspruch genommen wird. In Großbritannien dienen zwischen 30 und 50 Prozent aller Ausfuhrkredite dazu, die Verkäufe der britischen Waffenexporteure abzusichern – obwohl seit dem Jahr 2000 keine Exporte in die 63 ärmsten Länder der Welt mehr finanziert werden, was einer Intervention des britischen Finanzministers Gordon Brown zu verdanken war.[33] Dieser Prozentsatz ist extrem hoch, insbesondere wenn man berücksichtigt, dass nur rund 3 Prozent der britischen Ausfuhren auf die Rüstungsindustrie entfallen. In Frankreich dient dagegen ein Drittel der Exportkredite der Subventionierung von Waffengeschäften.[34]

Die Frage, welchem Zweck die Waffen dienen werden, wird zumeist als irrelevant betrachtet. Die britische Exportkreditagentur ECGD stellte nicht nur Kredite für Waffenlieferungen an den Irak bereit, sondern gewährte der indonesischen Regierung 1993 mehrere Kredite für den Kauf von 24 Hawk-Kampfflugzeugen von British Aerospace; drei Jahre später wurde der Verkauf von 16 weiteren Maschinen finanziert.[35]

Diese Hawks benutzten Suhartos Streitkräfte später, um Dörfer in Ost-Timor anzugreifen, und erst vor Kurzem wurden die Flugzeuge eingesetzt, um die Separatisten in der Provinz Aceh einer »Schocktherapie« zu unterziehen.[36]

Ähnliches lässt sich auch über Deutschland berichten. Abgesehen davon, dass sich das Land an den Grundsatz »Export über alles« hielt, als es um Kredite für Exporte in den Irak ging, gewährte es der Regierung Suharto Ausfuhrgarantien über 407 Millionen Dollar, um Indonesien den Kauf von 39 ostdeutschen Torpedobooten zu ermöglichen. In Indonesien wurden Studenten ins Gefängnis gesteckt, die gegen den Kauf protestierten.[37] Frankreich seinerseits gewährte seinen Waffenproduzenten Ausfuhrkredite für die Finanzierung jener Waffen, die vermutlich beim grauenvollen Genozid in Ruanda zum Einsatz kamen.

Werden die Kredite verwendet, um Waffen zu kaufen, so heizen sie häufig Konflikte an, bringen zahlreichen Menschen den Tod, festigen die Herrschaft von Unterdrückungsregimen und unterwerfen die Bürger der Empfängerländer der Repression. Zudem begünstigen sie die Fortsetzung eines Zyklus, in dem die Waffenhersteller mit den Krediten im Rücken kriegslüsterne Eliten ermutigen, sich noch mehr Geld zu borgen, um den Produzenten weitere Waffen abzukaufen. Indem sie den Waffenhandel unterstützen, ermutigen die reichen Nationen also die Regierungen der Entwicklungsländer, Geld für Kriegsgerät auszugeben, anstatt es in ihre Gesundheits- oder Bildungssysteme zu investieren. Das Geld, das Indonesien für das britische Hawk-Kampfflugzeug ausgab, hätte beispielsweise genügt, um 1,5 Millionen Menschen für den Rest ihres Lebens mit sauberem Trinkwasser zu versorgen. Die im Interesse der Unternehmen in den Geberländern gewährten Ausfuhrkredite fügen der Bevölkerung der Schuldnerländer allzu oft schweren Schaden zu. Das Leben jener Menschen, denen ein Tod durch Waffengewalt erspart bleibt, wird durch mangelnde medizinische Versorgung oder Hunger verkürzt.

Und in einer ebenso schrecklichen wie komischen Wendung werden die von den Geberländern gelieferten Waffen in manchen Fällen schließlich gegen sie selbst eingesetzt. So sah sich die amerikanische Armee in Haiti, Somalia, Panama, Afghanistan und dem Irak mit feindlichen Truppen konfrontiert, die mit amerikanischen Waffen bestens ausgerüstet waren.

***

Die Aktivitäten der Exportkreditagenturen führen uns auf schockierende Art und Weise vor Augen, welches Ungleichgewicht in der zeitgenössischen Welt besteht. Gemeint ist nicht das geopolitische Ungleichgewicht, in dem die Länder, die Geld zum Verleihen haben, Macht über jene haben, die sich Geld borgen müssen. Auch ist nicht die unausgewogene Verteilung der Lasten zwischen den Entwicklungsländern gemeint, von denen einige die Möglichkeit haben, Kredite aufzunehmen, ohne über deren Verwendung Rechenschaft ablegen zu müssen. Vielmehr geht es um ein Ungleichgewicht innerhalb der reichen Welt: um das Ungleichgewicht zwischen den Interessen der Unternehmen und dem Allgemeinwohl, zwischen Wirtschaft, Politik und Gesellschaft.

Da sie weiter an den Mythos glauben, dass die Interessen der Wirtschaft mit dem nationalen Interesse gleichzusetzen sind, wickeln die westlichen Länder 80 Prozent ihrer Investitionen in den Entwicklungsländern über die Exportkreditagenturen ab. Während diese vom Staat subventioniert werden, erhalten die Geschäftsbanken einen risikofreien Bonus auf das verliehene Kapital. Und die begünstigten Unternehmen müssen dafür keinerlei Gegenleistung erbringen, etwa im eigenen Land Arbeitsplätze zu schaffen, zu investieren oder irgendeinem anderen nationalen Interesse zu dienen.

Die Geschichte der Exportkreditagenturen ist auch eine Geschichte der schamlosen Heuchelei. Die reiche Welt rügt die arme für deren hohe Verteidigungsausgaben – und stellt gleichzeitig Kapital zur Verfügung, damit die armen Länder den reichen Waffen abkaufen können. Die Europäer preisen den Multilateralismus und unterzeichnen eine Reihe von Umweltabkommen – das Kyoto-Protokoll, die Konvention über die Biodiversität und so weiter – die vorgeblich dazu dienen, die Umwelt zu schützen und den Klimawandel zu bremsen. Gleichzeitig finanzieren die europäischen Exportkreditagenturen die Erschließung fossiler Brennstoffe und ebenjene energieintensiven Projekte, die zwangsläufig zu höheren Emissionen in den Entwicklungsländern führen werden (womit dort dieselbe umweltschädliche Entwicklung in Gang gebracht wird, die die westlichen Länder schon durchgemacht haben). Die Vereinigten Staaten lehnen das Kyoto-Protokoll vordergründig mit dem Argument ab, es enthalte keine Emissionsgrenzen für die Entwicklungsländer, doch gleichzeitig finanzieren die amerikanischen Exportkreditagenturen in diesen Ländern den Bau nicht umweltverträglicher Elektrizitätswerke.[38] Die entwickelte Welt setzt ohne das geringste Schuldbewusstsein ihre Exportkreditagenturen ein, um die eigenen Exporteure zu subventionieren – und verlangt gleichzeitig im Namen des »Freihandels« von den Entwicklungsländern, auf jeglichen Protektionismus zugunsten ihrer Produzenten zu verzichten.[39] Und im Namen der Investition laden die reichen Länder den armen noch mehr Schuldenzahlungen auf, und zwar Schulden zu den höheren Marktzinsen, nicht zu den niedrigeren Zinssätzen, die bei bilateralen oder multilateralen Krediten üblich sind.

Wer die Exportkreditagenturen betrachtet, sieht den Januskopf des Westens. Die Tätigkeit dieser Einrichtungen verrät die Doppelzüngigkeit einer reichen Welt, die sich einerseits Sorgen über die Menschenrechte, die Transparenz und den Umweltschutz macht und andrerseits Projekte finanziert, die all diesen Sorgen Hohn sprechen. Die reichen Länder predigen den Multilateralismus, definieren ihn jedoch so, dass er ausschließlich den Interessen ihrer Großunternehmen dient.

So kommt es, dass die ärmsten Länder der Erde tiefer und tiefer in Schulden versinken, während sich die westlichen Konzerne an staatlich subventionierten Projekten bereichern, die Konflikte schüren, die Umwelt zerstören und gefährliche Entwicklungen heraufbeschwören. Anstatt der Entwicklung zu dienen, nähren die von den Exportkreditagenturen bereitgestellten Gelder vielfach nur den Teufelskreis von Korruption, Unterentwicklung, Konflikten und Verschuldung.

KAPITEL VIER

# Dealer und Junkies

Stellen Sie sich vor, ein Ihnen unbekannter Bankangestellter würde an Ihrer Tür klingeln und Sie anflehen, einen Kredit bei seiner Bank aufzunehmen.

## Totenköpfe und Bananen

Als junger Mann hatte er wahrscheinlich gut ausgesehen, obwohl das angesichts seines Wanstes und seiner Solariumbräune schwer vorstellbar war. Doch es hatte zweifellos eine Zeit gegeben, in der er im großen Geschäft mitgemischt hatte: Das Wasserbett und der Whirlpool sind immer noch da (er hat ausdrücklich darauf hingewiesen, als er mich in seinem spektakulären, wenn auch schon ein wenig abgewohnten Appartement herumführte). Fenster mit bunten Gläsern, die von den Rothschilds geliefert worden waren, Holzvertäfelungen, ein an eine Gemäldegalerie erinnerndes Wohnzimmer und überall in der Wohnung seine verblüffenden Fotos aus Afrika, wo er die besten Jahre seines Lebens verbracht hatte.

1969, in jenem Jahr, als der erste Mensch seinen Fuß auf den Mond setzte, als Richard Nixon Präsident wurde und Charles Manson Sharon Tate ermordete, war der 26-jährige Karl Ziegler, der gerade sein Wirtschaftsstudium abgeschlossen hatte, als Leiter der Abteilung Konsortialkredite der First Chicago Bank nach Kenia aufgebrochen. Der größte Kredit, den er in den folgenden Jahren vergab, ging im Jahr 1975 an Nigeria. Tatsächlich war dieser Riesenkredit von 1,4 Milliarden Dollar das größte Darlehen, das diesem Land je zugestanden wurde. 400 Millionen Dollar flossen in den Bau des Stahlwerks Wari (dieser Teil des Kredits wurde von der deutschen Exportkreditagentur Hermes abgesichert), während das übrige Geld nicht zweckgebunden war, sondern zur Stabilisierung der nigerianischen Zahlungsbilanz dienen sollte. Nigeria, so erklärte mir Ziegler, war zu jener Zeit das Risiko wert, denn es war einer der größten Erdölexporteure der Welt – und der Ölpreis war hoch.

Tatsächlich lohnte sich das Risiko insofern, als dieses Land vermutlich nicht zahlungsunfähig werden würde. Allerdings zählte Nigeria nicht gerade zu den vorbildlichen Schuldnerländern, insbesondere nicht zu jener Zeit, als Ziegler an der Kreditvereinbarung arbeitete. Denn das Land steckte in einem riesigen und Aufsehen erregenden Skandal: Eine Reihe von Staatsdienern und Privatunternehmern hatte mit Geldern der Zentralbank über eine Million Tonnen Zement zu unverschämt überhöhten Preisen gekauft und die Differenz zwischen dem Marktpreis und dem von Nigeria bezahlten Preis unter sich aufgeteilt. Doch statt in Teillieferungen traf der ganze Zement *auf einmal* ein. Bald lagen hunderte mit Zement beladene Schiffe vor einem Hafen auf Reede, der auf dem Höhepunkt seiner Leistungsfähigkeit nicht mehr als zehn Schiffe in der Woche abfertigen konnte. Die 1,5 Millionen Tonnen Zement lagerten 15 Monate lang an Bord. Mit der Zeit begann sich die Ladung in den Stauräumen zu verfestigen, wodurch viele Schiffe verschrottet werden mussten. Das bisschen Zement, das noch nutzbar war, war von derart schlechter Qualität, dass viele der damit errichteten Gebäude Jahre später wieder abgerissen werden mussten.

Karl Ziegler mag zu jener Zeit nichts über die mangelnde Qualität des Zements gewusst haben, doch er war durchaus über die Korruption im Bilde, die den Skandal ermöglicht hatte: »Meine Aufgabe war es, Geld zu verkaufen; Zement spielte keine Rolle«, wiegelt Ziegler ab. Es galt, bei diesem 1,4-Milliarden-Geschäft Geld zu verkaufen, um Geld zu verdienen. Als federführende Bank im Konsortium würde die First Chicago zunächst 0,25 Prozent von den 1,4 Milliarden verdienen, also 3,5 Millionen. Und wenn alles wie geplant lief, würde Zieglers Bank kein Risiko tragen. Dieses würde auf die übrigen Banken im Konsortium übergehen, das heißt »auf irgendwelche Trottel in Des Moines oder einige kleinere Banken im Norden«, wie Ziegler es ausdrückte. Für sie sei es einzig und allein darum gegangen, das Geschäft unter Dach und Fach zu bringen: »Die First Chicago machte das Rennen, und ich war völlig aus dem Häuschen.« Auf meine Frage nach der Korruption sagte er: »Einige von uns machten sich mehr Gedanken darüber, andere weniger«, aber es war »ein ruhmreiches Unternehmen. ... Wichtig war, den Auftrag zu bekommen. ... Und als uns das gelang ... war ich im siebten Himmel. Es war unglaublich aufregend. ... Wir waren junge Männer, denen die Welt zu Füßen lag.«

Ich ließ nicht locker und fragte erneut nach der Korruption. Karl lächelte ein wenig gequält, was vielleicht daran lag, dass er mittlerweile ein Zentrum zur Bekämpfung der Korruption leitete: »Solange die Flagge eines Landes keine schwarze Totenkopffahne war oder als Wappen eine gelbe Banane trug, kam es für einen Kredit infrage.«

Zieglers Erfahrung ist kein Einzelfall. In den siebziger Jahren rissen sich zahlreiche Banken – darunter nicht nur große Institute wie Chase, Citicorp, First Chicago, JP Morgan, Lloyds, UBS, mehrere kanadische und japanische Großbanken sowie die Banque Nationale de Paris, sondern auch kleine ländliche Banken aus den Vereinigten Staaten – darum, Kredite an die Entwicklungsländer vergeben zu dürfen. Die meisten Geschäftsbanken hatten sich seit dem Zweiten Weltkrieg davor gehütet, Entwicklungsländern Geld zu leihen; sie erinnerten sich noch lebhaft daran, dass in den dreißiger Jahren zahlreiche lateinamerikanische Schuldner zahlungsunfähig geworden waren. Doch im Jahr 1973 kehrten diese Banken plötzlich auf die Bühne zurück. Der Umfang der Eurodollar-Konsortialkredite für Lateinamerika stieg zwischen 1972 und 1982 von 2 Milliarden Dollar auf 22 Milliarden Dollar, und allein an den Krediten für Mexiko waren 1600 Banken beteiligt.[1] Deutlich geringer war das Engagement der Geschäftsbanken in Afrika, wo sie nie in den ärmsten Ländern der Sahelzone aktiv wurden.[2] Dennoch entfielen im Jahr 1982 rund 35 Prozent der Schulden dieser Region auf den privaten Banksektor.[3]

Viele Länder, die bereits in einer früheren Phase des Kalten

Krieges wachsende Schulden bei anderen Staaten gemacht hatten, mussten nun feststellen, dass ihre finanziellen Verpflichtungen geradezu explodierten. So stiegen die Schulden Argentiniens zwischen 1976 und 1983 um sage und schreibe 544 Prozent. Und Algerien, Argentinien, Bolivien, Brasilien, Bulgarien, der Kongo, die Elfenbeinküste, Ecuador, Mexiko, Marokko, Nicaragua, Peru, Polen, Syrien und Venezuela, die im Jahr 1970 insgesamt 18 Milliarden Dollar Schulden bei ausländischen Gläubigern hatten (das entsprach 10 Prozent ihres gemeinsamen Bruttoinlandsprodukts), häuften in den 17 Jahren bis 1987 einen Schuldenberg von 402 Milliarden Dollar an (ein Betrag, der fast 50 Prozent ihres Bruttoinlandsprodukts ausmachte), wobei sie den Großteil dieses Geldes den Geschäftsbanken schuldeten.

Woher kam der plötzliche Wunsch der Geschäftsbanken, Kredite an diese Länder zu vergeben? Wie schon im Fall der geopolitischen Interessen muss man auch hier nur der Spur des Erdöls folgen. Unmittelbar nach dem Jom-Kippur-Krieg im Jahr 1973 setzten die Erdöl produzierenden Länder praktisch über Nacht den Ölpreis um 400 Prozent hinauf. Damit erlangten die Produzenten plötzlichen Reichtum, und der Einnahmenüberschuss war so groß, dass sie das Geld unmöglich in ihren eigenen Ländern ausgeben konnten. Dazu kam, dass das islamische Recht der Scharia den Zinswucher verbietet, was die arabischen Ölproduzenten daran hinderte, in ihren eigenen Banken Zinseinkünfte zu erzielen. Sie mussten ihre Petrodollars anderswo investieren, und dafür boten sich die westlichen Banken erfreut an.

Auf einmal sprudelte eine schier unerschöpfliche Quelle neuer Kredite – um genau zu sein 333,5 Milliarden Dollar. 40 Prozent gingen an Banken in den Vereinigten Staaten und Großbritannien, und das verbleibende Geld teilten sich Geldinstitute in Frankreich, Deutschland und Japan.

Die Banken waren verzweifelt bemüht, diese enorme Geldschwemme produktiv zu nutzen. Lag es da nicht auf der Hand, dass man das Geld Gewinn bringend einsetzte, indem man die Ölmilliarden wieder verlieh? Die Banken profitierten sogar doppelt, denn sie verrechneten nicht nur Gebühren für das Arrangement der Kredite, sondern kassierten auch noch die meist üppigen Zinsen.

Dennoch genügte es den Bankern nicht, das Geld in den Industriestaaten zu investieren, da die dortige Nachfrage nach Investitionskapital nicht mit der Expansion der verfügbaren Mittel Schritt halten konnte. Also machte man sich auf die Suche nach neuen Kreditnehmern in den Entwicklungsländern, wobei sich die Banken auf jene Regionen konzentrierten, in denen sie die Möglichkeit sahen, eine enge Beziehung zu einer gedeihenden Volkswirtschaft herzustellen. So entstand ein Markt für gewerbliche Kredite, wo es jahrzehntelang keinen gegeben hatte. Und als die großen Banken einmal begonnen hatten, Geld zu verleihen, blieb auch den mittelständischen und kleineren Banken keine andere Wahl, als ebenfalls auf den Zug aufzuspringen.

Also wurde erneut geborgt, geborgt und geborgt – diesmal mit freundlicher Unterstützung der Geschäftsbanken. »Die Banken wollten unbedingt auf diesen Markt«, erinnert sich Jose Angel Gurria, der zu jener Zeit das mexikanische Büro für öffentliche Kredite leitete. »Sämtliche Banken in den Vereinigten Staaten, Europa und Japan drängten sich vor. Sie handelten überhaupt nicht vorausschauend und verzichteten auf jegliche Kreditanalyse. Es war wirklich wild. Die Bank of America plante zum Beispiel im August 1979 die Vergabe eines Kredits über eine Milliarde Dollar. 350 Millionen wollte sie selbst stellen, den Rest wollte sie abtreten. Am Ende musste sie nur 100 Millionen selbst aufbringen. Insgesamt waren für diesen Kredit 2,5 Milliarden Dollar aufgetrieben worden, also viel zu viel!« Andere Kredite wurden ähnlich überzeichnet, und die Regierungen der Entwicklungsländer wurden oft mit mehr Geld bedacht, als sie verlangt hatten – sofern sie sich überhaupt selbst um einen Kredit bemüht hatten.[4]

Die Geschäftsbanken, die mit der Droge Kredit handelten, züchteten sich binnen kurzer Zeit Schuldenjunkies heran, was nicht zuletzt daran lag, dass das Geld den Empfängerländern zu Bedingungen angeboten wurde, die sie kaum ablehnen konnten. Tatsächlich wiesen die Kredite Mitte der siebziger Jahre bereits negative Realzinssätze auf, was bedeutete, dass der Schuldner weniger zurückzahlen musste, als er sich geliehen hatte. Obwohl die Zinssätze variabel waren, erwartete niemand im Ernst, dass sie wesentlich steigen würden. Und anders als die von anderen Regierungen gewährten Kredite, die oft mit Bedingungen verknüpft waren – die Empfängerländer mussten das Geld beispielsweise für Einfuhren aus dem Geberland ausgeben – waren diese Kredite üblicherweise nicht mit irgendwelchen Verpflichtungen verbunden.

Es fiel den Entwicklungsländern daher leicht, vernünftige Erklärungen für ihr Suchtverhalten vorzuschieben. In einigen Fällen beruhte die Entscheidung für die Kreditaufnahme auf der Überzeugung, diese gewerblichen Kredite würden benötigt, um die zukünftige Entwicklung des Landes zu sichern. Schließlich hatten ja auch die Vereinigten Staaten von Amerika ihre rasante wirtschaftliche Entwicklung im 19. Jahrhundert dank einer vorübergehenden Verschuldung bei den Geschäftsbanken vorangetrieben.[5]

Für andere, etwa für die Erdöl importierenden Länder, die unter der extremen Verteuerung dieses Rohstoffs gelitten hatten, waren diese Kredite eine große Erleichterung.[6] Das Geld, das ihnen andere Regierungen anboten, genügte nicht immer, um ihre Bedürfnisse zu erfüllen. Förderländer wie Kolumbien, Ecuador, Mexiko, Nigeria und Venezuela bedienten sich der Kredite, um ihren deutlich verbesserten finanziellen Status zu sehr vernünftigen Zinssätzen zu nutzen. Ähnlich verhielten sich afrikanische Länder, die über Rohstoffe verfügten und deren Einnahmen aufgrund der mit dem Ölpreis einhergehenden dramatischen Verteuerung der Rohstoffe stiegen. In der Erwartung, auf Dauer so hohe Einnahmen zu erzielen, häuften sie freudig weitere Schulden an.

Andere konnten einfach nicht widerstehen, wo ihnen die Kredite doch mit derart großem Nachdruck angeboten wurden. Ein lateinamerikanischer Politiker, in den siebziger Jahren Finanzminister seines Landes, erklärt es so: »Ich erinnere mich daran, dass die Banker mich bei Konferenzen regelrecht bedrängten und mir Kredite anboten. Sie ließen mich einfach nicht in Frieden. Wenn man versucht, den Haushalt auszugleichen, ist es sehr verlockend, Geld zu leihen, anstatt die Steuern zu erhöhen.«[7] Und das Überangebot war in der Tat oft überwältigend!

Der IWF, die Weltbank und die Regierungen der Industrieländer ermutigten die Entwicklungsländer sogar nachdrücklich, Kredite bei den Privatbanken aufzunehmen, wobei die Weltbank die Doktrin verkündete, die Verschuldung eröffne einen »Weg zur beschleunigten Entwicklung«. Der Währungsfonds setzte sich ebenfalls nachdrücklich für das System ein: Eine höhere internationale Verschuldung sei sowohl für die Kreditgeber als auch für die Kreditnehmer vernünftig, da die mit den Krediten finanzierten Investitionen schließlich zu einer Erhöhung der Exportkapazitäten führen würden. Die Folge war, dass der Umfang der gewerblichen Kredite sehr viel schneller stieg als jener der Darlehen, die von Regierungen oder multilateralen Institutionen gewährt wurden: Während der Anteil der aus staatlichen Quellen stammenden Kredite am gesamten Kreditaufkommen zwischen 1979 und 1981 von 54 auf 34 Prozent sank, erhöhte sich der Anteil der Privatkredite von 25 auf 30 Prozent.

## Das Geld geht den Bach hinunter

Wie die Regierungen, die Kredite vergaben, um ihre geopolitischen Interessen oder die Interessen ihrer Industrien zu wahren, drückten auch die Geschäftsbanken beide Augen zu, als es um die Frage ging, wie und wofür ihr Geld ausgegeben wurde. Solange das Geld zirkulierte, machten sich die Banker keine Gedanken.

Die meisten Kredite an lateinamerikanische Länder wurden so wie der Großteil des von Ziegler organisierten Darlehens für Nigeria nicht für spezifische Projekte, sondern für »allgemeine Zwecke« gewährt. Wenn alles gut ging, entschlossen sich die begünstigten Regierungen, das Geld tatsächlich in die Strukturen zu investieren, die für ein nachhaltiges Wachstum benötigt wurden. Argentinien, Brasilien und Mexiko beispielsweise steckten einen Teil des Geldes in die Infrastruktur – in Straßen und Transportsysteme sowie in Kommunikationsnetze. Doch üblicherweise wurden die Kredite für den

Schuldendienst oder zur Absicherung der heimischen Finanzpolitik verwendet: Die Regierungen konnten Steuererhöhungen, Stellenabbau oder Preiserhöhungen vermeiden und sich so die Unterstützung der Wählerschaft sichern, obwohl diese unangenehmen Maßnahmen möglicherweise im langfristigen Interesse der betroffenen Länder und ihrer Währungen gewesen wären. Im schlimmsten Fall, der viel zu häufig eintrat, wurden auch diese Kredite einfach von den herrschenden Eliten abgeschöpft. Die Auslandsschulden Argentiniens, Brasiliens, Chiles, Mexikos und Venezuelas erhöhten sich zwischen 1974 und 1982 um 252 Milliarden Dollar (den Löwenanteil dieses Geldes schuldeten die Länder den Banken). Rund ein Drittel dieses Geldes floss in den Erwerb von Immobilien im Ausland und füllte private Konten bei ausländischen Banken.[8]

Ähnliches war in Afrika zu beobachten, wo über den Verbleib eines Großteils der Kredite keinerlei Rechenschaft abgelegt wurde.[9] Üblicherweise fielen die Gelder falschen Abrechnungen, der Kapitalflucht oder anderen Methoden zum Opfer, die geeignet waren, das Kapital in »sichere Häfen« außerhalb des Landes zu schleusen. In einer alarmierenden Zahl von Fällen flossen die Gelder in Projekte, die unmöglich ausreichende Einnahmen erzielen konnten, damit die Kredite zurückgezahlt werden können. Hand in Hand mit den Exportkreditagenturen verliehen die Geschäftsbanken Geld für eine Parade weißer Elefanten. Nehmen wir beispielsweise das Wasserkraftwerk Inga-Shaba und die dazugehörige Stromleitung in Zaire: Die amerikanische Export-Import-Bank garantierte die ursprünglichen Projektkosten von 450 Millionen Dollar; mögliche Kostenüberschreitungen wurden von mehreren Geschäftsbanken gedeckt. Am Ende verschlang das Projekt mehr als eine Milliarde Dollar, was etwa 20 Prozent der Schulden Zaires entsprach. »Der Bau dauert so lang«, meldete ein Mitarbeiter der amerikanischen Botschaft, »dass ein Großteil der an beiden Enden der Leitung installierten Ausrüstungen bereits verrostet.« Als das Projekt endlich fertig gestellt wurde, war der Strombedarf der Kupferminen Zaires, für die Inga-Shaba eigentlich gebaut worden war, bereits anderweitig gedeckt worden: Die Belgier, die die Bergwerke mit einer staatlichen Konzession betrieben, hatten Geld beschafft und die vor Ort verfügbare Wasserkraft genutzt, um den Betrieb aufrechterhalten zu können.

In Togo wurden Exportkredite und ein von einem deutschen Bankenkonsortium bereitgestellter Kredit verwendet, um ein Stahlwerk zu errichten.[10] Als die Regierung bemerkte, dass im Land das für die Produktion erforderliche Eisenerz fehlte, wies sie die Ingenieure an, einen vor dem Ersten Weltkrieg von den Deutschen errichteten und immer noch funktionstüchtigen Eisenpier im Hafen abzureißen und das Metall im Stahlwerk zu verhütten. Der Pier war verbraucht, und es kam wie es kommen musste: Das Werk wurde geschlossen.

Erneut wurden mit westlichem Geld auch Diktatoren, Tyrannen und Militärjuntas finanziert. Die argentinische Militärdiktatur erhöhte die Schulden des Landes zwischen 1976 und 1983 von 7,9 auf 45,1 Milliarden Dollar. Der Großteil des Geldes wurde bei Geschäftsbanken aufgenommen, die vielfach wussten, dass die Hälfte der Finanzhilfe im Ausland bleiben würde. In Brasilien war es ebenfalls das Militär, das den Großteil des gigantischen Schuldenbergs anhäufte – die Verpflichtungen gegenüber den Geschäftsbanken stiegen von 3,9 Milliarden Dollar im Jahr 1968 auf 48 Milliarden Dollar im Jahr 1978. Dem korrupten kongolesischen Diktator Mobuto gelang es, 579 Millionen Dollar Schulden bei den Banken zu machen.

Wie war es möglich, dass diese Kredite die Prüfung durch die Banken bestanden? Nun, wenn überhaupt, so nahmen die Banken nur eine rudimentäre Prüfung vor; in der Regel verhielten sie sich aber grob fahrlässig. Es heißt, im Jahr 1973 sei Costa Rica nur aufgrund eines Artikels in der Zeitschrift *Time* ein Kredit zugestanden worden.[11] Die Chase Manhattan und viele andere Banken versuchten, Ländern, die den Schuldendienst für andere Kredite bei denselben Banken eingestellt hatten, weiteres Geld zu leihen: Als die Chase Manhattan Bolivien im Jahr 1976 einen Kredit anbot, war ihr vollkommen entgangen, dass sie zu den Gläubigerbanken eines Kredits zählte, den Bolivien nicht mehr bediente. Mexiko wurden zusätzliche Gelder angeboten, als es bereits 65,5 Prozent seiner

Exporteinnahmen für den Schuldendienst aufwenden musste. Viele der für die Kreditvergabe verantwortlichen Banker wussten schlichtweg nicht, was sie taten. Ein Bankmanager, der an Kreditverhandlungen mit Entwicklungsländern teilnahm, erklärte seinerzeit: »Ich bin keineswegs der Einzige, der so jung und unerfahren ist. Im internationalen Bankwesen wimmelt es heutzutage von aggressiven und intelligenten, jedoch hoffnungslos unerfahrenen 29-jährigen Bereichsleitern, die ihren Abschluss in Wharton oder Stanford gemacht haben und in Anzügen von Brooks Brothers herumlaufen.«[12]

Ihre Unerfahrenheit hinderte sie jedoch nicht daran, sehr viel Geld zu verdienen. Aus einer Studie von Salomon Brothers aus dem Jahr 1976[13] geht hervor, dass die 13 größten US-Banken ihre Erträge in der ersten Hälfte der siebziger Jahre *verfünffacht* hatten – von 177 Millionen auf 836 Millionen Dollar.[14] Ein beträchtlicher Teil dieser zusätzlichen Erträge entfiel auf Kredite, die Entwicklungsländern gewährt worden waren. Die Citibank erzielte beispielsweise schon1976 72 Prozent ihrer Erträge im Ausland. Bei der Bank of America waren es 40 Prozent, bei Chase Manhattan 78 Prozent, bei der First Boston 68 Prozent, bei Morgan Guaranty 53 Prozent und bei Manufacturers Hanover 56 Prozent. Ende der siebziger Jahre verdiente die Banque Nationale de Paris, eines der größten Bankhäuser der Welt, mehr mit ihren afrikanischen Niederlassungen als mit ihrem ausgedehnten Filialnetz in Frankreich. Allein auf Nigeria entfielen in jenen Jahren bis zu 20 Prozent des Gewinns der BNP nach Steuern.

Die bereitwillige Vergabe von Krediten schien keinerlei potenzielle Nachteile zu haben. Walter Wriston, der ehemalige Präsident der Citibank, wurde in jener Zeit der wilden Kreditaktivität mit der Äußerung berühmt, die internationale Verschuldung sei gefahrlos, da »souveräne Nationen nicht Bankrott gehen«. Diese Maxime wurde zum Schlachtruf einer ganzen Generation von Bankern. Kredite, Kredite und immer mehr Kredite wurden als großartige Errungenschaft gepriesen. »Es war der größte Transfer von Wohlstand in der kürzesten möglichen Zeit und mit den wenigsten Opfern in der Geschichte der Menschheit ... etwas, auf das wir stolz sein können. Es war furchtbar schwer, das zu tun. Doch wir taten es. Es war auch schwer, einen Mann auf den Mond zu bringen. Doch wir taten es«[15], tönte Wriston euphorisch. Und damit war er nicht allein: »Wir lehnen die Auffassung ab, dass die internationalen Kreditaktivitäten der amerikanischen Banken ein Risiko für die amerikanische Wirtschaft oder das Bankensystem darstellten«[16], erklärte etwa C. Fred Bergsten, Ministerialdirektor für internationale Angelegenheiten im Finanzministerium, im Jahr 1977 in einer Aussage vor dem Bankenausschuss des Repräsentantenhauses. »Wir sind im Gegenteil davon überzeugt, dass die Kredite ein Erfolg sind und entscheidend dazu beigetragen haben, eine beispiellose Ausweitung des internationalen Handels, der Kapitalflüsse und der Zahlungsbilanzverschiebungen zu finanzieren – und wir sind davon überzeugt, dass sich dieser Erfolg fortsetzen wird.«

Bis zu einem gewissen Grad war diese Euphorie sogar verständlich. Länder wie Argentinien, Brasilien, Nigeria und Mexiko verfügten über Bodenschätze und konnten zumindest fürs Erste ein gewisses Maß an Verschuldung verkraften. Die Zinsen waren niedrig, womit der Schuldendienst theoretisch zu bewältigen sein musste. Ländern, die ihre Schulden nicht zurückzahlen konnten, wurden einfach weitere Kredite zugestanden, damit sie die alten weiter bedienen konnten. Und die Banker glaubten, wenn ein Land selbst diese Kredite nicht mehr bedienen könne und es wirklich hart auf hart komme, würden sie schon von den Regierungen herausgehauen werden, die ihre geopolitischen Interessen wahren mussten.

Es steht außer Zweifel, dass »Banken, die zu schnell zu viel Geld verleihen, wissen, dass eine Rettungsaktion erforderlich werden wird«, erklärte damals ein Manager einer großen Bank aus New York.[17] »Sie rümpfen die Nase über Banker, die große Kreditrücklagen bereitstellen und konservativer vorgehen. Was immer auch kommen mag, sei es eine Revolution in Mexiko oder sonst eine Katastrophe, sie wissen, dass ihre Banken die höchsten Erträge erzielen und die höchsten Dividenden zahlen werden und dass sie persönlich die höchsten Bonuszahlungen erhalten werden.«

Diejenigen, die die Gefährlichkeit der Situation sahen und

zur Vorsicht mahnten, wurden der Schwarzmalerei bezichtigt. Die verstorbenen Senatoren Frank Church aus Idaho, Clifford Case aus New Jersey und Jacob Javits aus New York kritisierten die Regierungen Ford und Carter für ihre »Laissez-faire-Politik in Bezug auf das Recycling der Petrodollars« und warnten, dass die Rechnung für die laxe Kreditvergabe der Banken letzten Endes den amerikanischen Steuerzahlern vorgelegt werden würde. Sie wurden ignoriert. »Als Kreditmanager besteht deine Hauptaufgabe darin, Kredite zu vergeben«, erklärte ein ehemaliger Banker, der in jenen Jahren seinen Teil zum Kreditwahnsinn beitrug. »Du sollst nicht über schwer nachvollziehbare Abstraktionen wie jene nachdenken, ob deine Tätigkeit die Stabilität der Weltwirtschaft bedroht.«

Die Banker hätten sich wohl besser Gedanken machen sollen. Hätten sie einen Blick in die Geschichtsbücher geworfen, so hätten sie gesehen, dass der von ihnen eingeschlagene Weg weder neu noch sicher war. Lateinamerika etwa hatte seit der Unabhängigkeit von Spanien und Portugal mehrere Zyklen extensiver Verschuldung und ausgedehnte Perioden wirtschaftlicher Expansion durchlaufen – und war in den unvermeidlichen Stagnationsphasen, die auf jeden dieser Booms folgten, unfähig gewesen, seinen Verpflichtungen gegenüber den Kreditgebern nachzukommen.[18] Im Jahr 1827 hatten fast alle lateinamerikanischen Regierungen den Schuldendienst eingestellt. Dasselbe hatte sich im Jahr 1873 wiederholt. Die erneute Zahlungsunfähigkeit zahlreicher südamerikanischer Länder im Jahr 1930 war keineswegs eine Anomalie gewesen. Man hätte also eigentlich damit rechnen können, dass das fröhliche Ringelspiel, das es den Banken ermöglichte, immer weitere Kredite an Lateinamerika und andere Regionen zu vergeben, Ende der siebziger Jahre erneut abrupt zum Stillstand kommen würde.

## Der Morgen danach

Im Jahr 1979 wurde der iranische Schah gestürzt, und kurz darauf begann der Krieg mit dem Nachbarland Irak. Es kam zu einer zweiten Ölkrise, und der Preis des schwarzen Golds stieg innerhalb von zwei Jahren um mehr als das Doppelte.

Die Volkswirtschaften der Erdöl importierenden Länder gerieten unter Druck und brauchten zusätzliche Kredite, was die Kreditvergabe erneut anheizte. Die zusätzlichen Kosten erschwerten es den Schuldnerländern, die bestehenden Schulden zu bedienen. Gleichzeitig führte der Anstieg des Ölpreises in den Industrieländern zu einer Verteuerung zahlreicher Konsumgüter, was die Inflation in die Höhe trieb.

Um die Inflation unter Kontrolle zu bringen, erhöhten die Industrienationen, angeführt von den Vereinigten Staaten, die Zinsen. Es kam zu einer globalen Rezession. Die Märkte für die Produkte der Entwicklungsländer schrumpften, was bedeutete, dass die Fähigkeit dieser Länder, ihre Schulden zurückzuzahlen, drastisch sank. Jene Entwicklungsländer, die Kredite bei Geschäftsbanken aufgenommen hatten, hatten dies zu variablen Zinsen getan. Und diese stiegen nun deutlich an – von durchschnittlich 0,5 auf durchschnittlich 13,1 Prozent. Um nur ein Beispiel zu nennen: Die Zinszahlungen Argentiniens stiegen von 1,3 Milliarden Dollar im Jahr 1980 auf 3,3 Milliarden im Jahr 1984 und auf 4,4 Milliarden im Jahr 1985. Auch die Kosten für ursprünglich wirtschaftlich sinnvolle Projekte gerieten nun außer Kontrolle. So verteuerte sich das brasilianisch-paraguayische Gemeinschaftsprojekt für den Itaipu-Damm, der eigentlich 3,6 Milliarden Dollar hätte kosten sollen, letzten Endes auf 10,8 Milliarden Dollar.[19] Da sie außerstande waren, ihre Schulden zurückzuzahlen, sahen sich die Entwicklungsländer gezwungen, noch mehr Kredite aufzunehmen, um allein die Zinsen bezahlen zu können. Gleichzeitig sanken die Exporteinnahmen dieser Länder deutlich, da die Rohstoffpreise einbrachen: innerhalb eines Jahres (von 1981 auf 1982) um 28 Prozent. Die Währungsreserven schrumpften, die Kapitalflucht griff um sich, da die privaten Investoren aus Angst vor einem Crash ihr Geld abzogen.[20] Ein ähnliches Muster war in *sämtlichen* früheren Schuldenkrisen Lateinamerikas zu beobachten gewesen.

Ein Schuldenjunkie nach dem anderen setzte sich nun eine Überdosis. Als Erstes war Mexiko an der Reihe. Am 15. August 1982 gab die mexikanische Regierung bekannt, dass sie den gesamten Schuldendienst einstellen werde. Die Reserven der Zentralbank waren fast erschöpft, und die ausländischen Geschäftsbanken hatten klar gemacht, dass sie *unter keinen Umständen* bereit waren, die bestehenden Kredite ein weiteres Mal zu refinanzieren oder zu erneuern. Präsident Lopez Portillo hatte sich bereits vergeblich um eine einvernehmliche Lösung bemüht.[21] Kurz bevor er die radikale Einstellung des Schuldendienstes bekannt gab, hatte er seinen Finanzminister Jesus Silva Herzog in die Vereinigten Staaten geschickt, um einen Kredit über eine Milliarde Dollar zu beantragen, mit dem die sofort fälligen Zinsen beglichen werden sollten. Doch das Ansuchen war abgelehnt worden.[22] Der Präsident war daraufhin vermutlich zu dem Schluss gelangt, dass er eigentlich nichts mehr zu verlieren hatte. Allem Anschein nach hatte Mexiko ohnehin bereits keinen Zugang mehr zu internationalen Geldquellen, alle potenziellen Sicherheiten wären nur einen Teil der ausstehenden Schulden wert gewesen, und die Kapitalflucht hatte bereits eingesetzt.[23] Abgesehen davon glaubte Lopez Portillo, dass Mexiko angesichts seines gewaltigen Schuldenbergs von 80 Milliarden Dollar in den kommenden Verhandlungen eine starke Position einnehmen würde – und falls nicht, würde zumindest er selbst sich nicht mit den Konsequenzen seines Vorgehens auseinander setzen müssen, da das Ende seiner Amtszeit unmittelbar bevorstand.

Als Brasilien, der zweitgrößte lateinamerikanische Schuldner, ebenfalls ein Schuldenmoratorium ankündigte, wurde den Privatbanken plötzlich bewusst, wie verwundbar sie waren. Von den 315 Milliarden Dollar Schulden, die Lateinamerika mittlerweile angehäuft hatte – viermal so viel wie nur sieben Jahre zuvor –, waren mehr als zwei Drittel bei den Geschäftsbanken aufgenommen worden. Das Ausmaß der Schulden Mexikos und Brasiliens war derart gigantisch, dass das Bankensystem die Ausfälle möglicherweise nicht auffangen und in die Insolvenz rutschen könnte. Auf einmal bestand die sehr reale Möglichkeit eines Zusammenbruchs des gesamten Banksektors: Die Aktien von Mexikos 300 ausländischen Gläubigerbanken sackten ab, und schlagartig wurde die Erinnerung an den Zusammenbruch zahlreicher Banken in den dreißiger Jahren wieder wach.

Das Finanzwesen der Welt begriff rasch, dass gehandelt werden musste. Einigen der größten Banken der Welt drohte bereits der Kollaps. Blieb man untätig, musste man auch ernst zu nehmende geopolitische Konsequenzen fürchten. Der *Economist* äußerte die Sorge, »Mexiko, das bisher mehr oder weniger stabil gewesen ist«, könne sich »in einen neuen Iran oder in ein neues Argentinien vor der Haustür der Vereinigten Staaten verwandeln«.[24] Und siehe da, Lopez Portillos gewagtes Spiel ging auf: Die USA gestanden Mexiko rasch einen Notkredit zu, der sein Überleben sicherte, jedoch nicht verhinderte, dass es in eine noch prekärere soziale und wirtschaftliche Lage geriet.[25] Mexiko war aber nur eines von mehreren Ländern in der Region, die sich im freien Fall befanden. Es musste rasch ein neues System entwickelt werden, das die Bereitstellung neuer Kredite sichern würde, sodass die von der Krise betroffenen Länder zumindest die Zinszahlungen auf ihre alten Kredite fortsetzen konnten.

Die Weltbank und der IWF krempelten die Ärmel hoch und warfen sich ins Getümmel, um zwischen den Schuldenländern und den Banken zu vermitteln. Doch anstatt die Banken für ihren Beitrag zur Schuldenkrise zu bestrafen oder zumindest zurechtzuweisen oder die Interessen der Entwicklungsländer in der Krise zu verteidigen, machten Weltbank und Währungsfonds klar, dass es ihnen ausschließlich um die Banken ging. Der IWF und die Weltbank schnürten »Rettungspakete« im Wert von mehreren Milliarden Dollar. Die amerikanische Regierung und die Bank für Internationalen Zahlungsausgleich stellten ebenfalls einige Überbrückungskredite bereit, für die die Steuerzahler in den westlichen Ländern zur Kasse gebeten wurden. Doch das Geld, das in das System gepumpt wurde, genügte nicht, um die Banken aus ihren Schwierigkeiten zu befreien. Jacques de Larosière, der damalige Exekutivdirektor des IWF, erklärte den Banken, dass sie auch selbst Rettungsmaßnahmen ergreifen müssten, und verpflichtete sie, einen Prozentsatz ihrer offenen Positionen in Bezug auf die einzelnen Länder als neue Kredite zur Verfügung zu stellen, sodass die Schuldnerländer wenigstens die aktuell fälligen Zinsen zahlen konnten.

Dieser Plan war theoretisch vernünftig, aber in der Praxis funktionierte er nicht. Die Beratungskomitees, die in den Banken eingerichtet wurden, um die neuen Bedingungen auszuhandeln, wurden von den Schuldnerländern rasch zu »gegnerischen« Gremien erklärt, da sie die Konventionen des Pariser Klubs übernahmen und den Schuldnerländern nicht erlaubten, en bloc zu verhandeln, während den Banken die Möglichkeit eingeräumt wurde, als Kartell zusammenzuarbeiten.[26] Es wurden harte Taktiken angewandt, die von der Isolation widerborstiger Schuldner – die es diesen Ländern erschwerte, eine gemeinsame Position zu beziehen und bessere Bedingungen auszuhandeln – bis zu der Drohung reichten, eine Ablehnung der von den Komitees vorgeschlagenen Bedingungen werde weitere Strafmaßnahmen wie die Beschlagnahmung der Vermögenswerte im Ausland oder Wirtschaftssanktionen nach sich ziehen.[27] Das Vertrauen ging in jener Zeit nachhaltig verloren. Einige Länder nahmen neue Kredite auf, brachen jedoch die Vereinbarungen. Die Wiederaufnahme des Schuldendienstes wurde immer weiter hinausgeschoben. Es war wie ein »Pokerspiel, in dem die Gläubiger hofften, mit höheren Zinszahlungen mehr hereinzuholen, als sie für neue Kredite auslegen mussten, während die Schuldner das Gegenteil anstrebten«. Die Einseitigkeit des Zugangs erwies sich bald als äußerst kontraproduktiv.[28]

Die meisten Schuldenverhandlungen begannen damals so: »Leckt mich, ich werde euch nichts erlassen. – Leckt mich, ich werde nicht zahlen.« Unterdessen stieg die Schuldenlast weiter. Und die Kapitalflucht aus den Entwicklungsländern nahm alarmierende Ausmaße an. Im Gleichklang mit dem Anstieg der Schulden machte sich nun unter den Radikalen und Oppositionsgruppen in den Schuldnerländern die Auffassung breit, dass die Schulden unrechtmäßig zustande gekommen seien und deshalb nicht zurückgezahlt werden sollten; dass das von den Gläubigern angewandte Prinzip »Teile und herrsche« überwunden werden müsse und dass eine gemeinsame Haltung die einzige Möglichkeit sei, annehmbare Bedingungen durchzusetzen. »Diese Schulden sind nicht nur unbezahlbar, sondern auch nicht einzutreiben«, verkündete Fidel Castro in einer

Reihe von Versammlungen in Havanna im Jahr 1985.[29] Er empfahl, Lateinamerika solle seine Drohung aus den frühen achtziger Jahren wahr machen und den Schuldendienst völlig einstellen. Der peruanische Präsident Garcia äußerte sich zwar weniger scharf als Fidel Castro, kündigte jedoch an, sein Land werde den Schuldendienst auf 10 Prozent der Exporteinnahmen beschränken.

Doch die meisten lateinamerikanischen Regierungen zogen diese Optionen nicht ernsthaft in Betracht.[30] Sie sträubten sich dagegen, den Banken ein kollektives Ultimatum zu stellen, sondern zogen es vor, weiter nach den Regeln der Gläubiger zu spielen. Die größten Schuldner wählten diesen Weg nicht zuletzt deshalb, weil sie wussten, dass ihnen Washington aus Angst vor einer gefährlichen politischen Instabilität in den großen lateinamerikanischen Ländern – wie im Fall Mexikos – Notkredite anbieten würde, um die Position jener Regierungsmitglieder zu stärken, die eine Fortsetzung des Schuldendienstes befürworteten. Doch bezeichnenderweise nahmen viele der Machthaber in der Region Abstand von einem Konfrontationskurs, weil sie die Banken nicht vergraulen wollten. Viele der wichtigen Entscheidungsträger und der reichsten Bürger dieser Länder hatten persönlich von einem Wachstum profitiert, das nicht zuletzt vom Zugang zu den internationalen Märkten abhing und dessen Erträge sehr ungleich verteilt wurden. Sie wollten auch in Zukunft unbedingt von dieser Entwicklung profitieren.

Obwohl es also nicht zu einer kollektiven Einstellung des Schuldendienstes kam, blieb die Situation gespannt. Die lateinamerikanischen Volkswirtschaften waren offenkundig nicht einmal zur Erfüllung der neu ausgehandelten Bedingungen imstande. Man suchte verzweifelt nach neuen Lösungen. Die Vereinigten Staaten konnten sich nicht einfach zurückziehen – allein die Schulden Lateinamerikas bei den US-Banken beliefen sich mittlerweile auf 82,5 Milliarden Dollar, was einem Viertel aller offenen Forderungen der amerikanischen Banken gegenüber ausländischen Schuldnern entsprach.[31] Fast zwei Drittel dieser Kreditforderungen entfielen auf die neun größten amerikanischen Banken – ein Betrag, der das Kapital und die Vermögenswerte dieser Institute deutlich überstieg.[32] Es war offenkundig nicht im Interesse der OECD-Länder, einen Zusammenbruch des internationalen Finanzsystems zuzulassen. Es war einfach undenkbar, tausende Banken, die an diesen Krediten beteiligt waren, Bankrott gehen zu lassen.

In fast allen Ländern, die Schulden bei diesen Banken hatten, wurden neue Pläne eingeführt. Im Oktober 1985 legte der amerikanische Finanzminister James Baker bei einer Versammlung von Weltbank und IWF einen Plan vor, der auf der Annahme beruhte, dass die Länder lediglich unter zeitweiligen Liquiditätsproblemen litten, die man mit einer Umschuldung und einer Neuplanung der Rückzahlungen lösen könne. Der Baker-Plan bot zahlreiche neue Optionen, wie die Schulden zurückgezahlt, konsolidiert oder diversifiziert werden konnten: Debt-Equity-Swaps (bei denen Altschulden gegen Anteile an Staatsunternehmen getauscht werden konnten), Debt-Dept-Swaps (die einen Tausch alter Kredite gegen neue Kredite zu anderen Bedingungen ermöglichten), Cash-Rückkäufe (mit denen ein Schuldner seine eigenen Altschulden zu günstigen Bedingungen zurückkaufen konnte) sowie eine Reihe weiterer Optionen. Was der Plan allerdings nicht vorsah, war eine wesentliche Verringerung der Schulden. Während er also das Wachstum des Sekundärmarkts beschleunigte – jenes Marktes, auf dem Anleihen gekauft und verkauft werden können und abhängig von Angebot und Nachfrage wie Aktien an der Börse ständig im Wert steigen und fallen –, wirkte er sich praktisch überhaupt nicht auf die Schuldenlast an sich aus. Der Anleihenmarkt, dessen Umfang im Jahr 1983 auf 500 Millionen Dollar geschätzt wurde, wuchs innerhalb von nur zwei Jahren um sage und schreibe 800 Prozent auf 4 Milliarden Dollar.

Tatsächlich versanken die lateinamerikanischen Länder tiefer und tiefer in Schulden, und eine wachsende Zahl von ihnen kam ihren Verpflichtungen nicht mehr nach. Bis 1988 war mehr als die Hälfte der Länder dieser Region mit den Zinszahlungen im Rückstand. Die Schulden Mexikos stiegen von 80 Milliarden Dollar Anfang der achtziger Jahre auf 112 Milliarden Dollar im Jahr 1988, obwohl das Land in diesem Zeitraum 100 Milliarden Dollar zurückgezahlt hatte.

Im Jahr 1989 schließlich schlug der amerikanische Finanzminister Nicholas Brady seine Lösung vor, die später als Brady-Plan bekannt wurde. In diesem Dokument wurde zumindest eingestanden, dass die Schuldenkrise nicht auf einem Liquiditätsproblem beruhte, sondern auf der mangelnden Solvenz der Schuldnerländer. Mit anderen Worten: Auch wenn man diesen Ländern mehr Zeit zur Rückzahlung ihrer Schulden gab, änderte man nichts an der Tatsache, dass die Schulden einfach zu hoch waren, um *jemals* beglichen zu werden. Ausgehend von der Erkenntnis, dass die offenen Kredite nicht zu tilgen waren, verzichtete der Brady-Plan auf eine Umschuldung, sondern rief zu einer Verringerung der globalen Schulden um rund 20 Prozent auf. Der IWF und die Weltbank boten Garantien für die Rückzahlung der übrigen 80 Prozent an.

Als Gegenleistung mussten sich die Schuldnerländer mit der zunehmenden Einmischung des Internationalen Währungsfonds und der Weltbank in ihre Wirtschaftspolitik abfinden, wobei die Kontrolle der beiden Einrichtungen auf die Steuersysteme, die Haushaltsplanung, die Beteiligung an Industrien und andere Bereiche ausgeweitet wurde. Die Entwicklungsländer befanden sich mittlerweile nicht mehr in einer Position, die es ihnen erlaubt hätte zu widersprechen. Aufgrund des langwierigen Verhandlungsprozesses hatte etwa Lateinamerika sieben Jahre lang geblutet.[33] Die alternativen Finanzierungsquellen waren weitgehend versiegt, und die Devisenreserven waren zusammengeschrumpft, sodass die neuen internationalen Kredite und Investitionen, die der Plan versprach, ausgesprochen verlockend wirkten. Es half, dass die herrschenden Eliten ahnten, dass sie von den vom Währungsfonds vorgeschriebenen Sparmaßnahmen kaum betroffen sein würden.[34] Da es kaum brauchbare Alternativen gab, stimmten die Schwellen- und Entwicklungsländer den Vorgaben des IWF und der Weltbank schließlich zu.[35]

Wie im Brady-Plan vorgesehen wurden die verbleibenden Schulden in Anleihen – die so genannten Brady-Bonds – umgewandelt, die teilweise vom amerikanischen Finanzministerium begeben wurden.[36] Diese Regelung erleichterte es den Geschäftsbanken, ihre Bilanzrisiken zu verringern und ihre faulen

Kredite aus den siebziger Jahren, die im Grunde nicht liquide Assets waren, in Bonds umzuwandeln, die auf dem Sekundärmarkt angeboten werden konnten.[37] Bis Mitte der neunziger Jahre waren Brady-Bonds im Wert von mehr als 170 Milliarden Dollar auf den Markt geworfen worden.[38] Und die Entwicklungsländer begannen bald, weitere Anleihen zu begeben.[39] Jede Emission bot westlichen Emissionsbanken eine neue Gelegenheit, hohe Gebühren zu kassieren. Die Entwicklungsländer ihrerseits erhielten die Chance, sich wieder Geld zu borgen.

Die globale Makroökonomik trug ebenfalls zur Wiederbelebung dieser Kredite bei. Die Zinsen in den Vereinigten Staaten waren deutlich gesunken, weshalb mit diesen Bonds sehr viel höhere Erträge zu erzielen waren als mit besser eingestuften Anleihen, was bedeutete, dass die Attraktivität dieses neuen Produkts für die Investoren im Westen weiter stieg. Es entstand rasch ein eigener Sekundärmarkt für die Anleihen der Emerging Markets. Auf dem Höhepunkt seiner Entwicklung im Jahr 1997 wurden auf dem Sekundärmarkt Anleihen im Wert von 6 Billionen Dollar gehandelt, von denen 2,5 Billionen auf Brady-Bonds entfielen.

Die Banken, die nun sehr viel vorsichtiger und risikoscheuer waren und versuchten, die Gefahren auf den Emerging Markets zu begrenzen, erhielten durch das Entstehen eines Anleihenmarkts die Möglichkeit, die Kreditvergabe an Schwellen- und Entwicklungsländer mit sehr viel geringerem Risiko fortzusetzen. Auf dem Kreditmarkt war das Risiko von Verlusten auf eine geringe Zahl von Banken verteilt, die jeweils sehr viel Geld verloren, wenn ein Land zahlungsunfähig wurde. Auf dem Bondmarkt hingegen wurde das Risiko auf tausende Anleiheninhaber verteilt. Zudem hing die Verzinsung der Bonds vom Risiko ab, womit spektakuläre Erträge winkten. Und so setzt sich das Schuldendrama immer weiter fort.

***

Was lehrt uns diese Geschichte? Sie lehrt uns, dass unabhängig davon, wer den Ton angibt, stets dasselbe Lied gespielt wird: Es wurden erneut unverantwortlich Kredite vergeben, ohne darüber nachzudenken, wie sie verwendet würden, und es wurden ein weiteres Mal gedankenlos Schulden gemacht. Wieder einmal regierte der kurzsichtige Eigennutz. Vollkommen von sich überzeugte Banker, die glaubten, die Seifenblase in der sie leben, werde niemals platzen und das globale Finanzsystem werde sie immer schützen, leisteten ihren Beitrag dazu, drei Viertel der Welt mit weiteren hunderten Milliarden Dollar nicht tilgbarer Schulden zu versklaven.

Mit dem Einstieg der Geschäftsbanken in das Kreditgeschäft wurden zwei Dinge klar: Erstens wirken sich externe Faktoren – die Ölkrise, der Sturz des persischen Schahs, der Einbruch der Rohstoffpreise – nicht nur auf die Schwellen- und Entwicklungsländer aus, sondern auch auf die Industrienationen. Und zweitens zeigte sich erstmals, dass konzertiert vorgehende Schuldner oder solche, die ihre Trümpfe wirksam einsetzten, möglicherweise beträchtliche Macht ausüben konnten. Es kam der Gedanke auf, dass ein Schuldenmoratorium, obwohl dieser Schritt nie leichtfertig getan werden sollte, unter Umständen Vorteile mit sich bringen konnte, die die unbestreitbaren Kosten einer solchen Maßnahme aufwogen.

Aber damit endet die Geschichte noch lange nicht. Die Kreditorgie in den siebziger und frühen achtziger Jahren bereitete den Boden für den Aufstieg zweier neuer Akteure: des Anleihenmarkts und der Anleihenhändler. Deren extremste Exponenten sind Figuren wie Kenneth Dart, der Erbe des Styrofoam-Vermögens, und Paul Singer von Elliot Associates, Männer, für die die Schulden Perus ebenso wie Schweinebäuche Grundnahrungsmittel sind …

KAPITEL FÜNF

# Händler und Geier

Stellen Sie sich vor, Ihre Gläubiger verdreifachten ohne Vorwarnung die Zinsen auf Ihren Kredit und stellten diesen dann plötzlich fällig …

## Die Herren des Universums

Lichter flackern auf. Auf pechschwarzen Computerbildschirmen blinken grüne Zeichen. Aus Lautsprecherboxen dröhnen körperlose Stimmen. Ein Röhren schwillt an, wird leiser und wächst erneut. Ich befinde mich bei einer der renommiertesten Investmentbanken der Welt in der Handelsabteilung für Emerging Market-Anleihen; der Saal wirkt wie eine menschliche Legefabrik. In den Büronischen sitzen Männer, die allesamt schwarze Anzüge tragen und eine schwindende Haarpracht haben, und starren auf ihre Bildschirme. Hier und da sieht man eine sehr viel attraktivere Frau im Hosenanzug. Die selbst ernannten »Herren des Universums«, die Kopfhörer und Mikrofone wie Madonna tragen, kaufen, verkaufen und kaufen wieder. »Kaufe Brasilien.« »Biete um eine halbe Million Manila mit.« »Hat jemand einen Preis für Pakistan?« »Verkaufe Argentinien, verkaufe, verkaufe!« Der Markt bewegt sich rasch, nur die Händler rühren sich nicht von ihren Plätzen, an denen sich Pepsi-Dosen, Starbucks-Kaffeebecher, leere Fastfood-Schachteln und Bento-Boxen stapeln.

Ich will wissen, welcher Unterschied zwischen den Anleihen der Emerging Markets und Grundstoffen besteht. Die Antwort kommt wie aus der Pistole geschossen: »Schulden der Entwicklungsländer oder Erdnüsse, alles dasselbe.«

»Wie war Ihnen zumute, als die Zahlungsfähigkeit von Argentinien im Jahr 2002 zusammenbrach? Haben Sie sich darüber Gedanken gemacht, dass Ihre Verkaufsaktivitäten die Situation möglicherweise verschlimmern könnten? Ich meine die Panik, die diese Verkäufe auf dem Markt verursachten, und die möglichen Auswirkungen auf die argentinische Bevölkerung, sollte sich die Krise ausweiten?«

»Nein, ich habe mir Sorgen über unsere Position gemacht und darüber, ob ich die richtige Entscheidung gefällt hatte und was dies für meine jährliche Bonuszahlung bedeuten würde. Für meine Hypothek. Für meinen Job. Wenn man auf einem Haufen argentinischer Anleihen sitzt, die täglich um 5 Punkte fallen, und man sie abschreiben muss, dann macht man sich nun mal Gedanken über solche Dinge.« Dann hielt der Händler einen Moment inne, sah mich erneut an und fügte hinzu: »Sie meinen, ob ich mich schuldig fühlte? Hmmm. Nein. Ein Händler kann sich nicht schuldig fühlen, er muss emotionslos bleiben. Schließlich ist das hier keine wohltätige Einrichtung.« Das ist sie gewiss nicht.

Diese hyperaktiven Händler auf Ritalin-Entzug (fast alle Trader, die ich kenne, leiden unter irgendeinem Tick) verdienen riesige Geldsummen mit dem Kauf und Verkauf der Schulden von Entwicklungs- und Schwellenländern. Um zu verdeutlichen, wie viel Geld in diesem Geschäft gemacht werden kann, sei nur das Beispiel von David Martinez erwähnt, einem Partner der Fintech Advisory Inc., der auf den Handel solcher Anleihen spezialisiert ist und für 45 Millionen Dollar die teuerste Wohnimmobilie New Yorks erworben hat, eine 1100 Quadratmeter große Wohnung im AOL Time Warner Center.[1]

Der Appetit der Wall Street auf diese risikoreichen Anleihen wurde Mitte der achtziger Jahre geweckt.[2] Ein großer Philanthrop und ehemaliger Gefängnisinsasse namens Michael Milken war auf die Idee gekommen, hochspekulative, jedoch extrem ertragreiche Anleihen aggressiv zu vermarkten. Jene als »Junk Bonds«[3] bezeichneten und von den Ratingagenturen nicht als Geldanlage empfohlenen Unternehmensanleihen bot er Investoren an, die eine Vorliebe für sehr riskante Geldanlagen hatten. Milken hatte genau den richtigen Zeitpunkt gewählt. Namhafte institutionelle Investoren und Privatinvestoren mit einem »hohen Nettowert« (ein Euphemismus für immens reiche Personen) begriffen sofort, was ihnen Milken da anbot: Der Aktienmarkt war schwach, und obwohl die Zinsen auf die amerikanischen Staatsanleihen mit kurzer Laufzeit durchaus hoch waren, würden die Junk Bonds deutlich höhere Erträge bringen. Tatsächlich schütteten einige Portefeuilles mit hochspekulativen Anleihen stetig Jahresrenditen von mehr als 25 Prozent aus.[4]

Die Investoren begannen nun in Scharen nach diesen riskanten Anleihen zu rufen – innerhalb weniger Jahre wuchs der Markt für Junk Bonds auf sage und schreibe 200 Milliarden Dollar. Das bedeutete, dass auch bereits Kunden auf die Brady-Bonds *warteten*, die zwar nicht qualitativ, aber quantitativ ein ähnliches Risikoprofil aufwiesen wie die hochspekulativen Unternehmensanleihen.

Die Brady-Bonds, »erfunden« zur Bewältigung der Schuldenkrise in Lateinamerika, sprachen jedoch ein sehr viel größeres Publikum an als die Junk Bonds, die nur für Spielernaturen bestimmt waren. Diese Staatsanleihen konnten auf einem liquiden Sekundärmarkt gekauft und weiterverkauft werden. Ihr Tilgungswert wurde teilweise vom amerikanischen Staat garantiert, und ihre Einführung fiel mit einer Lockerung der amerikanischen Bestimmungen über die Rechenschaftspflicht der Banken für ihre Investitionen zusammen. (Die neuen Bestimmungen gestanden den Banken größere Flexibilität bei der Verbuchung von Verlusten und beim Verkauf von Assets zu, weshalb sie nach neuen Möglichkeiten zur Investition des freigesetzten Kapitals suchten.) Bald tummelten sich verschiedenste institutionelle Investoren – offene Investmentfonds, Rentenfonds, Hedge-Fonds und Versicherungen – sowie kleine Investoren und Geschäftsbanken auf diesem Markt. Die Nachfrage nach diesen Bonds war derart groß, dass viele Entwicklungsländer Anfang der neunziger Jahre erkannten, dass sie selbst neue Anleihen begeben konnten. Sie konnten sicher sein, dass ihnen die Anleger diese Schuldpapiere aus den Händen reißen würden. Also dachten sie nicht länger an die Krise, die die Verschuldung in den achtziger Jahren ausgelöst hatte, und stiegen in das Geschäft ein.

Wenn sie sich Geld beschaffen wollten, ersetzten die meisten Schwellenländer in Lateinamerika, Asien, in den besser gestellten Regionen Afrikas und später Mittel- und Osteuropas und der ehemaligen Sowjetunion die Kreditaufnahme rasch durch Anleihenemissionen: Heute entfallen 60 Prozent der Schulden der Schwellenländer auf Anleihen, während deren Anteil im Jahr 1980 lediglich bei 13 Prozent lag.[5] Diese Staatsanleihen sind auf dem Sekundärmarkt leicht zu verkaufen. Gehandelt werden sie von sprunghaften, nervösen Leuten wie jenen, die ich bei der Investmentfirma kennen lernte, von Personen, die oft überhaupt keine Ahnung von ihrem Produkt haben. Für diese Leute ist der Handel mit Anleihen im Wesentlichen eine Frage der technischen Fertigkeiten und hat nichts mit dem gehandelten Produkt zu tun.[6] Anleihen, Schweinehälften, Sojabohnen – alles eins![7]

Selbstverständlich geht es nicht allen Anlegern, die Schuldverschreibungen der Dritten Welt erwerben, um das Recycling dieser Papiere auf dem Sekundärmarkt. Einige Investoren kaufen diese Anleihen mit der Absicht, sie einige Zeit zu halten, um von ihren hohen Erträgen und ihrem Wachstumspotenzial zu profitieren – mit Emerging Market-Anleihen wurden in den letzten fünf Jahren deutlich höhere Erträge erzielt als auf den meisten Aktienmärkten, selbst wenn man die Krisen in Russland, der Türkei und Argentinien berücksichtigt.[8] Doch im Großen und Ganzen werden die Staatsanleihen ebenso wie Aktien oder Unternehmensanleihen wiederholt weiterverkauft.[9] Und wie auf allen Märkten versuchen die Händler auch hier, billig zu kaufen und teuer zu verkaufen. Sie stellen Vermutungen bezüglich der kommenden Marktentwicklung an und versuchen, auf das richtige Pferd zu setzen. Es ist gleichgültig, ob man eine Krise beschleunigt (was geschehen wird, wenn eine ausreichend große Zahl von Händlern gleichzeitig zu verkaufen versucht), solange man nicht derjenige ist, der auf einer Anleihe sitzen bleibt. Der ehemalige Leiter der Emerging Market-Abteilung einer großen Investmentbank hat mir das Prozedere so erklärt: »Du verkaufst Brasilien, weil Russland billiger aussieht, und wenn Brasilien wieder günstiger aussieht, verkaufst du Russland. Du gehst in die Anleihen hinein und steigst wieder aus, gleichgültig, was das für das Land bedeutet.« Man könnte auch von einer »Reise nach Jerusalem« sprechen: Der Trick besteht darin, den richtigen Stuhl zu erwischen, wenn die Musik zu spielen aufhört.[10]

Und die Musik hört oft zu spielen auf. Denn anders als die Geschäftsbanken, die den Entwicklungsländern in den siebziger und Anfang der achtziger Jahre Geld borgten und vielfach vorhatten, diese Kredite für viele Jahre aufrechtzuerhalten, haben die meisten Anleihenhändler nichts Derartiges im Sinn. Wie mir ein anderer Händler mit einem verschmitzten Gesichtsausdruck erklärte: »Es ist einfach so, Noreena: Das Kapital hat keine Seele.«

## Warum der Anleihenmarkt gewachsen ist

Die Investoren und Händler sind nicht die Einzigen, die gutes Geld mit dieser neuen Art von Schulden verdienen. Mit den Emerging Market-Anleihen können auch die Banken und Wertpapierfirmen, die die Schuldnerländer bei der Ausgabe neuer Anleihen beraten, ein schönes Geschäft machen. Zwischen 1992 und 2002 verdienten die großen Wertpapierfirmen allein mit der Emission argentinischer Anleihen fast 1 Milliarde Dollar an Gebühren.[11] Und die Banken, die die Emissionen betreuen, streichen nicht nur satte Gebühren ein, sondern knüpfen nebenbei auch Kontakte zu den Regierungsvertretern der Emissionsländer, was ihnen im Rennen um weitere lukrative Geschäfte einen Vorsprung sichert.[12]

Doch die Emerging Market-Anleihen sind nicht nur für die Emissionsbanken und Anleihenhändler verlockend. Jene Entwicklungsländer, die Käufer für ihre Bonds finden – nur den allerbedürftigsten Ländern der Welt gelingt dies im Normalfall nicht – ziehen es im Allgemeinen vor, sich das Geld auf dem internationalen Kapitalmarkt zu beschaffen. Zum einen gelingt es ihnen nicht, ausreichend internes Kapital zu mobilisieren, um ihre Ausgaben bestreiten zu können. Steuererhöhungen würden ihnen politisch schaden (und sind in der Ära des grenzüberschreitenden Steuerwettbewerbs auch immer schwerer durchzusetzen), genau wie die Privatisierung von Staatsunternehmen. Zum anderen glauben viele Länder, dass die Kreditaufnahme im Ausland billiger ist, da die Dollarzinsen zumeist etwas niedriger veranlagt sind als die einheimischen Zinssätze.

Die Emission von Anleihen ist in vielerlei Hinsicht attraktiver als die Kreditaufnahme bei Geschäftsbanken. Regierungen, die eine Anleihe begeben, haben üblicherweise sehr viel größeren Spielraum bei der Entscheidung über die Verwendung des Geldes, als das bei Krediten der Fall ist.[13] Die mit Anleihen verbundenen Verpflichtungen sind unter Umständen weniger restriktiv, und solange der Anleihenemittent die Zinsen zahlt, muss er nicht laufend Bedingungen wie jene erfüllen, ein bestimmtes Verhältnis zwischen Verschuldung und Exporteinnahmen aufrechtzuerhalten. Bei festverzinslichen Anleihen ist die Rückzahlung leichter zu planen, und ab einem Emissionsumfang von rund 200 Millionen Dollar sind Anleihen auch einfach kostengünstiger.

Dazu kommt, dass die Gläubigerbanken in Krisenzeiten im Allgemeinen größeren Druck auf die Schuldnerländer ausüben als die Anleihenbesitzer. Während der Asienkrise der neunziger Jahre verschärften die Geschäftsbanken die Situation sogar, indem sie koordinierte Lösungsversuche verweigerten.[14] Und nach Ausbruch der Finanzkrise in Lateinamerika Anfang der achtziger Jahre brauchten die Gläubigerbanken fast ein Jahrzehnt, um zu einer Einigung über Umschuldungsmaßnahmen zu gelangen. Die Anleihenbesitzer sind dagegen insgesamt eher bereit, eine rasche Lösung anzustreben.

## Warum es problematisch ist, von den Kapitalmärkten abhängig zu sein

Doch wie überall im Leben haben die Vorteile einen Preis: Zu den größten Problemen zählt dabei die Währungsfluktuation. Um für ausländische Investoren interessant zu sein, müssen Anleihen üblicherweise in einer stabilen Währung denominiert werden[15], was den Emittenten einem beträchtlichen Währungsrisiko aussetzt.[16] Wie real diese Gefahr ist, wurde in der Asienkrise von 1997/98 deutlich, als die effektive Schuldenlast rasch auf ein unerträgliches Maß anschwoll, da die Währungen Thailands, Südkoreas, Malaysias, Taiwans, Singapurs und der Philippinen einbrachen und mehr als die Hälfte ihres Werts gegenüber dem Dollar einbüßten.[17] Die indonesische Rupiah stürzte sogar um mehr als 80 Prozent ab.

Nur weil er es nicht mit Geschäftsbanken zu tun hat und keine Vorgaben des IWF oder der Weltbank erfüllen muss, ist der staatliche Kreditnehmer auch noch nicht aller Fesseln ledig. Ganz im Gegenteil. Im besten Fall unterliegt der Anleihenmarkt dem amoralischen Diktat des »seelenlosen« Kapitals, im schlimmsten den eindeutig unmoralischen Forderungen der mächtigen Akteure, die diesen Markt beherrschen. Wie wir sehen werden, zählen auch der Währungsfonds und die Weltbank zu diesen Akteuren. James Carvill, Präsident Clintons ehemaliger Wahlkampfleiter, wurde mit folgender Aussage berühmt: »Früher dachte ich, sollte es eine Wiedergeburt geben, so würde ich gern als Präsident, als Papst oder als großartiger Baseballspieler zurückkehren. Doch mittlerweile möchte ich als Anleihenmarkt wiedergeboren werden. So könnte ich die ganze Welt einschüchtern.«[18]

Der Anleihenmarkt betreibt diese »Einschüchterung« in erster Linie mithilfe des Mechanismus der Verzinsung. Betrachtet er ein Land nicht als verantwortungsbewusst oder vertrauenswürdig, so verlangt er extrem hohe Zinsen auf die Anleihen dieses Landes. Das zentrale Element dieser Einschüchterungsmethode besteht in der Art und Weise, wie der Markt »Verantwortungsbewusstsein« und »Vertrauenswürdigkeit« definiert. Die Zinsen hängen dabei im Wesentlichen von den Antworten auf folgende zwei Fragen ab: Wie gut benimmt sich ein Land in den Augen des Marktes, und wie groß ist nach Ansicht des Marktes die Wahrscheinlichkeit, dass dieses Land zahlungsunfähig wird?

Mit »Benehmen« ist in diesem Fall nicht die Loyalität gegenüber einer bestimmten Flagge gemeint. Ein Land benimmt sich gut, wenn es die Vorstellung teilt, die sich die Händler an der Wall Street von der in seinem Fall angemessenen Politik machen. Angemessen ist es unter anderem, nicht zu hoch verschuldet zu sein und eine gesunde Außenhandelsbilanz aufzuweisen. Doch vor allem ist wichtig, dass das Land in den Augen des Marktes die Vorgaben der Weltbank und des IWF erfüllt. Das bedeutet, dass es sich an strenge Richtlinien in Bezug auf Ausgabendisziplin, Budgetausgleich und Inflationsbekämpfung zu halten hat und Maßnahmen zur Privatisierung, Deregulierung, Liberalisierung und Beseitigung von Handelshemmnissen ergreifen muss. Andernfalls riskiert es einen Rüffel des Marktes.

Während Ländern, die sich nachweislich um Ausgabendisziplin bemühen, durchaus hin und wieder Abweichungen vom Pfad der Tugend nachgesehen werden, haben die meisten Schuldnerländer keinen Spielraum für kurzfristige Abweichungen von den politischen Vorgaben, gleichgültig wie gravierend die Probleme oder Krisen sind, die sie zu bewältigen haben. Hat es den Anschein, als investiere ein Land »übermäßig viel« in Sozialprogramme, so wird es vom Markt bestraft. Sinken seine Exporteinnahmen, so verschlechtert sich sein Risikoprofil, und es muss höhere Zinsen bezahlen. Wird es von einer Naturkatastrophe heimgesucht, so steigt der vom Markt geforderte Ertrag sofort, was genau in dem Augenblick, in dem sich das Land keine weiteren finanziellen Belastungen leisten kann, seine Fähigkeit zur Beschaffung zusätzlicher Mittel einschränkt. Bei der geringsten Abweichung von einem konservativen Ausgabengebaren, bei der geringsten Kritik an der Orthodoxie oder angesichts unerwarteter Krisen sind die Märkte bereit, dem Land auf die Finger zu hauen und die Zinsen heraufzusetzen, was ihm oft schweren Schaden zufügt. Und wir reden hier nicht von einer Erhöhung um einen oder zwei Prozentpunkte, sondern davon, dass die Zinsen oft innerhalb weniger Monate um sage und schreibe 15 Prozentpunkte steigen! Stellen Sie sich vor, die Zinsen für Ihre Hypothek oder Ihre Kreditkarte würden über Nacht derart in die Höhe schießen. Was würde das für Ihr Budget und Ihre Fähigkeit bedeuten, für sich oder Ihre Familie zu sorgen?

Natürlich wird ein Land nicht immer dafür bestraft, dass es den orthodoxen Vorstellungen von einer vernünftigen Wirtschaftspolitik zuwiderhandelt. Manchmal rückt das zweite Kriterium in den Vordergrund, das der Markt heranzieht, um sich sein Urteil zu bilden: die »Neigung zur Zahlungsunfähigkeit«.

So stellten die Schulden der Sowjetunion in den Augen der Anleihenmärkte ein zu vernachlässigendes Risiko dar, obwohl kaum behauptet werden konnte, dass die Wirtschaft dieses Landes den geltenden ökonomischen Spielregeln gehorchte. Tunesien, das die neoliberale Orthodoxie nur teilweise und widerwillig akzeptiert, muss lediglich eine Risikoprämie von 3 Prozent zahlen, wenn es Kredit aufnimmt, was der üblichen Zinsrate mexikanischer Anleihen entspricht. Um in Bezug auf das Kriterium der Zahlungsfähigkeit grünes Licht zu bekommen, muss ein Land tatsächlich nur von derart großer geopolitischer Bedeutung sein, dass aufgrund seiner engen Beziehungen zu den Vereinigten Staaten, der Weltbank und dem Internationalen Währungsfonds unabhängig von seiner Innenpolitik im Fall einer Krise von seiner Rettung ausgegangen werden kann. Diese Haltung nahm der Markt nach dem Terrorangriff am 11. September beispielsweise gegenüber Pakistan ein: Am 10. September 2001 wurden die pakistanischen Anleihen zu 60 Cent pro Dollar gehandelt – ein Jahr später waren sie 105 Cent wert. Das lag nicht etwa an einer Besserung der wirtschaftlichen Lage Pakistans, sondern schlicht daran, dass das Land für die USA ein unverzichtbarer Partner in der Region geworden war.[19]

Ein anderes Kriterium ist, dass die Regierung, die Kredit aufnehmen will, als »vertrauenswürdig« betrachtet werden muss. Das heißt, sie muss in den Augen ihrer ausländischen Aktionäre vertrauenswürdig sein. Die Regierung muss nicht demokratisch sein, sie muss weder die Menschenrechte noch die bürgerlichen Freiheitsrechte respektieren, ja sie muss nicht einmal als wenig korrupt gelten. Der Geldgeber muss lediglich davon überzeugt sein, dass die Schuldnerregierung willens ist, ihre Schulden zurückzuzahlen[20] – wobei die Bereitschaft zur Rückzahlung nicht zwangsläufig mit der *Fähigkeit* zur Rückzahlung einhergeht –, dass ein Regierungswechsel unwahrscheinlich ist beziehungsweise dass eine neue Regierung den Verpflichtungen ihrer Vorgängerregierung vermutlich nachkommen wird.[21] »Auf den Emerging Markets«, sagte mir ein führender Analyst, »sind die Investoren stets erleichtert, wenn ein starker Mann an die Macht kommt, insbesondere nach einer chaotischen Phase.« Im Grunde suchen die Investoren in den Schwellen- und Entwicklungsländern also nach investorenfreundlichen Diktatoren, denn gewählte Regierungen müssen die schwankenden und widersprüchlichen Forderungen vielgestaltiger Wählerschaften berücksichtigen.

So kam es, dass sich die russischen Anleihen unter Präsident Vladimir Putins autoritärer Herrschaft im Großen und Ganzen in eines der beliebtesten Produkte verwandelten.[22] Der Markt betrachtet Putin als »stark und energisch«. Tunesien profitiert ungeachtet seiner Wirtschaftspolitik ebenfalls von einer niedrigen Risikoprämie, die es seiner politischen Stabilität verdankt – Präsident Ben Ali, der im Jahr 1987 durch einen unblutigen Staatstreich die Macht errang, leitet eine konstitutionelle Diktatur. Während ungezählte Studien gezeigt haben, dass eine Geschichte bewaffneter Konflikte oder mangelnder politischer Legitimität der Regierungen vom Markt nicht als negative Faktoren betrachtet werden[23], stellen häufige Regierungswechsel einen deutlichen Indikator für die Gefahr der Zahlungsunfähigkeit dar [24] und sind für die Einschätzung der Kreditwürdigkeit mindestens ebenso wichtig wie jede wirtschaftliche Variable.[25]

Ein gutes Beispiel für die umgekehrte Situation ist Brasilien, ein Land, das vom Markt für »schlechtes Benehmen« bestraft oder als heißer Kandidat für die Zahlungsunfähigkeit betrachtet wird. Im Vorfeld der Präsidentenwahlen des Jahres 2002 schien Brasiliens Wirtschaft in ausgezeichneter Verfassung zu sein: Die wirtschaftlichen Kerndaten waren besser als ein Jahr zuvor, das Land zählte gemessen am Bruttoinlandsprodukt zu den zehn führenden Volkswirtschaften der Welt[26], und es konnte stabile politische Institutionen und Unternehmen von Weltrang vorweisen. Doch als der ehemalige Schuhputzer Luis Inacio da Silva, genannt »Lula«, in den Umfragen die Führung übernahm, schoss der vom Anleihenmarkt verlangte Zinsertrag in die Höhe – von 7 Prozent im März 2002 auf über 20 Prozent ein halbes Jahr später.

Wesentlichen Anteil an dieser Entwicklung hatte die Tatsache, dass sich die Analysten und Händler in eine Hysterie des Typs »Die Russen kommen« hineingesteigert hatten: Sie fürchteten sich vor Lula. »Alle Welt sagte, Lula sei ein Sozialist«, erzählte mir ein auf die Emerging Markets spezialisierter Anleihenhändler, »und für den Fall seines Wahlsiegs wurde eine Katastrophe erwartet.« Die Zeitschrift *Euromoney*, eine einflussreiche Publikation, die von vielen Investoren gelesen wird, unterstrich die herrschende Stimmung, als sie im September 2002 schrieb, der Markt sei nicht mit der »potenziell unfreundlichen« Politik dieses linken Politikers einverstanden.[27]

Da 45 Millionen Brasilianer unter der Armutsgrenze lebten und Lula versprach, einen Krieg gegen den Hunger zu führen, fürchteten die Analysten, er werde sich von den strengen Vorgaben aus Washington lösen. Möglicherweise würde er etwas »Unbesonnenes« tun, etwa die Staatsausgaben erhöhen oder zu dem Schluss gelangen, dass die 54 Milliarden Dollar, die Brasilien pro Jahr für die Rückzahlung seiner Schulden aufwandte, einfach zu viel seien.[28] Zudem missfiel dem Markt die Tatsache, dass Lula zu Beginn seines Wahlkampfs versprochen hatte, bei einem Sieg den Schuldendienst auszusetzen (die restliche Kampagne verbrachte er mit dem Versuch, diese Aussage ungeschehen zu machen). Der Markt »glaubte nicht, dass er unter Druck das Richtige tun würde«, meinte ein anderer Händler trocken.

Wie sich herausstellte, sollte sich der Markt zumindest zu jener Zeit irren. Nach seiner Wahl hielt Lula nicht nur eine durchaus strenge Haushaltsdisziplin ein, sondern machte auch sein später im Wahlkampf gegebenes Versprechen wahr, den Schuldendienst nicht auszusetzen. Erwartungsgemäß wurde er dafür »belohnt«, zumindest von seinen ausländischen Schuldenteilhabern. Im Juli 2003 hielt die Citigroup in ihrem »Strategischen Bericht über die globalen Emerging Markets« fest, dass der Markt »von einer spürbaren Verbesserung der Kerndaten in einer Reihe von Ländern profitiert« habe. »Der wichtigste Fall war Brasilien, wo das Ergebnis der Präsidentenwahl sehr viel vorteilhafter war als von vielen Experten erwartet.« Lula tat im Grunde, was man von ihm verlangte, und das kann eigentlich nicht überraschen, wenn man bedenkt, dass in zahlreichen einflussreichen Emerging Markets-Berichten deutlich gemacht wurde, die brasilianische Regierung müsse mit einer

Strafe in Form von schwer zu verkraftenden Zinsaufschlägen rechnen, sollte sie von einer disziplinierten makroökonomischen Politik abweichen. Als Brasilien im März 2002 Zinsen von 7 Prozent zu zahlen hatte, konnte es die Bedienung seiner Schulden bewältigen – für die Zinszahlungen mussten rund 4 Prozent des Bruttoinlandsprodukts aufgewandt werden. Doch als die Zinsen auf brasilianische Anleihen auf dem Höhepunkt der Anti-Lula-Paranoia auf 24 Prozent kletterten (während Lula in den Umfragen von mehr als 40 Prozent auf unter 30 Prozent absackte), stiegen die Kosten des Schuldendienstes auf mehr als 15 Prozent des BIP[29], ein Betrag, der mehr als der Hälfte der brasilianischen Steuereinnahmen entsprach und die öffentlichen Ausgaben für Bildung und Gesundheit deutlich überstieg. Nachdem Lulas Amtsführung von den internationalen Medien positiver bewertet worden war, sanken die Kosten des Schuldendienstes bis Dezember 2003 wieder auf 17 Prozent des BIP, stellten jedoch weiterhin eine große Belastung für die brasilianische Volkswirtschaft dar.

## Getürkte Information

Da die Bewertung der Kreditwürdigkeit eines Landes durch den Markt deutliche Auswirkungen nicht nur auf die Geldbörsen der Investoren, sondern auch auf das Leben der Menschen in diesem Land hat, müssen wir nicht nur wissen, *warum* der Markt zu einer bestimmten Einschätzung gelangt, sondern wir müssen auch verstehen, *wie* die einzelnen Händler und Investoren, die den interessierten Markt bilden, zu ihrem Urteil gelangen.

Einige Banken und Handelshäuser betreiben selbst Grundlagenforschung – sie begeben sich auf Faktensuche oder engagieren vor Ort »wirtschaftliche Berater«, die ihnen dabei helfen sollen, die Lage eines Landes zu beurteilen. Die zwei vorrangigen Informationsquellen, auf die sich sowohl Investoren als auch Kreditnehmer stützen, sind aber die Berichte, die die Analysten einflussreicher Banken oder Wertpapierfirmen veröffentlichen, sowie die Einstufungen durch die Ratingagenturen. Beide Quellen können das Bild verzerren, das sich der Markt vom »Verantwortungsbewusstsein« oder von der »Vertrauenswürdigkeit« eines Landes macht.

Sehen wir uns die erste Informationsquelle an: die von Banken und Wertpapierfirmen veröffentlichten Analysen. Auf dem Anleihenmarkt sind ähnliche Vorgänge zu beobachten wie auf dem Aktienmarkt, wo die Analysten der Banken an der Wall Street im Jahr 2000 auf dem Höhepunkt der Spekulationsblase im Hochtechnologiesektor die Aktienkurse in die Höhe redeten, um ihren Abteilungen für Unternehmensfinanzierung Aufträge für neue Aktienemissionen zu sichern – die Citigroup und Merrill Lynch wurden im Jahr 2002 für derartige Praktiken mit hohen Geldbußen belegt.[30] Auch in den Investmentbanken, die mit ausländischen Anleihen handeln, ist die »chinesische Mauer«, die die Forschungsabteilung von der Emissionsabteilung trennt, einigermaßen durchlässig. Das bedeutet, dass eine Bank, die ein Land bei einer Anleihenemission berät, oft gleichzeitig »unabhängige« Empfehlungen für diese Anleihe abgibt, ohne die Investoren über ihren klaren Interessenkonflikt informieren zu müssen. Zusätzlich verschärft wird das Problem dadurch, dass die Bonuszahlungen üblicherweise für eine ganze Gruppe von Emerging Markets berechnet werden, was bedeutet, dass es im Interesse der Analysten ist, ihren Banken beim Verkauf der Anleihen zu helfen, die sie eigentlich unvoreingenommen analysieren sollten.

Mittlerweile besteht kein Zweifel mehr dran, dass die maßlose Kreditvergabe an Argentinien Ende der neunziger Jahre und zu Beginn des 21. Jahrhunderts[31] weitgehend von den nachdrücklichen Empfehlungen einflussreicher Analysten genährt wurde, deren Arbeitgeber dieselben Firmen waren, die auch für die Emission der argentinischen Anleihen zuständig waren. Diese Firmen mussten die Bonds unbedingt an den Mann bringen, da ihnen klar war, dass ihre Kunden nach den Finanzkrisen in Asien und Russland in den Jahren 1997 und 1998 wahrscheinlich überhaupt nichts kaufen würden, wenn sie ihnen die argentinischen Anleihen nicht abnahmen. »Es hat viel mit Selbstzensur zu tun«, erklärte Federico Thomsen, der ehemalige Chefökonom des Büros von ING Barings in Buenos Aires. »Wenn es etwas Vorteilhaftes zu sagen gibt, sagst du es.

Aber wenn eine schlechte Nachricht hereinkommt, hältst du lieber den Mund.«[32] Beispielsweise war es eine schlechte Nachricht, dass die Reformmaßnahmen des argentinischen Präsidenten Carlos Menem offensichtlich planlos, vielfach unvollständig und teilweise sogar rechtswidrig waren.[33] Es war auch eine schlechte Nachricht, dass schon ein Jahr vor Ausbruch der Krise immer mehr Argentinier ihre Dollarguthaben bei den Banken abhoben, da sie den Eindruck gewonnen hatten, dass die heimische Währung in Schwierigkeiten war. Sie bewahrten ihre Dollars lieber zu Hause im Safe auf, was dieselbe Wirkung hatte wie eine Kapitalflucht ins Ausland. Und es war eine schlechte Nachricht, dass die argentinischen Wähler ab 2001 in den Umfragen eine Einstellung des Schuldendienstes befürworteten.[34] Selbst die wachsende Zahl von Streiks und Protestmärschen, mit denen zur Einstellung der Zahlungen aufgerufen wurde, wurde von den Analysten heruntergespielt. Im Jahr 2000 und Anfang 2001, als das Land in eine tiefe Rezession abglitt und die Protestkundgebungen anschwollen, prognostizierten die Analysten in ihren Berichten trotz eines mittlerweile gedämpften Tons weiterhin, dass sich Argentinien schon durchwursteln werde.

Und da der Markt getreu der Maxime vom größeren Dummkopf funktioniert – du hast kein Problem, solange es noch irgendwo jemanden gibt, der dumm genug ist, dir die Anleihen abzukaufen –, konnten es sich die Händler leisten, die Realität zu ignorieren: schließlich schien es lange Zeit eine unbegrenzte Nachfrage nach argentinischen Bonds zu geben. Die Analysten lieferten wiederum den Händlern in ihren Berichten ein wunderbares Alibi: Diese Anleihen hatten den Stempel der externen Billigung, und wenn etwas schief ging, würde man den schwarzen Peter an jemand anderen weiterreichen können.[35] Ein erfahrener Trader erklärte mir: »97, 98, 99 ... wir liehen Argentinien aus Dummheit Geld. Niemand dachte, dass das Land zahlungsunfähig werden könnte, und es fand sich immer jemand, der dir die Anleihen abkaufte. Der Markt war sehr liquide, es war kinderleicht, immer und immer weiter zu verkaufen.« Und ein ehemaliger Händler von lateinamerikanischen Bonds ergänzt: »Es war eine regelrechte Kreditorgie.

Diese Spekulationsblase schien ebenso wie die Internetblase nie zu platzen.«

Die Zuversicht der Analysten (und ihre Ignoranz bezüglich der Realität) spielte eine entscheidende Rolle. Denn der unerschütterliche Optimismus der Wall Street ermöglichte einen fortgesetzten Mittelzufluss, der wiederum die argentinische Regierung ermutigte, mehr und mehr Anleihen zu begeben, um ihre Schulden bedienen zu können. Rogelio Frigerio, im Jahr 1998 argentinischer Staatssekretär für Wirtschaftspolitik, meinte rückblickend: »Wenn du das Geld so leicht bekommst wie wir damals, ist es sehr schwierig, die Politiker zur Ausgabendisziplin zu ermahnen. Das Geld war vorhanden, und sie wussten es.«[36]

So ließ sich der Markt, bestärkt von den Analysten, zu einer verblüffenden Fehleinschätzung hinreißen und sah nicht voraus, dass es zum größten Staatsbankrott in der Geschichte kommen würde: Am Ende blieb Argentinien seinen Gläubigern 97 Milliarden Dollar schuldig.

»Es ist wohl an der Zeit, dass wir ein Mea culpa singen«, räumte Hans Jörg Rudloff, der Vorsitzende des Exekutivkomitees von Barclays Capital und Doyen des Eurobond-Marktes, bei einer Konferenz von Bankmanagern und führenden Wertpapierhändlern in London ein. »Argentinien zeigt ebenso wie Enron, dass unser Sektor zu jener Zeit wissentlich falsche Dinge tat und sagte – aus purem Eigennutz.«

## Tun wir so, als wäre alles bestens

Doch es hängt nicht nur von den Aussagen der mit 2 Millionen Dollar im Jahr honorierten Analysten ab, wie der Markt ein Land einschätzt. In vielerlei Hinsicht noch einflussreicher sind aber ihre Kollegen in den Ratingagenturen, die mit nur 200 000 Dollar im Jahr auskommen müssen. Denn so wie Michelin Restaurants oder Ebert and Roeper Kinofilme bewerten, stufen Moody's und Standard and Poor's, die gemeinsam einen Marktanteil von 80 Prozent halten, mittels eines bestimmten Buchstabencodes Länder ein. Diese Buchstaben, für die ironischerweise die Kreditnehmer zahlen, gelten den Investoren nicht nur als Maßstab, um das Risiko einer Investition einzuschätzen, sondern entscheiden auch darüber, ob der Kauf von Anleihen eines Landes überhaupt möglich ist. Beispielsweise ist es den meisten Renten- und Investmentfonds nicht erlaubt, Anleihen zu kaufen, die schlechter als »BBB« eingestuft sind und damit nicht als Geldanlage empfohlen werden.

Die Ratingagenturen stellen im Wesentlichen dieselben Berechnungen wie die Analysten der Investmentfirmen an, um ihre Einstufungen vorzunehmen: Sie sehen sich die makroökonomischen Variablen an, wobei sie zum Beispiel beurteilen, inwieweit sich ein Land an die Grundsätze der ökonomischen Orthodoxie hält und bewerten die Vertrauenswürdigkeit des Schuldnerlands. So gestand Moody's ein, das Rating Brasiliens im Vorfeld der Präsidentenwahl aufgrund von Lulas Umfragewerten herabgesetzt zu haben.[37] Und ganz wie die Analysten schätzen auch die Ratingagenturen die politischen Dimensionen des Risikos – das heißt die politischen Faktoren, die sich auf die Fähigkeit oder Bereitschaft eines Landes zur Fortsetzung des Schuldendienstes auswirken können, den Druck der Wähler auf die politische Führung in Krisenzeiten und die Auswirkungen des zunehmenden Nationalismus – oft nicht richtig ein.[38]

Dass die Ratingagenturen die Situation falsch beurteilen, kann sowohl für die Schuldner als auch für die Gläubiger gravierende Folgen haben: Für die Investoren ist es schlimm, auf Anleihen sitzen zu bleiben, weil die Ratingagenturen ein Land nicht rechtzeitig heruntergestuft haben, und für die Schuldnerländer haben sowohl eine übermäßig euphorische Hinaufstufung als auch eine übertriebene Herabstufung – die eine häufige Reaktion auf eine Fehleinschätzung seitens der Agenturen ist – schwer wiegende Folgen. Übermäßige Erwartungen lösen vielfach einen exzessiven Kapitalzufluss aus. So versäumten es die Ratingagenturen nicht nur, die Asienkrise des Jahres 1997 und auch die so genannte »Tequila-Krise«[39] in Mexiko einige Jahre früher vorauszusehen, sondern sie gerieten auch in Panik, als sie ihren Fehler erkannten und senkten die Ratings der betroffenen Länder über Nacht um 4 bis 5 Kategorien.

Eine solche Senkung der Bonitätseinstufung kann ohne weiteres über die Kräfte von Schwellen- und Entwicklungsländern gehen.[40] Denn werden die Anleihen eines Landes herabgestuft, so steigen die Kosten für die Aufnahme neuer Kredite im Durchschnitt um 2 Prozentpunkte für jede Stufe, um die die Bonität dieses Landes herabgesetzt wird.[41] Renten- und Investmentfonds, die unterhalb einer bestimmten Bonitätseinstufung nicht kaufen, werden die Anleihen dieses Landes sofort abstoßen. Sobald die übrigen Investoren die Gefahr wittern und erkennen, dass Geld aus einem Land abfließt, werden sie versuchen, ihre Anleihen ebenfalls zu verkaufen.[42] Die im betroffenen Land ansässigen Unternehmen müssen nun feststellen, dass die Bonität ihrer Schuldverschreibungen ebenfalls herabgestuft wird, da Anleihen von Unternehmen üblicherweise nicht höher bewertet werden als die Anleihen ihres Heimatlandes, womit es den Betrieben ebenfalls schwerer fällt, sich Kapital zu beschaffen.[43] Dabei ist es gleichgültig, wie gut die Unternehmen geführt sind oder wie erfolgreich sie sich auf dem Markt behaupten.

Deutlich verschlimmert wird die von einer Herabstufung ausgelöste Panik noch dadurch, dass der IWF, die Weltbank und die Vereinigten Staaten seit jeher unnachgiebig darauf beharren, dass die Entwicklungsländer von jeglicher Kontrolle der Kapitalflüsse Abstand nehmen.[44] Das bedeutet, dass die Entwicklungsländer weder den Zufluss »heißen«, spekulativen Kapitals verhindern noch einen beginnenden Kapitalabfluss bremsen können, obwohl bezeichnenderweise gerade jene Länder, die imstande waren, die Kapitalflüsse zu kontrollieren, Krisen abzuwenden vermochten (ein Beispiel ist Chile). Nur weil sich eine Gruppe von Investoren zum Rückzug entschließt, kann der Preis der Anleihen eines Landes in den Keller fallen, während die erwarteten Zinserträge und die Kosten der weiteren Kreditaufnahme in die Höhe schießen.

## Die Geier

Ein Land kann auch in ernsthafte Schwierigkeiten geraten, wenn eine bestimmte Sorte von Investoren im Krisenfall beschließt, sich in die Schulden dieses Landes einzukaufen. So wie die europäischen Länder Ende des 19. und zu Beginn des 20. Jahrhunderts die Einstellung des Schuldendienstes durch verschiedene Staaten als Entschuldigung für eine Invasion dieser Länder benutzten, kreist eine Gruppe rücksichtsloser Kreditgeber, die »Schuldengeier«, über den Ländern, die ihrer Meinung nach bald zahlungsunfähig werden dürften.[45] Die »Geier« kaufen einen Großteil der Anleihen solcher Länder auf und stürzen sich dann auf ihre Opfer, um sie zu zwingen, ihre Schulden zur Gänze zu tilgen. Sind sie damit erfolgreich, so erzielen diese rabiaten Investoren riesige Gewinne, da sie die Anleihen mit einem deutlichen Preisabschlag auf einem Sekundärmarkt erworben haben, der davon ausging, dass diese Schulden niemals zur Gänze zurückgezahlt würden.

Ein Beispiel: Die in New York ansässige Firma Elliot Associates bezahlte auf dem Sekundärmarkt 11 Millionen Dollar für peruanische Anleihen, verklagte den peruanischen Staat auf die Rückzahlung der gesamten Schulden zuzüglich aufgelaufener Zinsen und erhielt verblüffenderweise 58 Millionen Dollar zugesprochen – Elliot erzielte also einen Gewinn von 47 Millionen Dollar. Für die Firma war das lediglich ein gutes Geschäft, während es für peruanische Kinder bedeutete, dass sie nicht länger mit Schulbüchern, Medikamenten und sauberem Trinkwasser versorgt werden konnten.

Ein weiterer Schuldengeier ist Kenneth Dart, der auf den Cayman Islands ansässige Erbe des Styropor-Vermögens. Er kaufte brasilianische Anleihen im Wert von 1,4 Milliarden Dollar mit einem Abschlag von 60 Cent pro Dollar, verweigerte die Teilnahme am Umschuldungsplan Bradys, dem die meisten Gläubiger Brasiliens zugestimmt hatten, und setzte durch, dass seine Anleihen zum Nennwert getilgt wurden. Vor Kurzem hat Dart Argentinien auf Schuldenzahlungen von 700 Millionen Dollar verklagt.[46]

Und dann ist da noch die Leucadia Holding, die nicaraguanische Anleihen mit einem Nennwert von 26 Millionen Dollar für lächerliche 1,14 Millionen Dollar auf dem Sekundärmarkt kaufte und vor Gericht durchsetzte, dass Nicaragua – eines der ärmsten Länder der Welt – der Firma 87 Millionen Dollar zurückzahlen muss.

Ein gut aussehender Amerikaner, der in London lebt und mir das Versprechen abnahm, seinen Namen nicht zu nennen, erzählte mir im Fond seiner Luxuslimousine, dass er »ein Land im Südpazifik« besitze: »Ich habe 80 Prozent der Schulden des Landes sechs Monate vor dem Fälligkeitsdatum mit einem Preisabschlag gekauft. Das Land zahlte nicht, und deshalb lasse ich jetzt alle seine internationalen Vermögenswerte pfänden.« Dank der Geier und zur Freude ihrer Rechtsanwälte, die derartige Fälle gegen Zusicherung eines Erfolgshonorars übernehmen, war oder ist mindestens ein Dutzend der ärmsten Länder der Erde mit derartigen Klagen konfrontiert.

Die Aktivitäten der Geier sind nicht illegal – die Frage, wie ihnen Einhalt geboten werden könnte, werden wir im letzten Kapitel behandeln. Doch ihr Verhalten muss schlicht als extrem bezeichnet werden. Der »normale« Gläubiger nimmt einen Verlust hin, wenn ein Land seine Schulden offensichtlich nicht zurückzahlen kann – ein Teil des Geldes ist immerhin besser als gar nichts. Zudem hat er vielfach noch andere Interessen in dem betroffenen Land und ist daher nicht an dessen Zusammenbruch interessiert. Manchmal will er auch nur seinen guten Ruf wahren oder hofft auf zukünftige Geschäfte mit dem betreffenden Land. Die Schuldengeier können über solche Überlegungen nur lachen. Sie sind nicht an einem Interessenausgleich interessiert, sondern nutzen die Situation aus, um riesige Gewinne zu erzielen. Ein auf Emerging Markets spezialisierter Händler in einem großen Investmenthaus bezeichnete die Geier als »Abschaum«, weil sie nicht bereit sind, sich an Umschuldungsvereinbarungen zu beteiligen, weil sie die Entschädigung anderer Gläubiger verhindern, solange die Gerichte nicht über ihre Forderungen entschieden haben, und weil sie einige der ärmsten Länder der Welt vor die Wahl stellen, sich mit ihnen zu einigen oder sich auf kostspielige Rechtsstreitigkeiten einzulassen.[47] »Es tut mir weh, wenn ich an die armen Menschen denke«, verriet mir der erwähnte Amerikaner in London, doch ähnlich wie bei jenem anderen Trader lautet auch sein Resümee: »Letztendlich kann ich allein die Welt ja nicht retten.«

☆☆☆

Erneut sehen wir, dass die Geschichte der Schulden eine Geschichte bestimmter Gruppen ist, die sich zum Schaden der verarmten Menschenmassen die Taschen füllen. Erneut müssen wir feststellen, dass die Kreditaufnahme, die bei kluger Verwendung zweifellos nützlich sein kann, allzu oft schweren Schaden anrichtet. Die Vorstellung, dass die Kapitalmärkte eine marktwirtschaftlich vernünftige Verschuldung erzwingen und dafür sorgen werden, dass die Staaten keine unkontrollierte Ausgabenwut an den Tag legen, sondern das geliehene Geld produktiv einsetzen werden, bleibt in den meisten Fällen ein frommer Wunsch.[48] Im Großen und Ganzen ist die Funktionsweise des Marktes derart von Sonderinteressen, voreingenommenen oder unzutreffenden Informationen und selbstverständlich von geopolitischen Interessen verzerrt, dass der Zufluss privaten Kapitals Wirtschaftsbooms beschleunigen und Crashs verschlimmern kann und dass »gute« Länder möglicherweise bestraft werden, während die zügellosen belohnt werden.[49] Dieses Schicksal erlitt etwa Brasilien, als es im Jahr 2000 die Wut des Marktes zu spüren bekam, was nicht an wirtschaftlichen Schwierigkeiten, sondern schlicht daran lag, dass der in den Umfragen führende Präsidentschaftskandidat nicht die Zustimmung des Marktes fand.

Es kann nicht verwundern, dass die Händler und Investoren, die Geschäfte mit den Schulden der Schwellen- und Entwicklungsländer machen, nur ein großes Spiel darin sehen. Denn genau das ist es: ein Spiel mit Zerrbildern, Illusionen und Täuschungsmanövern. Es ist kein Wunder, dass die Regierungen der Entwicklungsländer, denen dies klar ist, oft einen von zwei Wegen wählen: Entweder sie entschließen sich, »dem Markt zu gefallen«, alles zu tun, um mit ihrer Innenpolitik seinen Forderungen zu entsprechen, und die Wünsche der ausländischen Investoren über jene ihrer Wähler zu stellen – was, wie wir noch sehen werden, soziale Unruhe auslösen kann. Oder sie entscheiden sich, »dem Markt etwas vorzuspielen« und in dem Wissen Anleihen zu begeben, dass sie keine Chance haben, sie jemals zum Nennwert zurückzuzahlen, womit sie die Schuldenpyramide noch ein wenig erhöhen. Aber was macht das schon? Wenn das Gebäude einstürzt, werden sie längst nicht mehr an der Macht sein.

Da er keine ausreichenden Sicherheitsvorkehrungen getroffen hat, riskiert der Anleihenmarkt, der eigentlich nur der Vermittler zwischen den Anbietern und Käufern von Schuldverschreibungen der Dritten Welt sein sollte, zu einem Marktplatz zu werden, auf dem auch mit der Verzweiflung der armen Länder gehandelt wird. Und auf diesem Marktplatz haben Internationaler Währungsfonds und Weltbank einen ganz großen Stand.

KAPITEL SECHS

# Graue Männer in grauen Anzügen

Stellen Sie sich vor, Ihr Bankberater würde zu Ihnen sagen: »Ich werde Ihnen Geld leihen, aber nur, wenn sie hundertmal auf und ab hüpfen, sich ein Kettenhemd anziehen und mir den Schwanz lutschen.«

## Eine Winterdepression

Der Winter in Russland ist trist und hart. »Selbst die Wölfe machen eine schwere Zeit durch«, sagte einst Maxim Gorki, der Namenspatron der Stadt, in der ich den Großteil meines dreiundzwanzigsten Lebensjahrs verbrachte.[1] Ich hatte gerade meinen Abschluss an der amerikanischen Wirtschaftsuniversität Wharton gemacht und war von der International Finance Corporation (IFC), der Schwesterorganisation der Weltbank, engagiert worden. Man hatte mich einem Team zugeteilt, das in Russland feststellen sollte, welche Ratschläge man der dortigen Regierung für ihre Wirtschaftsreformen geben konnte. Nebenbei würde ich nun auch den russischen Winter kennen lernen.

Ich will nicht zu viele Worte über die Lebensbedingungen in Russland Anfang der neunziger Jahre verlieren, aber ich erinnere mich an das Glücksgefühl, das ich empfand, als ich in einem Supermarkt einen Dosenöffner fand, an die endlosen Wochen, in denen es nichts anderes als Buchweizen zu essen gab, an die Schönheit des »Schwanensees« im Bolschoitheater, wo ich von Familien mit kleinen Kindern umgeben war, an die abenteuerlichen Begegnungen mit schrägen Typen, die ich erlebte, wenn ich nach langen Arbeitstagen nachts per Autostopp heimkehrte (es gab kein anderes Transportmittel), an die Einsamkeit, die Aufregung, die Gefahren und all die neuen Eindrücke. Aber ich will genau erklären, warum ich meine Illusionen bezüglich unserer Tätigkeit verlor – und wie ich mit meinen Bedenken auf taube Ohren stieß.

Zu jener Zeit änderte sich in Russland einfach alles. An die Stelle Gorbatschows war der trinkfreudige Jelzin getreten. Perestroika und Glasnost waren Geschichte. Und ich war Teil eines Teams, das Anweisungen aus Washington erhielt und die Aufgabe hatte, Russland in eine Marktwirtschaft – besser gesagt in eine Kopie der Vereinigten Staaten von Amerika – zu verwandeln. Heute mag das naiv wirken, doch damals ging man tatsächlich davon aus, dass diese Verwandlung ganz einfach sein würde. Wir würden den Russen einige grundlegende Schritte vorgeben – Preisfreigabe, Öffnung der Märkte, Privatisierung der Staatsunternehmen – und im Handumdrehen hätten wir die Vereinigten Staaten von Russland.

Jeder, der sich über einen längeren Zeitraum hinweg in Russland aufhielt (anstatt nur gelegentlich für ein paar Tage hinüberzufliegen, wie es die politischen Schwergewichte aus Washington zu jener Zeit zu tun pflegten), musste rasch erkennen, wie unrealistisch dieses Vorhaben war. Und er musste sich wachsende Sorgen über den hohen Preis machen, den das Land für diese Maßnahmen würde bezahlen müssen. Da ich die Aufgabe hatte, ein Privatisierungsprogramm für Russland zu entwickeln, wurden mir die Probleme sehr bald klar. Nachdem ich zu Balalaika-Klängen nächtelang mit russischen Arbeitern und Managern gesprochen hatte, stand für mich außer Zweifel, dass die Traditionen, die Kultur und die Geschichte des Landes nicht über Nacht ausradiert werden konnten: Das »Retortenkonzept«, das wir durchzusetzen versuchten, würde nicht funktionieren. Dazu kam, dass die sozialen Kosten immens sein würden, wenn Russland unseren Empfehlungen folgte und die Staatsunternehmen *en masse* privatisierte. Was, fragte ich meine Vorgesetzten in Washington, würde geschehen, wenn die Fabriken, in denen ich meine Zeit verbrachte, unter unerträglichem finanziellen Druck gezwungen sein würden, tausende Beschäftigte zu entlassen? Was würde mit den medizinischen Einrichtungen, den Schulen und den Sanatorien geschehen, die diese Werke unterhielten – nicht nur mit ihren

Belegschaften, sondern mit ganzen Standortgemeinden? Sollten wir nicht vorsichtiger mit unseren Empfehlungen sein und uns genauer mit ihren Konsequenzen auseinander setzen?

Niemand hörte zu. »Hier geht es um Politik«, wiegelte man ab. »Der eigentliche Sinn der Privatisierungen ist es, die Unternehmen der staatlichen Kontrolle zu entziehen, damit die Kommunistische Partei nie zurückkehrt. Wenn das bedeutet, dass die Unternehmen in die Hände einer Elite übergehen werden, die nicht der Partei angehört, dann soll es eben so sein.« »Und was ist mit den Menschen?«, fragte ich. »Der Markt wird schon für sie sorgen«, hieß es lapidar.

Und genau das tat der Markt nie. Die Lebenserwartung in Russland ging zwischen 1990 und 1994 um fünf Jahre zurück, und die Selbstmordrate stieg rasant.[2] Wie vorausgesagt, landete der Großteil des Staatsbesitzes in den Händen einiger Magnaten vom Schlag Boris Berezovskijs, der heute in seinem selbst gewählten Exil in London ein fürstliches Leben führt. Eine weitere dieser Figuren, Roman Abramowitsch, konnte es sich im Alter von 36 Jahren leisten, den englischen Fußballklub Chelsea FC zu kaufen. Doch kaum jemand hat von den Verlierern gehört[3]: zum Beispiel von Galina Raube, einer Englischlehrerin aus Moskau, die sich viele Grundnahrungsmittel nicht mehr leisten kann, von Marina Zasklavskaija, die mit ihrer Familie nach Brighton Beach flüchtete, oder von Wasilij Jeddokimow, einem über 70-jährigen Maschinisten aus Woskresensk, der mit 47 Dollar im Monat auskommen muss, sofern er seinen Lohn überhaupt erhält.

Im Herbst 1992 schied ich auf eigenen Wunsch bei der IFC aus. Ich konnte die Selbstüberschätzung meiner Vorgesetzten nicht länger ertragen, und mein Glaube, dass wir wussten, was wir taten, war endgültig verflogen. Zu jener Zeit hatte ich keine Ahnung, dass außer mir auch eine Reihe anderer Berater und Mitarbeiter der IFC, der Weltbank und des Währungsfonds aus Enttäuschung gekündigt hatte oder kurz davor stand, es zu tun. Davison Budhoo beispielsweise war schon im Jahr 1988 beim IWF ausgestiegen und hatte der Einrichtung vorgeworfen, sie habe in »Trinidad-Tobago wissentlich Kreditprobleme verursacht«[4], eine Anschuldigung, die später von einem unabhängigen Gericht bestätigt wurde. Ravi Kanbur, der Hauptautor des Weltentwicklungsberichts 2000 der Weltbank, nahm seinen Abschied, nachdem er kurz vor Fertigstellung des Berichts unter großen Druck seitens des amerikanischen Finanzministeriums geraten war, das ihn dazu bewegen wollte, die Abschnitte abzuschwächen, in denen die Bedeutung der Sozialausgaben unterstrichen und ein der Umverteilung dienendes Steuersystem gefordert wurde.[5] Das bekannteste und jüngste Beispiel war aber der Ökonom Joseph Stiglitz, Nobelpreisträger und ehemaliger Chefökonom der Weltbank, der nach seinem Rückzug aus der Bank in dem Buch »Globalisation and its Discontents« scharfe Kritik am IWF übte. Das Buch sicherte Stiglitz nicht nur einen Platz auf der Bestsellerliste der *New York Times*, sondern löste auch eine besonders beißende Attacke des Währungsfonds aus. »Ihre Ideen sind bestenfalls sehr umstritten und schlimmstenfalls fauler Zauber«, schrieb Ken Rogoff, früherer ökonomischer Ratgeber und zu jenem Zeitpunkt Leiter der Forschungsabteilung des IWF, in einem offenen Brief an Stiglitz.[6]

Während ich als relativ unerfahrene Insiderin das Vorgehen dieser Institutionen infrage stellte, waren dies alles sehr viel erfahrenere Mitarbeiter, die ihre Konsequenzen zogen. Aber wie konnte es dazu kommen, dass die Weltbank und der Internationale Währungsfonds sogar von ihren eigenen Leuten derart erbittert und teilweise öffentlich kritisiert wurden?

## Die gute alte Zeit

Gehen wir ein Stück zurück, genauer gesagt in den Sommer des Jahres 1944, als sich im Urlaubsort Bretton Woods in den Bergen von New Hampshire eine Gruppe von Männern versammelt (tatsächlich ist auf den Fotos von jenem Treffen, die in der Zentrale der Weltbank ausgestellt sind, in einem Meer grauer Anzüge keine einzige Frau zu sehen). Es ist eine unangenehme Zeit. Der Zweite Weltkrieg tobt, und diese Männer erinnern sich noch lebhaft an den »großen Krieg« und die Weltwirtschaftskrise. Deshalb haben sie drei Fragen auf die Tagesordnung gesetzt: Wie können wir dem vom Krieg verwüsteten

Europa beim Wiederaufbau helfen? Wie können wir dafür sorgen, dass die Welt nie wieder von einer Depression wie jener in den dreißiger Jahren heimgesucht wird? Und wie können wir die Vollbeschäftigung sichern und gleichzeitig den Welthandel ausweiten?

Die Anwesenden kamen zwar aus 44 Ländern, doch sehr rasch rückten zwei Männer in den Vordergrund: der führende Ökonom jener Zeit, der Brite John Maynard Keynes und der weniger bekannte Amerikaner Harry Dexter White, der internationale Chefvolkswirt des US-Finanzministeriums. Was die erste Frage anbelangte, so machten Keynes und Dexter White klar, dass Europa Kapital benötigte, dessen Bereitstellung man nicht den privaten Kapitalmärkten überlassen könne. Man brauchte eine Einrichtung, die dem ausgebombten Kontinent dabei helfen konnte, wieder auf die Beine zu kommen. Und so wurde in jenem Sommer in Bretton Woods die »Internationale Bank für Wiederaufbau und Entwicklung« aus der Taufe gehoben, die schon bald unter der Bezeichnung »Weltbank« bekannt wurde.

Was die zweite und dritte Frage betraf, so waren sowohl Keynes als auch Dexter White der Ansicht, die Ursache jener dramatischen Weltwirtschaftskrise darin zu suchen sei, dass die Länder das Problem der Zahlungsbilanzdefizite (also die Tatsache, dass ihre Einfuhren die Ausfuhren überstiegen) und die Erhaltung der Beschäftigung mit untauglichen Mitteln in Angriff genommen hatten: Sie hatten versucht, mithilfe von Handelshemmnissen die Einfuhren zu bremsen und durch die Abwertung ihrer Währungen die Ausfuhren zu verbilligen und ausreichende Devisen anzuhäufen, um die Importe bezahlen zu können. Beide Strategien hatten in eine Politik nach dem Motto »Bettle deinen Nachbarn an« gemündet und eine Abwärtsspirale erzeugt, in der die Länder ihre Währungen immer weiter abwerten und immer neue Handelsbarrieren errichten mussten, um wettbewerbsfähig zu bleiben.

Keynes und Dexter White schlugen für die Zukunft eine zweistufige Lösung vor: Erstens müsse die Welt zur Goldbindung der Währungen zurückkehren – diese war nach dem Ausstieg Großbritanniens im Jahr 1931 aufgegeben worden –, damit erneut stabile Wechselkurse festgesetzt werden konnten, um die Länder daran zu hindern, ihre Währungen nach Belieben abzuwerten. Zweitens müsse der Umgang mit den Zahlungsbilanzdefiziten grundlegend geändert werden.

Zu diesem Zweck würde man eine weitere neue Einrichtung benötigen, welche die Stabilität der internationalen Zahlungsbilanzen erhalten konnte. Bewerkstelligt werden sollte dies folgendermaßen: Länder, die ein Zahlungsbilanzdefizit aufwiesen und denen es folglich an Fremdwährungsreserven mangelte, sollten die Möglichkeit erhalten, bei dieser neuen Institution einen kurzfristigen Kredit zu beantragen, mit dem sie die für ihre Importe benötigten Devisen erwerben konnten. So würden sie nicht auf jene Praktiken zurückgreifen müssen, die in den dreißiger Jahren die Weltwirtschaftskrise heraufbeschworen hatten. Hatte das betroffene Land seine Schwierigkeiten einmal überwunden, würde es den Kredit zurückzahlen.

Doch in zwei wesentlichen Punkten wich Keynes von Dexter White ab. Erstens war er der Meinung, dass die Erhaltung der Stabilität des internationalen Finanzsystems nicht ausschließlich zu Lasten der Länder gehen sollte, deren Zahlungsbilanz defizitär war – die Länder mit einem Bilanzüberschuss sollten ebenfalls einen Beitrag zur Wiederherstellung des Gleichgewichts leisten und dazu bewegt werden, erst gar keine Überschüsse anzuhäufen. Und zweitens war Keynes der Meinung, dass einem Land mit einem Zahlungsbilanzdefizit möglichst wenig Beschränkungen für die Verwendung der zur Verfügung gestellten Mittel auferlegt werden sollten, und er setzte sich dafür ein, für die Rückzahlung solcher Kredite keine Frist zu setzen. Diese neue Einrichtung, die die Zahlungsbilanzen überwachen sollte, stellte er sich als eine Bank vor, in der einige Leute ihre Ersparnisse hinterlegten, mit denen Kredite für andere Personen finanziert werden konnten. Dexter White hingegen wollte nicht nur, dass die Länder mit einem Zahlungsbilanzdefizit die alleinige Verantwortung für die Wiederherstellung des globalen Finanzgleichgewichts tragen sollten, sondern trat auch dafür ein, die Hilfskredite nur befristet zu vergeben und mit einer Verpflichtung zu »Anpassungen« zu verknüpfen. Das heißt, dass Länder, die ein Zahlungsbilanzdefizit aufwiesen, gezwungen werden sollten, die Inflation einzudämmen und die Importe zu beschränken, um ihre Zahlungsbilanz wieder auszugleichen.

Ein triftiger Grund für diese Meinungsverschiedenheit war zweifellos, dass Großbritannien zu jener Zeit mit einem gewaltigen Zahlungsbilanzdefizit zu kämpfen hatte, während die USA einen deutlichen Überschuss aufwiesen. Trotz des großen Verhandlungsgeschicks von Keynes war aufgrund der ungleich verteilten finanziellen Ressourcen von vornherein klar gewesen, dass sich die Amerikaner mit ihren Wünschen gegen die Briten durchsetzen würden.[7] Nach Dexter Whites' Vorstellungen wurde schließlich eine Einrichtung gegründet, die das Zahlungsbilanzgleichgewicht wahren und für stabile Wechselkurse sorgen sollte. Laut der Gründungsakte dieser Institution, die auf den Namen »Internationaler Währungsfonds« (IWF) getauft wurde, handelte es sich um eine Bank, bei der unter einer negativen Zahlungsbilanz leidende Länder kurzfristige Kredite aufnehmen konnten, während es nicht Aufgabe dieser Einrichtung sein sollte, Forderungen an Länder zu richten, die Überschüsse erzielten.

## Das Vermächtnis

Angesichts der Verwüstungen, die der Krieg in der Ersten Welt angerichtet hatte, bestand die vorrangige Aufgabe der beiden in Bretton Woods gegründeten Einrichtungen zunächst darin, sich um die Industrieländer zu kümmern. Doch die Weltbank fasste rasch andere Zielregionen ins Auge, nachdem die Vereinigten Staaten von Amerika den Marshallplan in Europa eingeführt hatten.

Im Rahmen dieses Plans wurden 13,3 Milliarden Dollar für den Wiederaufbau Europas bereitgestellt[8] – die Hilfe der Weltbank wurde da nicht mehr benötigt. Sie musste sich also ein neues Betätigungsfeld suchen und fand es in der Dritten Welt. Dort konnte sie helfen und große Infrastruktur- und Entwicklungsprojekte finanzieren. Ende der sechziger Jahre, unter der Präsidentschaft von Robert McNamara, wandte sich die Weltbank auch dem Kampf gegen die Armut zu und begann, Kredite für Bildung, Gesundheit und Wohnungsbau zu gewähren.

Einige Kredite der Weltbank dienten durchaus dem Ziel der Armutsbekämpfung – beispielsweise konnte dank der finanzierten Bewässerungsprojekte das Einkommen der Bauern, die das Glück hatten, mit Wasser versorgt zu werden, mehr als verdoppelt werden.[9] Doch viele andere Projekte verliefen im Sand. Muhbub ul Haq, McNamaras rechte Hand, erklärte im Jahr 1981: »Die ärmsten 20 Prozent der Bevölkerung profitierten im Großen und Ganzen nicht von unseren Projekten.«[10] Tatsächlich flossen weniger als 10 Prozent der unter McNamara gewährten Kredite, die einen Gesamtumfang von 77 Milliarden Dollar hatten, in Wasserversorgung, Gesundheit, Familienplanung, Bildung und andere Projekte, die das Leben der Armen direkt verbessern konnten. So wie im Fall der Geschäftsbanken und Exportkreditagenturen ging der dickste Brocken an umweltschädliche, sozial unvernünftige oder von vornherein zum Scheitern verurteilte Projekte.

Ein Beispiel: 1981 wurden Brasilien 445 Millionen Dollar für das Polo-Noreste-Projekt geliehen, eine 1500 Kilometer lange Autobahn durch den Amazonas-Regenwald. Es hieß, diese Straße werde den Bau neuer ländlicher Siedlungen erleichtern und damit die übervölkerten städtischen Ballungsgebiete entlasten. Doch das Projekt war schlecht konzipiert und verdankte seine Finanzierung im Wesentlichen der Tatsache, dass sich die Weltbank ebenso wie die Geschäftsbanken jener Zeit verhielt: Sie wollte unbedingt Geld verleihen. Ein Angestellter der Weltbank beschrieb es so: »Die Geldmaschine der Bank suchte Ende der siebziger Jahre nach Großprojekten und stand unter großem Druck, Kredite zu vergeben. Argumente gegen ein Projekt wurden nicht gerne gehört. Und die eigene Karriere hing davon ab, ob man es schaffte, große Kredite zu vergeben.«[11] Das Resultat: Im Fall von Polo-Noreste waren es eine massive Entwaldung und die Zerstörung des Lebensraums eingeborener Völker. Sechs Jahre später erklärte Weltbankpräsident Barber Conable: »Es war ein ernüchterndes Beispiel für ein Projekt, das sich vollkommen falsch entwickelte.«

In den neunziger Jahren wurden weiterhin zahlreiche Kredite für unvernünftige Projekte vergeben: Die Spannung zwischen dem Zwang zur Kreditvergabe und der Verwirklichung der Entwicklungsziele blieb bestehen.[12] In einem durchgesickerten internen Memo wurde eingestanden, dass die Weltbank am Ende des 20. Jahrhunderts einer »wachsenden Zahl von Vorgaben« zu entsprechen hatte, die ihr »auf verschiedenste Arten aufgezwungen werden. ... Lieblingsprojekte des Bankpräsidenten ... die Neigungen des Board ... öffentlicher Druck, von internen Interessengruppen entwickelte Ideen und sogar Modeerscheinungen. ... Da keine ehrliche Evaluierung erfolgt, wird nie eine Initiative, die als Pilotprojekt in die Wege geleitet wird, als Fehlschlag eingestuft.«[13] Und selbst wenn die Kredite evaluiert wurden – beispielsweise wurde Ende der achtziger Jahre damit begonnen, alle Projekte der Weltbank einer Umweltverträglichkeitsprüfung zu unterziehen –, wurde kaum einmal ein Projekt aufgrund einer solchen Analyse modifiziert, was vielfach daran lag, dass die Evaluierungen zu spät fertig gestellt wurden, um sie noch umsetzen zu können.[14] Und beinhaltete ein Projekt Vorkehrungen zum Schutz der Umwelt, so wurden diese in der Praxis nur selten umgesetzt.[15] So konnte es nicht überraschen, dass die Weltbank bei ihren internen Evaluierungen der Projektergebnisse in jenem Jahrzehnt herausfand, dass in den ärmsten Regionen der Welt, das heißt in Südasien und Afrika, zwischen 60 und 70 Prozent der von der Bank finanzierten Projekte fehlgeschlagen waren. Eine interne Bewertung der Aufforstungsstrategie der Bank förderte zudem zutage, dass die Maßnahmen in diesem Bereich den Armen nicht geholfen hatten, mangelhaft überwacht worden waren und direkt zur fortgesetzten Entwaldung beigetragen hatten.[16] Wahrlich keine überzeugenden Resultate.

Von den Krediten der Weltbank profitierten zahlreiche tyrannische Regime: Die abscheuliche Militärjunta, die Argentinien zwischen 1976 und 1982 regierte, zählte zu den größten Nutznießern der Freigiebigkeit der Weltbank. Das südafrikanische Apartheid-Regime lieh sich zwischen 1948 und 1966 eine viertel Milliarde Dollar bei der Bank, womit es zu jener Zeit zu ihren größten Klienten zählte.[17] Dem Gewaltregime des Obersten Mengistu Haile-Mariam in Äthiopien lieh die

Weltbank mehr als eine Milliarde Dollar. Im Jahr 1986, das heißt im selben Jahr, in dem der *Economist* Äthiopien die schlechteste Menschenrechtssituation der Welt attestierte, erhielt Mengistus Regime mehr als 100 Millionen Dollar von der Bank. Und ein weiterer Vorzugskunde der Institution war der rumänische Diktator Nicolae Ceaucescu.

Auch an korrupte Regierungen wurden bereitwillig Kredite vergeben[18]: Indonesien erhielt unter der Herrschaft Suhartos 30 Milliarden Dollar von der Weltbank – etwa ein Drittel dieses Geldes wurde gestohlen. Dem Regime von Ferdinand Marcos auf den Philippinen wurden 4 Milliarden Dollar geliehen, und die Milliardenkredite, die der nigerianischen Militärregierung unter General Abacha gewährt wurden, flossen nicht nur in Schuhe, Denkmäler und verrückte Einfälle, sondern wurden großteils auf Bankkonten in der Schweiz, Deutschland, Großbritannien und den USA umgeleitet. Diese unverhohlenen Diebstähle waren derart alltäglich, dass die Weltbank einen eigenen Terminus dafür prägte[19]: Bei Prüfungen in jüngster Zeit stellte die Weltbank fest, dass vielfach nicht weniger als 60 bis 70 Prozent der Kredite in »Lecks« verschwunden waren.

Korruption und Tyrannei waren Faktoren, die bei den Kreditentscheidungen der Weltbank einfach keine Berücksichtigung fanden, insbesondere wenn die Empfänger der Kredite die Gunst der wichtigsten Aktionäre der Bank genossen.[20] Wichtig war nur, dass Aussicht auf die Rückzahlung des Kredits bestand. Schließlich sind Diktatoren aus Sicht der Banken oft zuverlässigere Schuldner als demokratisch gewählte Regierungen. Dazu kommt, dass sie vielfach sehr viel besser in der Lage sind, jene unpopulären Reformen einzuleiten und durchzusetzen, die die Bank üblicherweise vorschreibt, während demokratische Regierungen auf die Unterstützung der Wählerschaft angewiesen sind.

Doch nicht nur die Weltbank vergab nolens volens Kredite an die Dritte Welt, sondern auch der Internationale Währungsfonds begann, seine Aufmerksamkeit den armen Ländern zuzuwenden – mit ähnlich Besorgnis erregenden Konsequenzen. Bis in die siebziger Jahre floss der Großteil der 13 Milliarden Dollar an Krediten, die der IWF an Länder mit Zahlungsbilanzschwierigkeiten vergab, in die Industrieländer – in den sechziger Jahren war Großbritannien, das zu jener Zeit ein hohes Zahlungsbilanzdefizit aufwies, der größte Kreditnehmer des Währungsfonds.[21] Doch Anfang der siebziger Jahre änderte sich die Lage schlagartig. Die Länder begannen das Vertrauen in die amerikanische Wirtschaft zu verlieren und stießen ihre Dollarreserven ab, um Gold zu kaufen. Daraufhin zogen sich die Vereinigten Staaten aus dem Goldstandard zurück; keinesfalls wollten sie den Verlust ihrer Goldreserven riskieren. Das System der stabilen Wechselkurse, die im Wesentlichen an den Dollar gekoppelt waren, brach daraufhin zusammen. Und dann schlitterte die Welt im Jahr 1973 in die Ölkrise, auf die wenige Jahre später der globale Absturz der Rohstoffpreise folgte.

Angesichts dieser dreifachen Katastrophe häufte eine Reihe von Entwicklungsländern Zahlungsbilanzdefizite an. Besonders betroffen waren die von Erdölimporten abhängigen Länder, die die Ausgaben für die Importe mit ihren Exporteinnahmen nicht decken konnten. Handelte es sich um Länder, bei denen die Geschäftsbanken bis dahin die Klinken geputzt hatten, so verwandelten sie sich nun in Länder, die bei den Privatbanken um Kredite baten. Handelte es sich um Länder von geopolitischer Bedeutung, so fragten sie bei anderen Regierungen nach Geld. Jene Länder jedoch, die nicht in der Lage waren, sich ausreichende Mittel bei Geschäftsbanken oder staatlichen Geldgebern zu beschaffen, mussten sich an den Internationalen Währungsfonds wenden.

Allerdings: Die Kreditaufnahme beim Währungsfonds war mit beträchtlichen politischen und wirtschaftlichen Kosten verbunden. Sambia zum Beispiel, das sich erstmals im Jahr 1973 an den IWF wandte, musste neben der Kreditvereinbarung auch eine Liste von Auflagen unterschreiben, mit denen der Währungsfonds bald alle seine Kreditnehmer konfrontierte: Das Land musste die Zinsen anheben, seine Währung abwerten, um die Nachfrage nach Importgütern zu dämpfen, die Handelsbarrieren abbauen und die Staatsausgaben senken. Mit diesen Auflagen verfolgte der IWF sein großes Ziel, die Zahlungsbilanzdefizite zu beseitigen. Er war davon überzeugt, dazu müsse man nur die Inflation zurückdrängen, indem man die Staatsausgaben, die Einfuhren und die Beschäftigung senkte. Diese Überzeugung sollte sich – wie so viele andere – als falsch erweisen. Denn obwohl es zutrifft, dass die Hyperinflation jede Volkswirtschaft zerstört, gibt es keinen Beweis für die These, dass die fortgesetzte Senkung der Inflation einen Nutzen hat, der die Kosten aufwiegt.[22] Und während die Politik des IWF dort zwar sinnvoll sein mochte, wo die Inflation von einer starken Nachfrage verursacht wurde, waren derartige Maßnahmen sinnlos, wenn die Inflation auf einen abrupten Anstieg des Ölpreises zurückzuführen war. In einem solchen Fall hätte eine weitaus sinnvollere Lösung darin bestanden, die Energie besser zu nutzen und Investitionen vorzunehmen, um die Verwundbarkeit der Volkswirtschaft durch Ölschocks zu verringern.

Die zweite bedeutsame Veränderung in den siebziger Jahren bestand darin, dass der Währungsfonds die befristete Unterstützung von Ländern mit Zahlungsbilanzproblemen – seine ursprüngliche Funktion – aufgab und sich stattdessen der laufenden mittel- und langfristigen Finanzierung zuwandte. Da er immer mehr Kredite vergab, musste der IWF genauer darauf achten, dass die Schulden auch zurückgezahlt wurden. Damit die Schuldnerländer die Fähigkeit erlangten, ihre Schulden beim Währungsfonds zu bedienen und zurückzuzahlen, mussten sie nicht nur die zuvor genannten Maßnahmen zur Inflationsbekämpfung ergreifen, sondern auch ihre Exporte erhöhen, um sich für die Kreditrückzahlung die benötigten Devisen zu beschaffen. Länder, deren Industrialisierung gerade erst begonnen hatte, wurden gedrängt, sich wieder auf die für den Export geeigneten Grundstoffe zu konzentrieren, um die nötigen Deviseneinnahmen zu erzielen.[23] Arme Länder wurden ermutigt, ihre landwirtschaftliche Produktion von Produkten für den Binnenverbrauch auf Erzeugnisse umzustellen, die für den Export infrage kamen.[24] Diese Ratschläge vertieften nicht nur die gefährliche Abhängigkeit dieser Länder von den Grundstoffausfuhren, sondern hatten auch zur Folge, dass viele Länder die Fähigkeit zur eigenständigen Ernährung ihrer Bevölkerung einbüßten.

## Die Maschine kommt auf Touren

Nach der Krise im Jahr 1982, als die Länder, die aufgrund des Schuldendienstes auszubluten drohten, ebenfalls bei Weltbank und Währungsfonds Hilfe suchten, gewannen die beiden Institutionen an Bedeutung als Kreditgeber für die Dritte Welt. Die Weltbank, die bis dahin nur in bestimmte Projekte investiert und sich in erster Linie auf die ländliche Entwicklung und langfristige Infrastrukturprojekte konzentriert hatte, gesellte sich nun zum IWF und gab zahlreichen Ländern, die keinen Zugang zu den Geschäftsbanken mehr hatten, Kredite für den Ausgleich ihrer Zahlungsbilanzen.

Die Entwicklung kam der Weltbank und dem Währungsfonds aus zwei Gründen gelegen. Erstens befürchteten sie (wie wir in Kapitel 4 gesehen haben), dass die Geschäftsbanken, die während der Petrodollarschwemme Kredite an die Entwicklungsländer vergeben hatten, zusammenbrechen würden, sollten die Schuldnerländer ihre Schulden nicht zurückzahlen können. Dieses Szenario bedrohte nicht nur die wirtschaftliche Stabilität der Vereinigten Staaten (wo die meisten Gläubigerbanken ansässig waren), sondern das gesamte internationale Finanzsystem. Mehr als glücklich darüber, dass sie herbeigerufen wurden, um ihren Beitrag zur Verhinderung des Zusammenbruchs zu leisten, begannen die beiden Einrichtungen, neue Kredite zu vergeben, mit denen die Länder ihre überwiegend bei Geschäftsbanken aufgenommenen Altschulden begleichen konnten. Dies war *de facto* eine Rettungsaktion für die Privatbanken, wobei Weltbank und Währungsfonds vollkommen außer Acht ließen, dass sie damit dafür sorgten, dass die verantwortungslosen privaten Kreditgeber ungestraft davonkamen.

Ihr neuer »Retterstatus« kam den beiden Einrichtungen aber noch aus einem zweiten Grund zupass: Sie betrachteten die Kreditvergabe als unverzichtbar – schließlich war sie ihr Daseinszweck. Die Mitarbeiter beider Organisationen standen unter großem Druck, immer neue Kredite an den Mann zu bringen: Wer die gesteckten Ziele verfehlte, riskierte seine Beförderung oder sogar seinen Arbeitsplatz. Dieser interne Zwang, immer weiter Geld zu verleihen, erklärt zum Teil, warum die Weltbank weiterhin derart viele wirtschaftlich unvernünftige und umweltschädliche Projekte finanzierte.

Tatsächlich verliehen die internationalen Finanzorganisationen bald so viel Geld, dass sie die Geschäftsbanken in den achtziger Jahren in weiten Teilen der Dritten Welt von der Spitzenposition verdrängten. So bezog beispielsweise Ghana zwischen 1983 und 1986 200 Millionen Dollar jährlich vom IWF. Mosambik erhielt 1985 einen Kredit von 45 Millionen Dollar von der Weltbank. Nigeria wurden im selben Jahr ebenfalls 45 Millionen geliehen. Tansania erhielt 1986 fast 200 Millionen Dollar von Währungsfonds und Weltbank. Und je mehr Länder auf ihre Gelder angewiesen waren, desto strenger, fragwürdiger und dogmatischer wurden die mit den Krediten verknüpften Bedingungen. Die beiden Einrichtungen führten neue Maßnahmen ein, die unter der Bezeichnung »Strukturanpassungsprogramme« bekannt und gefürchtet wurden. Die zentralen Auflagen für die Kreditvergabe – Abwertung, Handelsliberalisierung und so weiter – blieben dabei unverändert, wurden jedoch durch einige neue Bedingungen ergänzt. So verlangte man nun von den Schuldnerländern, die Steuern zu erhöhen, einen Anstieg der Preise von Grundstoffen und grundlegenden Dienstleistungen zuzulassen, von dirigistischen Maßnahmen Abstand zu nehmen, die Staatsausgaben zu kürzen, die Beschränkungen für die internationalen Kapitalflüsse zu lockern, den Arbeitsmarkt zu deregulieren, Arbeitsplätze im öffentlichen Sektor abzubauen, die Löhne einzufrieren und die »Kronjuwelen« im Staatsbesitz zu verkaufen. Es hatte manchmal den Anschein, als würde die Liste der detaillierten Bedingungen nie enden. Manche Länder mussten zu ihrem Entsetzen feststellen, dass ihre Kredite an sage und schreibe hundert verschiedene Bedingungen geknüpft waren.[25]

Und diese Bedingungen galt es zu erfüllen. Denn anders als die staatlichen Geldgeber im Kalten Krieg, die nicht darauf bestanden hatten, den Schuldnern ihre Wirtschaftspolitik aufzuzwingen (ihnen ging es eher um die Loyalität gegenüber ihrer Flagge oder Ideologie), verlangten die Weltbank und der Währungsfonds, dass die Kreditnehmer nach ihren Regeln spielten.

Dies war die Ära von Reagan und Thatcher, deren Politik auf extremen marktwirtschaftlichen Prinzipien und auf einer tief verwurzelten Abneigung gegen jegliche staatliche Eingriffe beruhte. Dies war die Ära des so genannten »Washingtoner Konsens«.[26] Wie Joseph Stiglitz feststellte: »Die Weltbank [vor seiner Zeit in dieser Institution], der Internationale Währungsfonds und das amerikanische Finanzministerium teilten die Überzeugung, dass makroökonomische Stabilität, Privatisierung und Liberalisierung unverzichtbar seien. Alles andere war zweitrangig.«[27]

Die »Ärzte« von IWF und Weltbank verschrieben allen Schwellen- und Entwicklungsländern dieselbe Medizin der »Strukturanpassung«, gleichgültig, unter welcher Krankheit die einzelnen Länder litten. Ein ehemaliger Spitzenbeamter im Finanzministerium des Senegal erinnert sich: »Sie kamen mit fertigen Modellen aus Washington angereist und sagten: ›Dies und das ist unserer Meinung nach das Beste für Sie. Wir wissen, wie die Entwicklung funktioniert. Setzen Sie das um, und Ihre Lage wird sich bessern.‹«[28] Lynda Chalker, die damalige Ministerin für internationale Entwicklung in der Regierung Thatcher, erklärte im Jahr 1989: »Es darf den Ländern nicht erlaubt werden, die Strukturanpassung zu stoppen. Machen wir keinen Fehler – es gibt keine Alternative.«

Die Konsequenzen dieser Strukturanpassungsprogramme sahen allerdings ganz anders aus als versprochen. Zwar hätten die von Weltbank und Währungsfonds verfochtenen Maßnahmen positive Ergebnisse zeitigen können, wenn sie zum geeigneten Zeitpunkt ergriffen und die sozialen Folgen aufgefangen worden wären. Waren diese Bedingungen jedoch nicht gegeben, trat üblicherweise das Gegenteil ein. Anstatt das Wirtschaftswachstum anzuregen oder die Armut zu lindern – anstatt also den erklärten Zielen des Internationalen Währungsfonds[29] und der Weltbank zu dienen – bremsten die Strukturanpassungen das Wachstum und verschärften die Armut und die Arbeitslosigkeit.[30] Tatsächlich haben eingehende statistische Analysen zutage gefördert, dass die IWF-Programme aktiv dazu beitragen, in den betroffenen Ländern das Wachstum zu verlangsamen und eine ungleiche Einkommensverteilung zu verschärfen.[31] Mehrere Studien haben gezeigt, dass die »beständigste Wirkung der Eingriffe des IWF darin zu bestehen scheint, das Einkommen von den Arbeitnehmern weg zu verteilen«.[32] In Lateinamerika beispielsweise ging das Wachstum in den zwei Jahrzehnten zwischen 1980 und 2000, als die Strukturanpassungen erfolgten, um 50 Prozent gegenüber dem Zeitraum 1960–1980 zurück, als noch keine derartigen Maßnahmen ergriffen worden waren.[33] In den afrikanischen Staaten der Subsahara sanken die Einkommen der ärmsten 20 Prozent der Bevölkerung zwischen 1980 und 2000 jährlich um 2 Prozent.[34] Während das Wachstum in der Ära der Strukturanpassungen um jährlich 0,8 Prozent zurückging, hatte es sich zwischen 1960 und 1975 um 2,3 Prozent pro Jahr erhöht. Die Länder, die zwischen 1980 und 2000 hohe Wachstumsraten vorzuweisen hatten – etwa China, Indien und Korea – waren eben jene, die sich nicht an die von der Weltbank und dem IWF vorgegebene Linie hielten, sondern maßgeschneiderte Entwicklungsmodelle anwandten.[35] Darüber hinaus führten die Währungsabwertungen und die Inflationsbekämpfung, die üblicherweise Bestandteil der Strukturanpassungsprogramme von Weltbank und Währungsfonds waren, im Normalfall zu einem Rückgang des verfügbaren Haushaltseinkommens, womit den Armen in vielen Ländern noch weniger Geld zur Verfügung stand. In den Ländern, in denen die Privatisierung, die Deregulierung und die Senkung der Sozialausgaben besonders intensiv betrieben wurden, wurden die Reichen reicher und die Armen ärmer.[36]

Trotz ihrer negativen Auswirkungen auf die Gesundheit, das Sozialkapital und die Gesellschaft insgesamt betrachteten die meisten Vertreter der Bretton-Woods-Institutionen die Ungleichheit an sich nicht als furchtbares Übel – sie hielten es für wichtiger, die Lage der Armen unabhängig von der Situation der Reichen zu verbessern. Dennoch wollten weder der IWF noch die Weltbank zugeben, dass das Negativwachstum möglicherweise auf ihre Eingriffe zurückzuführen war. »Die fraglichen Länder nahmen die Medizin einfach nicht wie verschrieben ein«, lautete die Standardantwort des IWF auf entsprechende Beweise. Der Währungsfonds verwies darauf, dass es diesen Ländern am notwendigen »politischen Willen« gemangelt habe[37], um die Sparmaßnahmen umzusetzen – was nicht überraschen konnte, da diese Vorgaben wachsender Kritik ausgesetzt waren. Aber selbst die »Musterschüler« des IWF, die stets brav nach der Pfeife des Währungsfonds tanzten, entwickelten sich vielfach schlecht. Bolivien beispielsweise, das sich in den Jahren 1985 und 1986 einem der bisher strengsten Strukturanpassungsprogramme unterzogen hatte und anschließend in Eigenregie beharrlich weitere umfassende neoliberale Radikalreformen durchführte, ist weiterhin das ärmste Land Lateinamerikas und eines der ärmsten der westlichen Hemisphäre.

Mark Malloch Brown, der Leiter des UN-Entwicklungsprogramms, meint dazu: »Die Vorzeigekinder der neunziger Jahre zählen nicht zu den erfolgreichsten Ländern. Es gibt strukturelle Entwicklungshemmnisse. Marktreformen allein genügen nicht. Man kann nicht einfach nur liberalisieren, sondern man braucht eine interventionistische Strategie.« Die aber wollte nicht so recht zur Laissez-faire-Doktrin des IWF und der Weltbank passen. Der Grund dafür war, dass sich auch diese beiden Institutionen durch ein gewisses Maß an Heuchelei auszeichneten. So forderten sie die Entwicklungsländer zur Öffnung ihrer Märkte auf, während die reichen Länder an Subventionen und Zollschranken festhielten, die die Entwicklungsländer jedes Jahr hunderte Milliarden Dollar an entgangenen Exporteinnahmen kosten.[38] Zudem hatten die meisten erfolgreichen Industrieländer in der Frühzeit ihrer wirtschaftlichen Entwicklung selbst Zölle, Subventionen und andere Instrumente eingesetzt, um das Wachstum ihrer Industrien zu fördern, und hatten erst vom Freihandel zu sprechen begonnen, als ihre eigene Position im Welthandel gefestigt war.[39] Großbritannien etwa hatte schon vor dem Jahr 1846 begonnen, einen aggressiven Protektionismus zu betreiben, und die Wirtschaft der Vereinigten Staaten war vom Bürgerkrieg bis zum Zweiten Weltkrieg die protektionistischste der Welt. Die reiche Welt verdankte ihren Erfolg nicht zuletzt ebenjenen Maßnahmen, die sie den armen Ländern nun verwehrte.

## Warum wehren sie sich denn nicht?

Aber wenn die mit den Krediten verknüpften Bedingungen derart zweifelhaft oder unvernünftig waren, muss man sich fragen, warum die armen Länder nicht Einspruch erhoben und andere Bedingungen verlangten. Warum ließen in den achtziger Jahren so viele Entwicklungsländer zu, dass die internationalen Finanzinstitutionen praktisch die Macht über ihre Wirtschafts- und Geldpolitik übernahmen? Warum erlaubten sie der Weltbank und dem IWF, sich in Entscheidungen von nationaler Bedeutung einzumischen?

Zum Teil war ihr Verhalten mit einem Mangel an Alternativen zu erklären.[40] Wenn ein Land den IWF oder die Weltbank um Hilfe bat, hatte es zumeist keine andere Option mehr. Viele der ärmsten Länder konnten ohne das Geld der beiden Institutionen einfach nicht überleben. Dazu kam, dass der IWF entscheidenden Einfluss auf die Entscheidung darüber hatte, ob einem Land, das seine bilateralen Schulden nicht mehr bedienen konnte, eine Umschuldung zugestanden wurde: Ein Land kam nur dann für Umschuldungsverhandlungen mit dem Pariser Klub infrage, wenn der IWF bestätigt hatte, dass es seine Schulden nicht mehr zurückzahlen konnte, und wenn sich das Schuldnerland bereit erklärt hatte, die Bedingungen des Währungsfonds zu akzeptieren.

Ein weiterer Faktor war, dass ebenjene Mitglieder des Währungsfonds und der Weltbank, in deren Interesse es ja theoretisch sein musste, sich der Kreditpolitik der beiden Institutionen entgegenzustellen (das heißt die Länder der Dritten Welt), praktisch keine Stimme in den beiden Institutionen hatten. Da das Stimmrecht vom Bruttoinlandsprodukt eines Landes abhängt, haben die Länder mit geringem und mittlerem Einkommen weniger als 40 Prozent der Stimmen (alle afrikanischen Staaten der Subsahara zusammen halten lediglich einen Stimmenanteil von 4 Prozent)[41] und weniger als die Hälfte der Sitze in den Führungsgremien der beiden Einrichtungen, obwohl diese Länder 84 Prozent der Weltbevölkerung stellen. Auf der anderen Seite entfallen auf die G-7-Staaten 40 Prozent der Stimmen; die USA, die nur 5 Prozent der Weltbevölkerung stellen, haben als einziges Land de facto ein Vetorecht.[42] Somit ist die ungleiche Machtverteilung zwischen wirtschaftlich starken und wirtschaftlich schwachen Ländern in den Gremien von IWF und Weltbank institutionalisiert.[43]

Und schließlich hatte die mangelnde Opposition der Schuldnerstaaten in den achtziger Jahren auch damit zu tun, dass in den Ländern, die im Währungsfonds und in der Weltbank nur geringes Gewicht hatten, nicht die herrschenden Eliten, sondern die Schwachen und Rechtlosen einen unverhältnismäßig großen Teil der Last zu tragen hatten, die diesen Ländern durch den Schuldendienst und die mit den Krediten verknüpften Bedingungen aufgeladen wurde[44]: Dies galt zum Beispiel für die lateinamerikanischen Landarbeiter, die dank der mit der Strukturanpassung verbundenen Sparprogramme gezwungen waren, ihre Heimatdörfer zu verlassen, um auf Arbeitssuche zu gehen; oder für die Frauen, die sich dafür »entschieden«, ihre Körper zu verkaufen, um ihre Kinder zu ernähren, nachdem der Staat gezwungen worden war, zwischen dem Sozialschutz für seine Bürger und der Einhaltung der strengen Regeln von IWF und Weltbank zu wählen; oder für die Kinder, die nicht länger die Schule besuchen konnten, weil die Regierungen überall in der Dritten Welt die Sozialbudgets zusammenstrichen und Gebühren für Gesundheit und Bildung einführten, um die Forderung von Währungsfonds und Weltbank nach einer Eindämmung der Staatsausgaben erfüllen zu können; oder für die philippinischen Frauen, die von ihrer Regierung »per Post« als Bräute ins Ausland verkauft wurden, um dem Staat Deviseneinnahmen für den Schuldendienst zu sichern[45]; oder für die verarmte Landbevölkerung, die dank der Beseitigung der Handelshemmnisse und der Liberalisierung und Privatisierung ihre Heimatregion verließen, um in die übervölkerten Slums abzuwandern.[46]

Die Menschen, die am meisten unter den mit den IWF- und Weltbankkrediten verbundenen Bedingungen litten, waren erneut jene, die nicht nur am wenigsten von diesen Krediten profitierten, sondern auch mit ihren Klagen am wenigsten Gehör fanden. Und dies weckte bei den »Verlierern« der Verschuldung den Eindruck, der Staat verkaufe für die Kredite nicht nur seine Souveränität, sondern auch sein Volk – eine Einschätzung, die weit reichende Folgen hat.

☆☆☆

Es ist nicht etwa so, dass der IWF und die Weltbank die Mängel ihrer Politik nicht sahen. Vielmehr wurden sie schon früh darauf aufmerksam gemacht. Beispielsweise gelangte im Jahr 1987 eine G-24-Arbeitsgruppe, der vier Exekutivdirektoren des IWF und drei der Weltbank angehörten, zu dem Schluss, dass die vom Währungsfonds unterstützten Strukturanpassungsprogramme in den betroffenen Ländern sowohl die Produktion als auch das Wachstum beeinträchtigten, die Arbeitslosigkeit erhöhten und die Einkommensverteilung nachteilig beeinflussten. In dem Bericht wurde empfohlen, die externe Anpassung mit Mitteln anzustreben, »die auch anderen wichtigen Zielen wie dem Wachstum und der Einkommensverteilung dienen«. Doch ungeachtet dieser Erkenntnisse und einer derart unmissverständlichen Empfehlung blieb die Strukturanpassung die grundlegende Voraussetzung für die Gewährung von Krediten.[47] Im Jahr 1990 waren 71 hoch verschuldeten Entwicklungsländern 378 Strukturanpassungskredite gewährt worden, deren Umfang sich auf 118 Milliarden Dollar belief.

Die Schlinge um den Hals der Entwicklungsländer war damit noch ein wenig enger gezogen worden.

# DIE GEGENWART

## KAPITEL SIEBEN

# Hört auf, Sinnloses zu tun

»Wir hatten gerade die Macht errungen. Es war im Jahr 1994, unmittelbar nach dem Völkermord. Die Straßen von Kigali waren mit Leichen übersät. Das vorangegangene Regime hatte die Kassen geplündert. In den Ministerialbüros fand man nicht einmal mehr eine Heftmaschine oder eine Schreibmaschine. Also wandten wir uns in der ersten Woche an die Weltbank und erklärten den Leuten dort, dass wir verzweifelt Hilfe brauchten. Möchten Sie wissen, was uns die Weltbank antwortete? Sie sagten: Erst müsst ihr die 3 Millionen Dollar Zinsen zahlen, die ihr uns auf eure laufenden Kredite schuldet.«

*Ein hochrangiger ruandischer Regierungsvertreter in Davos im Januar 2003*

## Die Parabel vom Schmetterling

Eine alte jüdische Parabel handelt von einem schlauen Jüngling und einem weisen Rabbi, der im ganzen Land dafür bekannt ist, auf jede Frage eine Antwort zu wissen. Der junge Mann hat einen Schmetterling gefangen und tritt an den Rabbi heran. Um den weisen Mann hinters Licht zu führen, hält der Jüngling den Schmetterling im Hohlraum zwischen seinen Handflächen gefangen und fragt den Rabbi: »Wenn du so weise bist, oh Rabbi, kannst du mir gewiss sagen, was ich hier in Händen halte – einen lebenden oder einen toten Schmetterling?« Antwortet der Rabbi, dass der Schmetterling lebt, so wird der junge Mann einfach die Handflächen zusammendrücken und das Insekt töten; antwortet der Rabbi jedoch, dass der Schmetterling tot ist, so wird der Jüngling die Hände öffnen und das Tier freilassen. So oder so wird die Welt erfahren, dass sich der Rabbi geirrt hat. Doch der Rabbi blickt den jungen Mann fest an und erwidert ohne zu zögern: »Die Antwort liegt in deinen Händen, mein Junge.«

Anfang der neunziger Jahre lag die Antwort auf die Fragen, die sich angesichts der sich verschlimmernden Schulden- und Entwicklungskatastrophe stellten, zum Teil in den Händen der Weltbank und des Internationalen Währungsfonds. Sie waren nicht nur für einen beträchtlichen Teil der Schulden verantwortlich, sondern sie beharrten auch darauf, dass die Entwicklungsländer eine Reihe offenkundig untauglicher Maßnahmen ergriffen, wollten sie Zugang zu neuen Krediten erhalten oder für einen Schuldenerlass infrage kommen. Anstatt diese Tatsachen zuzugeben, die Verantwortung zu übernehmen und ihre zukünftige Politik zu ändern, entschlossen sich Weltbank und Währungsfonds, das Spiel mit dem Schmetterling zu spielen.

Das Einzige, was die beiden Institutionen Anfang der neunziger Jahre änderten, war ihre Rhetorik: 1990 veröffentlichte die Weltbank ihren Weltentwicklungsbericht, in dem sie bemerkenswerterweise erstmals öffentlich eingestand, dass in die Strukturanpassungsprogramme auch Maßnahmen zur Linderung der Armut eingebaut werden müssten.[1] Und sie erklärte, von nun an die lokalen Politiker und Bürger aktiv in die Planung und Gestaltung der Programme und Maßnahmen einzubinden. Dennoch gestanden im Jahr 1994 viele Mitarbeiter der Bank ein, der Modus operandi der beiden Einrichtungen habe sich im Grunde nicht geändert. Die Politik wurde weiterhin in Washington entworfen und den Schuldnerländern aus der Distanz aufgezwungen. Und die Eingriffe halfen nicht, sondern vergrößerten die Probleme noch, die sie eigentlich hätten lösen sollen.

Begleitet wurde diese längst diskreditierte Politik von noch mehr Krediten, denn die Weltbank und der Währungsfonds öffneten ihre Schatullen, um den Entwicklungsländern weiter Geld zu leihen, damit sie ihre Altschulden bezahlen konnten.[2] Die Bretton-Woods-Einrichtungen fürchteten, ihre eigenen Kreditratings könnten herabgestuft werden, wenn sie nicht den Mythos aufrechterhielten, dass die Kredite zurückgezahlt würden. Nachdem sich die Gesamtschulden der Entwicklungsländer zwischen 1980 und 1990 mehr als verdoppelt hatten, stiegen sie bis 1995 erneut um die Hälfte, wobei Währungsfonds und Weltbank einen beträchtlichen Anteil am Kuchen hatten – die Schulden der Entwicklungsländer bei diesen multilateralen Kreditinstitutionen stiegen zwischen 1980 und 1994 von 61 Milliarden auf 131 Milliarden Dollar.

Da viele Entwicklungsländer außerstande waren, sich auf anderen Wegen Zugang zu ausländischem Kapital zu verschaffen, und da die globalen Rohstoffpreise weiter sanken, nahmen sie die neuen Kredite bereitwillig an. Gleichzeitig hielten sie beim Pariser Klub die Hand auf und bettelten um eine Umstrukturierung ihrer bilateralen Kredite. Der IWF und die Weltbank hatten deutlich gemacht, dass eine Umschuldung *ihrer* Kredite nicht infrage komme.

Doch selbst die wiederholten Umschuldungen durch den Pariser Klub änderten nichts daran, dass die Schulden der Entwicklungsländer weiter stiegen. Die ausstehenden Kredite bei den Geschäftsbanken und den Ländern, die nicht dem Pariser Klub angehörten, mussten ebenso weiterhin bedient werden wie die bei der Weltbank und beim Währungsfonds. Die bitterste Erkenntnis war, dass die Schuldnerländer oft wenig vorzuweisen hatten, was ihre beängstigende Verschuldung hätte rechtfertigen können. Die Schulden hatten lediglich weitere Schulden produziert. Sie hatten die Privatinvestitionen gebremst, das Wachstum und die Entwicklung ebenso und dringend benötigte Mittel verschlungen, die den ohnehin überlasteten Staatshaushalten entnommen werden mussten.[3] Tansania zum Beispiel musste in den Jahren 1993 und 1994 155 Millionen Dollar für den Schuldendienst aufwenden – doppelt so viel, wie das Land im selben Zeitraum in die Trinkwasserversorgung seiner Bevölkerung investierte. Zu jener Zeit hatte die Hälfte von Tansanias Bevölkerung, 14 Millionen Menschen, keinen Zugang zu sauberem Trinkwasser.

## Zeit für Veränderungen

1995 änderte sich plötzlich die Stimmung. Bei ihrem Jahrestreffen in Halifax gestanden die G-8 offiziell ein, dass die Vereinbarungen mit dem Pariser Klub nicht geeignet waren, die

Schuldenkrise zu lösen. Zahlreiche Länder hatten ihre Schulden mittlerweile fünfmal oder öfter umstrukturiert, und es war vollkommen klar, dass die staatlichen Gläubiger die Krise nicht allein überwinden konnten, da der größte Teil der Schulden der ärmsten Länder mittlerweile auf die Weltbank und den Internationalen Währungsfonds entfiel.[4] Die G-8 erkannten, dass die Auslandsverschuldung einiger Länder immer gefährlichere Ausmaße annahm und befürchteten eine Wiederholung der Schuldenkrise der achtziger Jahre. Also forderten sie den IWF und die Weltbank auf, eine umfassende Lösung zu finden, »um den Ländern mit multilateralen Schuldenproblemen durch den flexiblen Einsatz der vorhandenen Einrichtungen und gegebenenfalls mittels neuer Mechanismen zu helfen«.

James Wolfensohn, der neue, reformwillige Präsident der Weltbank, wollte sich dieser Herausforderung stellen. Er war sich darüber im Klaren, dass die Situation unhaltbar geworden war und dass auch die multilateralen Institutionen ihren Teil zum Schuldenerlass würden beitragen müssen. Nawal Kamel, eine Kanadierin, die die internationale Finanzabteilung im Forschungsdienst der Weltbank geleitet hatte, erhielt die Aufgabe herauszufinden, wie die Bank die Schuldenfrage in Angriff nehmen konnte.

Kamel schlug einen Plan vor, in dessen Rahmen Weltbank und Währungsfonds den ärmsten Ländern der Welt die Schulden erlassen würden, ohne eine Verpflichtung zu neuen Strukturanpassungsmaßnahmen mit der Entschuldung zu verknüpfen. Ein Plan, der leider nie durchgeführt wurde. Stanley Fischer, zu jener Zeit stellvertretender Geschäftsführer des Internationalen Währungsfonds, lehnte jeglichen Schuldenerlass und erst recht die von Kamel vorgeschlagene umfassende Lösung empört ab. Fischer hielt eine solche Maßnahme für gefährlich, da sie den Schuldnerländern seiner Meinung nach signalisieren würde, eine expansive Ausgabenpolitik werde hingenommen. Er witterte ein »moralisches Risiko«: Verschuldete Länder, die den Eindruck gewannen, sie würden ohnehin immer wieder aus dem Schuldenturm entlassen, würden demnach lediglich ermutigt, erneut riesige Schuldenberge anzuhäufen. Fischer schlug stattdessen vor, der Währungsfonds solle die

Rettungskredite für die betroffenen Länder mit noch strengeren Bedingungen verknüpfen. Der Hintergrund dieser Forderung war, dass die Kredite dem Fonds letztlich ermöglichten, seine eigene Macht zu erhöhen – denn mit neuen Krediten wuchsen sein Budget, seine Belegschaft, sein Prestige und sein Einfluss. Konnte der IWF keine Kredite mehr vergeben, so würde seine Macht deutlich sinken.

Die Meinungsverschiedenheiten zwischen dem Währungsfonds und der Weltbank mündeten bald in offene Feindseligkeit, bis im Jahr 1996 zwei Ereignisse eintraten, die dazu beitrugen, die Entwicklung voranzutreiben. Zuerst wurde der »göttliche Trumpf« ins Spiel gebracht. Kardinal Basil Hume, der de facto das Oberhaupt der katholischen Kirche in England und Wales war, und eine wachsende Gruppe von britischen Bürgern, die unter der »Jubilee«-Flagge zu jener Zeit aktiv für den Schuldenerlass eintraten, arrangierten ein Treffen mit dem IWF-Chef Michel Camdessus, einem praktizierenden Katholiken. Camdessus nahm die Einladung des Kardinals an und erklärte seinen verdutzten Mitarbeitern, es sei peinlich für den Währungsfonds, nicht an dem Schuldenerlass-Programm teilzunehmen. Das zweite Ereignis war eine Intervention von Lawrence Summers, dem damaligen stellvertretenden amerikanischen Außenminister, der Camdessus und Wolfensohn aufforderte, ihre Streitereien zu beenden.

Im Oktober 1996 kündigten Weltbank und Währungsfonds mit Pauken und Trompeten eine Initiative für die hoch verschuldeten armen Länder an, die HIPC-Initiative (Heavily Indebted Poor Countries). Ziel des Programms war es, »die Auslandsschulden der für entsprechende Maßnahmen infrage kommenden Länder zu verringern, um die Schulden dauerhaft tragbar zu machen«. Mit dieser Initiative wichen die beiden Institutionen deutlich von ihren bisherigen Entschuldungskonzepten ab. Zum ersten Mal in ihrer 50-jährigen Geschichte erwogen Weltbank und Währungsfonds die Abschreibung eines Teils ihrer eigenen Kredite – ein bedeutsames Zugeständnis, wenn man berücksichtigt, dass diese Schuldenkategorie bei vielen der ärmsten Länder den Großteil ihrer Auslandsschulden darstellte.[5]

Doch obwohl die HIPC-Initiative zweifellos einen Wendepunkt darstellte und zumindest zeigte, dass die Weltbank und der Währungsfonds die Notwendigkeit eines Kurswechsels erkannten, wies der Plan gravierende Mängel auf. Die Strukturanpassungsmaßnahmen, auf die Kamel hatte verzichten wollen, wurden von Camdessus erneut mit der Hilfsinitiative verknüpft. Auf die Frage, warum er von den Schuldnerländern verlangen wolle, die Strukturanpassung sieben Jahre lang durchzustehen (am Ende legte man einen Zeitraum von sechs Jahren fest), soll Camdessus geantwortet haben: »Warum nicht? Das ist eine hübsche Zahl.«[6] Zudem war die Methode zur Berechnung der »Tragbarkeit der Schulden« sinnlos: Zugrunde gelegt wurden die Ausfuhren eines Landes, nicht seine Fähigkeit zur Bewältigung des Schuldendienstes. Das Ausmaß des Schuldenerlasses wurde anhand übermäßig optimistischer Wachstumsprognosen errechnet, die die Entwicklungsländer unmöglich erfüllen konnten. Und der als »tragbar« betrachtete Schuldendienst – ein Schulden-Export-Verhältnis von 250 Prozent – bedeutete, dass die betroffenen Länder 40 Prozent ihrer Exporteinnahmen für die Rückzahlung ihrer Schulden aufwenden mussten. Zum Vergleich: Nach dem Zweiten Weltkrieg hatten die Alliierten den maximalen Prozentsatz der Exporteinnahmen, den Deutschland in den Schuldendienst stecken musste, auf 3,5 Prozent festgesetzt.[7] Ein weiterer Mangel der HIPC-Initiative bestand darin, dass mehrere Länder, die eigentlich in das Programm hätten aufgenommen werden müssen, da sie sogar die eng definierten Kriterien der Weltbank und des IWF erfüllten, nicht berücksichtigt wurden. Nigeria beispielsweise wurde über Nacht aus der Liste gestrichen – möglicherweise war sein Schuldenberg von 28 Milliarden Dollar einfach zu beängstigend.

Das Programm wurde quälend langsam durchgeführt: Bis April 1998 hatte nur ein Land, nämlich Uganda, die Prüfung bestanden. Ende 1998 waren die Schulden der Subsahara-Länder mehr als dreimal so hoch wie im Jahr 1980[8], und die ärmsten Länder der Erde gaben weiterhin mehr Geld für den Schuldendienst aus, als sie an Hilfsleistungen erhielten.[9]

Es war klar, dass radikalere Maßnahmen ergriffen werden

mussten. Im Januar 1999 rief Bundeskanzler Gerhard Schröder zur weiteren Senkung der Schulden der Dritten Welt auf. Die große Unterstützung für das Erlassjahr und die wachsende Öffentlichkeitswirkung der Jubilee-Kampagne – einige Monate vorher hatten in Birmingham 70 000 Protestanten eine Menschenkette rund um den G-8-Gipfel gebildet, um für die vollkommene Entschuldung der armen Länder zu werben – verfehlten ihre Wirkung nicht. »Obwohl die internationale Gemeinschaft in den letzten Jahren eine Reihe von Versuchen unternommen hat, die Schulden tragbarer zu machen«, schrieb Schröder im Januar des Jahres 1999 in der *Financial Times*, »liegt auf der Hand, dass nur Hoffnung auf einen Neubeginn besteht, wenn die Schulden vieler der ärmsten Länder radikal verringert werden.«[10]

Das Blatt schien sich zu wenden. Der kanadische Premierminister Jean Chrétien war der nächste, der auf den Zug aufsprang, und die skandinavischen Länder sowie die Niederlande schlossen sich rasch an. Der britische Finanzminister Gordon Brown sprach sich ebenfalls nachdrücklich für eine schnellere und weitergehende Entschuldung aus: »Wir müssen die Schulden senken, und zwar sofort«, erklärte er im März 1999 in einer Rede vor einer Jubilee-Versammlung in der St. Paul's Cathedral in London. Und dies trotz der Tatsache, dass Claire Short, die damalige Ministerin für internationale Entwicklung in der britischen Regierung, einen umfassenden Schuldenerlass ablehnte.[11] Als Präsident Clinton Wind von den Plänen der Europäer bekam, brachte er die Vereinigten Staaten ebenfalls ins Spiel. Und beim Gipfel der G-8 in Köln im Juni 1999 wurde vor dem Hintergrund der Kundgebungen von 50 000 Befürwortern des Erlassjahres eine neue internationale Vereinbarung über die Entschuldung angekündigt. Gemeint war jene Vereinbarung, an der Bono und Shriver die folgenden 15 Monate arbeiten würden, um dafür zu sorgen, dass die Vereinigten Staaten ihr Versprechen hielten.

Die HIPC-Initiative wurde ausgeweitet. Mehr Ländern wurde ein größerer Teil ihrer Schulden erlassen. Die Schwellenwerte, die im ursprünglichen Programm herangezogen worden waren, um den Grad der Verschuldung zu berechnen, der einem Land Anspruch auf einen Schuldenerlass geben würde, wurden herabgesetzt. Die Eindämmung der Armut sollte nun in den Mittelpunkt der Schuldensenkung rücken[12], und in einem neuen Programm sollte die Beteiligung der Zivilgesellschaft als Kriterium für das Zugeständnis eines umfassenden Schuldenerlasses oder für die Gewährung neuer Kredite von Weltbank und Währungsfonds verankert werden. Von nun an würden die Regierungen der Schuldnerländer verpflichtet sein, die Kirchen, Gewerkschaften, NGOs und Parlamente zu konsultieren, um über die Verwendung der durch den Schuldenerlass frei werdenden Gelder zu entscheiden. Darüber hinaus wurde feierlich angekündigt, dass den 42 Staaten, die der Gruppe der hoch verschuldeten armen Länder angehörten, Schulden im Umfang von 100 Milliarden Dollar erlassen würden.

Aber all diese Maßnahmen blieben hinter den ursprünglichen Forderungen der Jubeljahr-Bewegung zurück – ihr Ziel war es gewesen, 52 Ländern *sämtliche* nicht rückzahlbaren Schulden zu erlassen (das heißt insgesamt 375 Milliarden Dollar). Zudem beinhalteten diese 100 Milliarden einen Schuldenerlass von 55 Milliarden, der bereits Teil des ursprünglich vereinbarten HIPC-Programms gewesen war. Dennoch sahen viele der ärmsten Länder der Welt aufgrund der in Köln erzielten Einigung zumindest einen Hoffnungsschimmer. Vielleicht würden sie endlich die Chance erhalten, aus dem Schuldenturm zu entkommen.

## Lauter leere Versprechen

Der Optimismus war leider fehl am Platz. Der in Köln noch triumphierend verkündete Schuldenerlass in Höhe von 100 Milliarden Dollar kam nie zustande. Nur ein Drittel dieser Entschuldung wurde seitdem durchgeführt. Im Frühjahr 2004 waren nur 10 von 24 Ländern, deren Schuldenlast im Rahmen der HIPC-Initiative deutlich verringert werden sollte, tatsächlich in den Genuss dieses Schuldenerlasses gekommen. Die Vereinigten Staaten haben ihr Versprechen, 33 Ländern die bilateralen Schulden zur Gänze zu erlassen, bisher nicht eingelöst.

Dasselbe gilt für die meisten anderen staatlichen Gläubiger, die im Jahr 1999 ähnliche Zusagen gemacht haben.[13]

Das überarbeitete HIPC-Programm von Köln kann als beinahe ebenso großer Fehlschlag bezeichnet werden wie die Vorgängerinitiative: Inwieweit ein Land für einen Schuldenerlass infrage kommt, wird weiterhin mit Blick auf die Interessen der Gläubigerstaaten berechnet. Die Bedürfnisse der Schuldnerstaaten werden kaum berücksichtigt. So muss beispielsweise Uganda, das erste Land, das in das HIPC-Programm aufgenommen wurde, weiterhin rund 12 Prozent seiner Staatseinnahmen für die Bedienung seiner ausstehenden Schulden aufwenden.[14] Sambia, ein Land, in dem fast eine Million Menschen mit dem HI-Virus infiziert oder an Aids erkrankt sind, investiert in den Schuldendienst weiterhin 30 Prozent mehr Geld als in sein Gesundheitswesen.[15] Und ein Berater des ruandischen Präsidenten sagte mir: »Der IWF sieht sich lediglich die Zahlen an. Wir existieren nicht für ihn. Wir sind nur Statistiken.«

Statt zu sinken, stiegen die Aufwendungen der ärmsten Schuldnerländer der Welt zwischen 1998 und 2000 erneut.[16] Wir sprechen hier von Ländern, in denen die Hälfte der Bevölkerung von weniger als einem Dollar am Tag leben muss und ein Drittel der Menschen Hunger leidet, von Ländern, in denen eines von sechs Kindern das fünfte Lebensjahr nicht erreicht und in denen die durchschnittliche Lebenserwartung seit 1990 von 50 auf 46 Jahre gesunken ist.[17] Weiterhin sterben jedes Jahr Millionen Kinder, weil das Geld, das in die Erhaltung ihrer Gesundheit investiert werden könnte, in den Schuldendienst fließt. Millionen Kinder können keine Schule besuchen, weil das Geld, mit dem die Bildung finanziert werden könnte, für die Rückzahlung der Schulden benötigt wird. So viel also zu den in Köln abgegebenen Versprechen.

Mit dem überarbeiteten HIPC-Programm können die Schulden nicht einmal auf das nach Meinung von Währungsfonds und Weltbank »tragbare«[18] Maß gesenkt werden, was daran liegt, dass der Umfang des Schuldenerlasses, der einem Land zugestanden wird, weiterhin auf der Grundlage übertriebener Wachstumsschätzungen errechnet wird. Äthiopien zum Beispiel sollte laut der HIPC-Prognose im nächsten Jahrzehnt um 6 Prozent jährlich wachsen[19], obwohl in der Vergangenheit nur einige wenige Länder, darunter Singapur, Irland und Südkorea, derartige Wachstumsraten vorzuweisen hatten, und obwohl diese Prognose den jährlichen Zuwachs von 2,1 Prozent, der in den afrikanischen Ländern in den letzten zwei Jahrzehnten verzeichnet wurde, beinahe um das Dreifache übersteigt.[20]

Und da die Schwankungen der Grundstoffpreise nicht in die Berechnungen der Weltbank und des IWF einbezogen werden und die meisten Länder auf der Liste weiterhin vom Export weniger Grundstoffe abhängen, deren Preise beträchtlichen Schwankungen unterworfen sind, wurden auch die für die HIPC-Kalkulationen herangezogenen Exportprognosen viel zu hoch angesetzt.[21] Uganda, das in erster Linie Kaffee exportiert, musste feststellen, dass der Kaffeepreis innerhalb eines Jahres von 2000 auf 300 Dollar pro Tonne sank.[22] In den HIPC-Berechnungen war von einem weitgehend stabilen Kaffeepreis ausgegangen worden. Angesichts dieser Berechnungsmethode kann es nicht verwundern, dass die Schulden Ugandas kurz nach seinem Ausscheiden aus dem HIPC-Programm erneut als nicht tragbar eingestuft werden mussten.[23] Die armselige Milliarde Dollar, die die G-8 als zusätzliche Hilfe für jene Länder bereitstellten, die ihre Schuldenlast aufgrund fallender Rohstoffpreise und unter den Erwartungen bleibender Exporteinnahmen weiterhin nicht bewältigen konnten, genügt da bei weitem nicht, um die Ziele der HIPC-Initiative zu erreichen; auch dann nicht, wenn die Rohstoffpreise, wie in jüngster Zeit beobachtet, wieder steigen.

Im April 2002 gestanden selbst die Weltbank und der Internationale Währungsfonds ein, mit ihren Exportprognosen deutlich daneben gelegen zu haben[24]: Mittlerweile gingen die beiden Einrichtungen davon aus, dass möglicherweise die Hälfte der Länder, die in den folgenden Jahren den »Abschlusszeitpunkt« erreichen sollten, nicht imstande sein würde, die HIPC-Ziele für nachhaltig tragbare Schulden zu erreichen. Vertreter der Weltbank gaben auch zu, dass die Initiative zur Entschuldung der armen Länder nicht rasch genug umgesetzt wurde.[25] Doch trotz dieser Eingeständnisse weigern sich die beiden größten Gläubiger der armen Länder, eine Abschreibung weiterer *ihrer* Kredite auch nur in Erwägung zu ziehen. Und sie drängen nicht auf eine Beschleunigung des HIPC-Programms.

Noch düsterer stellt sich die Lage dar, wenn man bedenkt, dass IWF und Weltbank nicht nur intransigent sind und realistische Berechnungen anstellen, sondern einem Land weiterhin nur dann eine Verringerung seiner bilateralen oder multilateralen Schulden zugestehen, wenn es den in Misskredit geratenen und antidemokratischen Strukturanpassungsvorschriften der beiden Einrichtungen Folge leistet. Der im Jahr 1999 angekündigte Schuldenerlass von 100 Milliarden Dollar ist mit der Bedingung verknüpft, dass die Schuldnerländer zusätzliche Kriterien erfüllen, die wie üblich vom Währungsfonds und von der Weltbank festgelegt werden. Obwohl die Bezeichnung »Strukturanpassung« aus dem offiziellen Vokabular verbannt und die »Strukturanpassungsfazilitäten« in »Armutsreduzierungs- und Wachstumsfazilitäten« (PRGF, Poverty Reduction and Growth Facility) umgetauft wurden, steckt hinter dem Beelzebub weiterhin der Teufel. Bei den PRGF handelt es sich de facto nämlich weiterhin um die vorgefertigten Strukturanpassungsmaßnahmen, die den Schuldnerländern ohne Rücksicht auf die spezifischen Bedürfnisse aufgezwungen wurden.[26] Tatsächlich geben sogar Mitarbeiter des IWF zu, dass die im Jahr 1979 festgelegten Bedingungen im Grunde auch heute noch gelten[27]: Die kostenpflichtige medizinische Grundversorgung scheint stillschweigend gefördert zu werden, obwohl sie nachweislich vor allem die bereits besonders Benachteiligten belastet. Den Regierungen der Schuldnerländer wird immer noch geraten, den Staatshaushalt zu kürzen, auch wenn diese Kürzungen Ausgaben betreffen, die unbedingt erforderlich sind, um die Sozialdienste und die soziale Infrastruktur zu erhalten.[28] Und von den armen Ländern wird weiterhin eine Öffnung ihrer Märkte verlangt, während die reichen Länder die ihrigen weiter schützen.

Den Schuldnerländern wird auch nach wie vor gedroht, ohne eine Privatisierung ihrer wertvollsten Staatsunternehmen werde ihnen der Geldhahn zugedreht. Als sich die Regierung Sambias mit Unterstützung des demokratisch gewählten Parlaments weigerte, die Zambian National Bank zu privatisieren, drohte der IWF im April 2003, einen zugesagten Schuldenerlass in Höhe von einer Milliarde Dollar rückgängig zu machen. Nicaragua erreichte den HIPC-Entscheidungszeitpunkt erst, als die Regierung einwilligte, die staatlichen Wasserkraftwerke zu privatisieren – und das, obwohl die nicaraguanische Nationalversammlung einstimmig ein Gesetz verabschiedet hatte, mit dem alle Privatkonzessionen für die Wassernutzung zurückgezogen wurden. Und der Senegal erhielt keinen Schuldenerlass, weil er seine Erdnussindustrie nicht privatisierte. Bei alldem wird nicht bedacht, dass keines dieser Länder in der Lage ist, die privatwirtschaftliche Tätigkeit wirksam zu regulieren. Wie ich in Russland nur allzu deutlich erkennen musste, enden diese übereilten Privatisierungen normalerweise damit, dass der betroffene Staat sein wertvollstes Vermögen für einen Apfel und ein Ei verkauft.

Elf Länder kamen mit Verspätung in den Genuss eines Schuldenerlasses[29], was nicht etwa daran lag, dass ihre Regierungen korrupt gewesen wären oder die Menschenrechte verletzt hätten. Es lag auch nicht daran, dass die Konsultation der gesellschaftlichen Gruppen zur Verwendung der Mittel noch nicht abgeschlossen gewesen wäre. Nein, der Grund für die Verzögerungen war, dass sich die Regierungen dieser Länder weigerten, die strengen Vorgaben des IWF zur Gänze zu erfüllen. Diese Bedingungen sind vielfach geeignet, das Volk gegen die Regierung aufzubringen. Wie der tansanische Präsident Benjamin Mkapa sagte: »Wir können zwischen Pest und Cholera wählen, wenn wir vor der Frage stehen, ob wir die Forderungen des IWF oder die unserer Wähler erfüllen sollen.«[30]

Sogar im notorisch konservativen *Wall Street Journal* stand im Jahr 1999 in einem Leitartikel zu lesen, der IWF treibe »die Menschen auf eine Art und Weise in die Armut, die moralisch nicht zu vertreten und politisch nicht aufrechtzuerhalten ist«.[31] Der Währungsfonds selbst gelangt in seinem Bericht über die erweiterte HIPC-Initiative zu dem Schluss, dass die »Anpassungsmaßnahmen, obwohl auf lange Sicht vorteilhaft, zugegebenermaßen kurzfristig nachteilige Auswirkungen auf bestimmte Gesellschaftsgruppen haben können«.[32] Im Jahr 2000 kam die Meltzer-Kommission (die von dem konservativen Ökonomen Alan Meltzer geleitet wurde) zu dem Ergebnis, dass der Internationale Währungsfonds und die Weltbank nicht nur »im Großen und Ganzen an der Aufgabe scheitern, die Armut und die wirtschaftliche Instabilität in der Welt zu überwinden«, sondern dass die beiden Einrichtungen auch »ihre Kreditforderungen gegenüber den hoch verschuldeten armen Ländern aufgeben« und sich aus der Förderung des Wirtschaftswachstums zurückziehen sollten. Dieser Aufforderung schloss sich später auch das Council on Foreign Relations an. Doch obwohl sich allgemein die Erkenntnis durchsetzt, dass die Aktivitäten von Währungsfonds und Weltbank das Wirtschaftswachstum, die soziale und politische Stabilität, die Umwelt und die Bemühungen um die Armutsbekämpfung beeinträchtigen[33], halten die beiden Einrichtungen an ihren verheerenden Eingriffen fest. Die armen Länder leben weiter in einem kafkaesken Albtraum, in dem sie entweder die diskreditierten Methoden des IWF anwenden oder auf jeglichen Schuldenerlass verzichten.

Der Währungsfonds und die Weltbank ignorieren auch weiterhin, dass sie die nationale Souveränität der Schuldnerländer beschneiden, indem sie auf der Umsetzung *ihrer* Politik beharren.[34] Als sich der Repräsentant der Weltbank im Senegal vor Kurzem in einem Seminar beim Ministerpräsidenten dieses Landes darüber beklagte, dass die Kooperationsbereitschaft einiger hochrangiger Staatsdiener doch sehr zu wünschen übrig lasse, fiel ihm der senegalesische Regierungschef Berichten zufolge mit folgender Feststellung ins Wort: »Nennen Sie mir die Namen, und diese Personen werden sofort auf die Straße gesetzt.«[35]

Und was ist mit dem Versprechen, die Bürger der Schuldnerländer zur Verwendung der Gelder zu befragen, die durch den Schuldenerlass frei werden? Was ist mit der Zusicherung, die Regierung des Schuldnerlands könne weder mit einer völligen Streichung ihrer Schulden noch mit weiteren Krediten der beiden Einrichtungen rechnen, wenn sie diese Konsultation der

Zivilgesellschaft unterlasse? Nun, in einigen Fällen wurde dieses Versprechen eingelöst, und es gelang der Zivilgesellschaft, die Regierung zur Rechenschaft zu ziehen. Doch in vielen anderen Fällen – beispielsweise in Bolivien, Mosambik und Bangladesch – wurden die Bürger entweder ignoriert oder umgangen.[36] In Nicaragua wurde das Programm zur Armutsbekämpfung nicht einmal ins Spanische übersetzt, womit es für die Mehrheit der Bürger unzugänglich blieb. Im Fall des Senegal hat die Weltbank zugegeben, dass nicht einmal das Parlament umfassend in den Entwurf des Strategiepapiers zur Bekämpfung der Armut einbezogen wurde.[37]

Dazu kommt, dass die Vorbereitung und anschließende Überwachung der Programme zur Armutsbekämpfung mit einem gewaltigen bürokratischen Aufwand verbunden ist. Die Weltbank hat für die Schuldnerländer ein Handbuch zur Vorbereitung der Strategiepapiere für die Armutsbekämpfung herausgegeben, das einen Umfang von über tausend Seiten hat. Die tansanische Regierung musste im Jahr 2002 sage und schreibe 3000 Berichte über ihre Fortschritte bei der Armutsbekämpfung vorlegen und endlose Kontrollbesuche von Weltbank- und IWF-Delegationen über sich ergehen lassen.[38] Ein derartiger Aufwand kann eine Regierung in Geldnot und mit beschränkten Kapazitäten erheblich belasten, insbesondere, da die Kosten der Inspektionsbesuche vom Betrag des Schuldenerlasses abgezogen werden.

Anstatt den Regierungen Spielraum für die Unterstützung der Armen zu geben, scheint das Programm zur Armutsbekämpfung eher den Bedürfnissen der Bürokraten in der Weltbank und im Internationalen Währungsfonds zu dienen. Obendrein bleiben die makroökonomischen Entscheidungen weiterhin dem Währungsfonds und der Weltbank vorbehalten. Die Beiträge der einzelnen Länder sind auf einzelne Budgetentscheidungen und Bemühungen zur Senkung des Armutsniveaus beschränkt. In mehreren Fällen sind die von der Zivilgesellschaft oder dem Parlament unterbreiteten Vorschläge zur Armutsbekämpfung den Sparprogrammen des IWF zum Opfer gefallen. Und die Staaten dürfen weiterhin keine nationalen politischen Maßnahmen ergreifen, die zur Eindämmung der Armut beitragen würden. Gleichzeitig wird den Entwicklungsländern beharrlich jede nennenswerte Einflussnahme auf die Entscheidungen des Internationalen Währungsfonds und der Weltbank vorenthalten.

James Wolfensohn hat in jüngster Zeit Versuche unternommen, dieses Problem zu lösen und den Schuldnerländern ein Mitspracherecht in der Weltbank einzuräumen. Doch er stieß auf die Intransigenz der Vereinigten Staaten, deren Widerstand im Allgemeinen unüberwindbar ist, da sie der größte Aktionär des Währungsfonds und der Weltbank sind. Carol Brookins, die amerikanische Exekutivdirektorin der Weltbank, schrieb im Juni 2003 in einem vertraulichen Memo: »Die an die Anteilsverteilung gekoppelte Verteilung der Stimmrechte in der Bank und im Fonds ... ist weiterhin angemessen. ... Eine Verknüpfung der Stimmenanteile mit der Bevölkerungszahl und anderen Faktoren würde eine vollkommen andere, weniger wünschenswerte und nichtfinanzielle Struktur der Bank bedingen ... und keine allgemeine Unterstützung finden, unter anderem auch nicht von unserer Seite.«[39]

## Und was ist mit den Übrigen?

Es wurde auch fast nichts getan, um eine größere Zahl von Ländern in das HIPC-Programm aufzunehmen. Obwohl Studien gezeigt haben, dass die wirtschaftliche Not aufgrund der Auslandsverschuldung nicht auf die Gruppe der hoch verschuldeten armen Länder beschränkt ist, wurden seit 1998 nur zwei weitere Länder – Gambia und die Komoren – in die HIPC-Liste aufgenommen.[40] Länder wie Bangladesch, Nigeria und Pakistan oder in der jüngsten Vergangenheit in tiefe Armut abgerutschte Nationen wie Ecuador kommen trotz hoher Schulden, verbreiteter Armut und gravierender Krisen ihrer Gesundheitssysteme nicht in den Genuss der HIPC-Initiative, weil sie nennenswerte Deviseneinnahmen erzielen. Diese Länder müssen auf vorteilhafte Ad-hoc-Entscheidungen hoffen.

Ein gutes Beispiel ist abermals Nigeria. Das Land hat einen Schuldenberg von 34 Milliarden Dollar angehäuft und gab im Jahr 2002 2,9 Milliarden Dollar für den Schuldendienst aus, während es nur 350 Millionen Dollar in die medizinische Versorgung seiner 120 Millionen Bürger investierte. Dabei werden bis 2010 12 Prozent der nigerianischen Bevölkerung mit dem HI-Virus infiziert sein. Im Staatshaushalt von Ecuador sind 29 von 100 Dollar für den Schuldendienst reserviert, während für den Sozialschutz und die Bildung lediglich 13 Dollar zur Verfügung stehen. Zwischen 1995 und 1999 stieg die Zahl der in extremer Armut lebenden Ecuadorianer von 15 auf 34 Prozent, und seither hat sich die Situation weiter verschlechtert. Pakistan, das ein Bruttoinlandsprodukt von 1860 Dollar pro Kopf aufweist, wird als Land mit mittlerem Einkommen betrachtet und kommt daher nicht für einen multilateralen Schuldenerlass infrage, obwohl die entsprechenden Indikatoren des Landes zeigen, dass sein Entwicklungsniveau niedriger ist als in vielen HIPC-Ländern. Auch Peru hat keinen Anspruch auf eine Entschuldung, obwohl im Jahr 2002 rund 17,5 Prozent seines Staatshaushalts in den Schuldendienst flossen; auf der anderen Seite wurden für das Gesundheitswesen und die Bildung lediglich 17 beziehungsweise 9,3 Prozent des Budgets aufgewandt – und das in einem Land, in dem 54,8 Prozent der Bevölkerung in Armut leben.[41]

## Kein Grund zum Jubeln

Das versprochene Jubeljahr fand nicht statt. Gegenwärtig haben die ärmsten Länder der Welt 458 Milliarden Dollar Schulden, und 19 von 27 Ländern, denen ein Teil ihrer Schulden erlassen werden, müssen immer noch 10 Prozent der Staatseinnahmen in den Schuldendienst umleiten.

Von den in das HIPC-Programm aufgenommenen Ländern müssen vier – Mali, Niger, Sierra Leone und Sambia – in den Jahren 2003 bis 2005 mehr Geld für den Schuldendienst aufwenden als im Zeitraum von 1998 bis 2003.[42] Fünf weitere »begünstigte« Länder, nämlich Äthiopien, Guinea-Bissau, Honduras, Nicaragua und Uganda, werden fast ebenso hohe Schuldenzahlungen leisten müssen wie vor der Aufnahme in das HIPC-Programm. Kamerun, Sierra Leone und Mauretanien geben für den Schuldendienst weiterhin mehr als doppelt so viel aus wie für das Bildungswesen. Und der Irak, den der Westen vor dem Bösen retten wollte, muss viele der Schulden zurückzahlen, die das tyrannische Regime Saddam Husseins angehäuft hat.

Die bisherigen Fortschritte im Kampf gegen die Verschuldung der Dritten Welt sind derart gering gewesen, dass sich an einem wunderbar sonnigen Tag im Mai eine Gruppe britischer Parlamentsabgeordneter auf dem College Green gegenüber dem House of Lords versammelte, um einen ungewöhnlichen Wettlauf zu veranstalten: Jeder Läufer stellte ein unter hohen Schulden stöhnendes Land dar und musste einen Sack schleppen, dessen Größe der Verschuldung dieses Landes entsprach. Das Ziel lautete, die Millenniumsvorgabe der Vereinten Nationen zu erreichen, die Armut bis 2015 zu halbieren. Dabei mussten die Läufer aber jede Menge Hürden überwinden, ganz wie im richtigen Leben.

Die Abgeordneten erschienen in schlecht sitzenden Trainingsanzügen und glänzenden Schuhen, einige mit bereits lichtem Haarschopf, manche wohlbeleibt, viele mit von der Anstrengung gerötetem Gesicht, Julia Drown schwanger in einem leuchtend rosa Trainingsanzug, die schwarzen Strümpfe und Strumpfhalter für alle Welt sichtbar, Oona King als Werbeträgerin für Nike: So krabbelten, rollten und schleppten sich Tories, Labour-Abgeordnete und Liberaldemokraten zum Schlachtruf »Weg mit den Schulden« in Richtung Ziellinie.

Mit 2,6 Milliarden Dollar Schulden auf dem Buckel hatte Mali (Tony Colman, Labour Party) keine Chance, die Hürden zu überwinden. Sambia (Paul Burstow, Liberaldemokrat), das unter einer Last von 2,3 Milliarden Dollar stöhnte, musste an der dritten Hürde aufgeben. Die Bedingungen von IWF und Weltbank brachten Bolivien (Stephen O'Brien, Konservative Partei) schließlich zu Fall (kurz nach dem allegorischen Rennen starben in Bolivien 80 Menschen bei blutigen Protesten gegen ein neues Sparprogramm des IWF, woraufhin Präsident Gonzalo Sanchez de Lozada zurücktrat)[43].

Immerhin, die politischen Gegner, die das Anliegen des Schuldenerlasses geeint hatte, zogen ihren Wettkampf durch. Wie Caroline Spelman, die damalige konservative Schattenministerin für Internationale Entwicklung, erklärte: »Hier geht es nicht um Parteipolitik. Hier geht es um unsere Verantwortung gegenüber der übrigen Welt.«

☆☆☆

Recht hat sie, doch wie wir noch sehen werden, gebietet nicht nur unsere Verantwortung gegenüber der *übrigen* Welt, das Problem der Verschuldung zu lösen. Wir sind es auch *unserer eigenen Welt* schuldig. Indem sie die Armut verschärft, das Selbstwertgefühl der armen Nationen untergräbt und ihre Regierungen zu einem Verhalten ermutigt, das in vielen Fällen gesellschaftlichen Schaden anrichtet, zieht die Verschuldung weit reichende Konsequenzen nach sich: Und die betreffen die Luft, die wir atmen, die Nahrungsmittel, die wir zu uns nehmen, die Ressourcen, die uns zur Verfügung stehen, unsere Gesundheit und vor allem unsere Sicherheit. Verschuldung ist gleichbedeutend mit Gefahr, und zwar für die ganze Welt.

# DIE BEDROHUNG

KAPITEL ACHT

# Ich kann und werde nicht zahlen

»Ich zähle die Wirtschaft zu den wichtigsten republikanischen Tugenden und betrachte die öffentliche Verschuldung als größte aller Gefahren.«

*Thomas Jefferson in einem Brief an William Plumer, 21. Juli 1816*

## Weine um mich, Argentinien

Eine junge Frau sagt ihre Hochzeit ab, weil ihr Vater, der die Feier hätte bezahlen sollen, über Nacht fast seine gesamten Ersparnisse verloren hat. Ein Rentner muss feststellen, dass sein Monatseinkommen rasant schrumpft, da die Dividenden, mit denen er seine magere Rente aufzufetten hoffte, plötzlich ausbleiben. Eine Großmutter beklagt sich, dass sie ihrer Enkelin kein Geschenk kaufen kann, da sich ihre Ersparnisse in Luft aufgelöst haben. Eine geschiedene Frau ist gezwungen, ihre Wohnung zu verkaufen, weil sie sich die Hypothekenzahlungen nicht mehr leisten kann, da ihre Lebensersparnisse ausradiert wurden. Dies sind die Geschichten einiger Opfer des größten Zahlungsausfalls der Geschichte, den Argentinien im Januar des Jahres 2002 verursachte, indem es den Schuldendienst für seine Verbindlichkeiten in Höhe von 97 Milliarden Dollar einfach einstellte.

Doch die Personen, deren Fälle ich beschrieben habe, waren keine Argentinier. Sie waren Italiener. Als das lateinamerikanische Land das Schuldenmoratorium ankündigte, befanden sich 15 Prozent der offenen Forderungen ausländischer Gläubiger in italienischen Händen. Im Jahr 2001, als die gut informierten institutionellen Anleger bereits damit begannen, Investitionen in Argentinien aus dem Weg zu gehen, drängten italienische Banken ihre Privatkunden zum Kauf argentinischer Anleihen. »Diese Anleihen hielten Argentinien über Wasser«, erklärt Tom White, ein früherer Anleihenhändler für Emerging Markets bei der Metropolitan Life Insurance Company. »Die armen Schweine hatten keine Ahnung, was sie da kauften.«

Die italienischen Banker nutzten die historischen und ethnischen Bindungen zwischen den beiden Ländern aus, wiesen nachdrücklich darauf hin, dass diese Anleihen regelmäßige Erträge versprachen, und kehrten die mit den argentinischen Bonds verbundenen Risiken unter den Tisch.[1] »Sie sagten mir, [die Anleihen] seien gut und stabil und würden vom Staat garantiert. Da es sich um Schuldtitel handle, würden sie mit Sicherheit zurückgezahlt«, berichtet Felicia Mogliorini, die im März 2001 135 000 Dollar ihrer Lebensersparnisse in argentinische Anleihen gesteckt hatte.[2] Die Kunden glaubten den Versprechen der Banken, denen es gelang, an rund 400 000 Kunden argentinische Bonds im Wert von etwa 15 Milliarden Dollar zu verkaufen.[3] Viele dieser Kunden waren Rentner, die ihre gesamten Ersparnisse auf diese riskanten Papiere setzten. Als Argentinien Bankrott anmeldete, zerstörte es die Hoffnungen und Träume tausender italienischer Bürger.

Natürlich hatten auch in der Vergangenheit immer wieder Länder ihren Schuldendienst eingestellt – allein Argentinien hatte sich im 19. Jahrhundert drei Mal für zahlungsunfähig erklärt (die Krise im Jahr 1890 hatte in der damaligen Finanzhauptstadt London eine Panik ausgelöst) und im Jahr 1982 kurz nach dem Zusammenbruch Mexikos erneut ein Moratorium verkündet.[4] Seit 1985 haben 85 Regierungen den Schuldendienst gegenüber ihren privaten Gläubigern eingestellt – ein Schritt mit weit reichenden Folgen.

## Machen Sie sich Sorgen

Die Bankrotterklärungen, um die es hier geht, betreffen im Normalfall die Schulden, die Länder mittleren Einkommens bei privaten Gläubigern – bei Bankern, Investmenthäusern, Anleihenbesitzern und Investoren – haben. Es geht hier nicht um die Einstellung des Schuldendienstes gegenüber dem Internationalen Währungsfonds oder der Weltbank. Das sind zwei vollkommen verschiedene Paar Schuhe: Einem Schuldnerland, das die Rückzahlung von Schulden bei diesen Einrichtungen verweigert, drohen derart Furcht erregende Konsequenzen, dass dieser Fall selten eintritt.[5]

Die vorrangige Frage, die es hier zu beantworten gilt, ist Folgende: Gibt es Grund zu der Annahme, dass es in naher Zukunft zu weiteren Moratorien für die kommerziellen Schulden kommen wird?

Ich denke, dass sich in den kommenden fünf Jahren weitere Länder für zahlungsunfähig erklären werden. Der Grund dafür ist, dass sich viele Schwellen- und Entwicklungsländer weiter verschulden, ohne dass sie die nötigen Voraussetzungen erfüllen würden, um Probleme beim Schuldendienst vermeiden zu können.[6] Diese Voraussetzungen wären: ein politischer Konsens bezüglich der Aufrechterhaltung des Schuldendienstes auch unter schwierigen Bedingungen, eine günstige externe Umgebung, der produktive Einsatz des geborgten Geldes zur Förderung der Entwicklung sowie der Aufbau von Exportkapazitäten.

Darüber hinaus wird weiterhin Geld aus Geldgier, politischer Kurzsichtigkeit und selbstbetrügerischem Optimismus verliehen und geborgt. Mit Geldgier beziehe ich mich auf jene korrupten oder selbstsüchtigen Regierungen, die das geliehene Geld verwenden, ohne sich Gedanken darüber zu machen, wie die akkumulierten Schulden zurückgezahlt werden sollen. Der frühere argentinische Präsident Carlos Menem, ein zwanghafter Kreditnehmer, verwendete einen Großteil des geliehenen Geldes, um die Taschen jener Senatoren und Gouverneure zu füllen, die seine Wiederwahl unterstützten. Über den ukrainischen Präsidenten Leonid Kutschma wurde jüngst berichtet, er habe im Präsidentschaftswahlkampf 2004 einen regierungsfreundlichen Kandidaten mit einer Eurobond-Anleihe finanziert.[7] Ihre Gegenstücke haben diese Kreditnehmer in jenen geldgierigen Investoren, die immer weiter Geld verleihen und sich nur für ihren persönlichen Gewinn interessieren, ohne sich darum zu kümmern, dass die einzige realistische Chance eines

Schuldnerlandes auf Rückzahlung seiner Schulden oft darin besteht, sich einen zentralen Platz in einem »Pyramidenspiel« zu sichern: Das Land muss seinen Verpflichtungen gegenüber seinen Geldgebern auf den höheren Ebenen der Pyramide nur nachkommen, wenn es diesen gelingt, weiteres Geld zu beschaffen.

Mit »kurzsichtig« meine ich jene Regierungen, die nicht in der Lage oder willens sind, langfristig zu denken, sondern sich Geld borgen, um nicht zu Einsparungen oder zu einem verantwortungsvollen Haushaltsgebaren gezwungen zu sein. Sie wollen nicht nach neuen Wegen suchen, um interne Ressourcen zu erschließen, auch wenn sie oft Lippenbekenntnisse für eine vorausschauende Politik ablegen, um die potenziellen Investoren bei Laune zu halten. Gemeint sind aber auch jene Politiker, die in dem Wissen, dass sie nicht mehr im Amt sein werden, wenn das geliehene Geld zurückgefordert werden wird, populistische Ausgabenentscheidungen fällen oder die Interessen der herrschenden Eliten befriedigen, anstatt in Projekte zu investieren, die der Wirtschaft langfristig dienen.[8] Selbstverständlich ist das Problem der Kurzsichtigkeit nicht auf die Schwellen- und Entwicklungsländer beschränkt: George W. Bush, dessen Steuersenkungen das Haushaltsdefizit aufblähen, braucht offenkundig ebenfalls eine Sehhilfe. Wenn sich die gegenwärtige Entwicklung fortsetzt, wird das Staatsdefizit der Vereinigten Staaten in zehn Jahren auf 51 Prozent des BIP steigen – allein die Zinszahlungen werden die Federal Reserve dann jährlich 470 Milliarden Dollar kosten.[9] Und in der entwickelten Welt sind auch jene engstirnigen politischen Führer zu finden, die mit der Kreditvergabe nur nationale Interessen verfolgen und geopolitisch motivierte Entscheidungen fällen, ohne einen Gedanken daran zu verschwenden, dass sie damit die Fähigkeit der Märkte zu einer realistischen Lageeinschätzung beeinträchtigen: Den Kreditnehmern und privaten Geldgebern fällt es unter diesen Umständen schwer zu beurteilen, wann die Verschuldung das tragbare Maß übersteigt.[10] Würden beispielsweise der IWF und die Vereinigten Staaten der Türkei den Geldhahn zudrehen, so würden die Zinsen auf die Anleihen des Landes höchstwahrscheinlich in die Höhe schießen, womit seine Schulden über Nacht untragbar würden.

Nun zum Selbstbetrug: Hier denke ich an jene Kreditnehmer, die ihre Fähigkeit zur Rückzahlung der Schulden übermäßig optimistisch einschätzen und ihre Kapazitäten aufgrund optimaler Szenarien kalkulieren, anstatt ihren Prognosen maßvolle und realistische Annahmen zugrunde zu legen. Oft gelangen sie mit »Hilfe« des IWF zu diesen übertrieben zuversichtlichen Prognosen. Gemeint sind hier auch jene privaten Kreditgeber, die weiterhin dafür sorgen, dass der Kreditnehmer die Doktrin von Weltbank und Währungsfonds unkritisch akzeptiert, bevor sie ihm Geld geben. Dabei übersehen diese Geldgeber vollkommen, dass viele Postulate der beiden Einrichtungen vollkommen falsch sind – beispielsweise die Vorschrift, die Staatsausgaben auch dann zu kürzen, wenn sich der Kreditnehmer bereits in einer Rezession befindet, womit das Wirtschaftswachstum im betroffenen Land gedrosselt wird, was wiederum seine Fähigkeit zur Rückzahlung der Schulden beeinträchtigt. Einen solchen Rat gab der Währungsfonds im Jahr 2001 tatsächlich Argentinien.[11] Selbstverständlich tun die reichen Länder in wirtschaftlichen Schwächephasen genau das Gegenteil.

Die bloße Gegenwart der drei Reiter der Finanzapokalypse – Gier, Kurzsichtigkeit und Selbstbetrug – genügt aber noch nicht, mich zur Voraussage einer Welle von Staatsbankrotten zu bewegen. Schließlich tauchen die drei mittlerweile schon seit geraumer Zeit immer wieder auf. Nein, meine Prognose stützt sich auf folgende Erkenntnisse: Die externe Umgebung, die von diesen drei Reitern beherrscht wird, ist besonders instabil. Der Krieg gegen den Terror ist noch nicht gewonnen und die Gefahr einer globalen Rezession ist noch nicht gebannt. Und das hat zahlreiche negative Auswirkungen auf die Fähigkeit der Schwellen- und Entwicklungsländer, erfolgreich zu exportieren und die für den Schuldendienst benötigten Deviseneinnahmen zu erzielen.

Ein weiteres Problem ist das amerikanische Haushaltsdefizit, das in der zweiten Amtszeit von Präsident Bush voraussichtlich weiter wachsen wird. Welche Folgen wird das haben?

Es muss mit einem Anstieg der Zinsen in den Vereinigten Staaten gerechnet werden, insbesondere in Anbetracht der realistischen Möglichkeit eines fortgesetzten Wertverlusts des Dollar. Wie wir bereits an anderer Stelle gesehen haben, bedeutet das, dass der Schuldendienst für die Dollarkredite der Schwellen- und Entwicklungsländer deutlich teurer werden wird und dass die Entwicklungsländer die Zinsen für neue Anleihen auf ein schwer erträgliches Niveau anheben müssen, um ihre relative Attraktivität gegenüber den Dollaranleihen zu erhalten.

Und dann ist da natürlich der Ölpreis, der in jüngster Zeit bereits historische Höchststände erreicht hat, aber immer noch ein wenig weiter steigen kann: Die Stabilisierung der irakischen Fördermengen dürfte nur langsam vorankommen, in Venezuela muss befürchtet werden, dass die politischen Turbulenzen die Produktion weiterhin beeinträchtigen werden, und die OPEC macht möglicherweise ihre Drohung wahr, den Dollar als Referenzwährung für den Ölpreis durch den Euro zu ersetzen, womit jede weitere Abwertung des Dollar den Ölpreis in die Höhe treiben würde. Obwohl ein deutlicher Preisanstieg für jene Entwicklungsländer, die selbst Erdöl exportieren, von Vorteil wäre, würde eine solche Entwicklung für die armen Länder, die diesen Rohstoff einführen müssen, schlimme Folgen haben.

Jeder dieser Faktoren kann externe Schocks hervorrufen, die die Fähigkeit der Länder zur Erfüllung ihrer Verpflichtungen schmälern. Ereignisse wie die Weltwirtschaftskrise, die Weltkriege, der Fall der Berliner Mauer, der 11. September und der Irakkrieg trieben allesamt die Erträge in die Höhe, die die Kreditnehmer ihren Geldgebern anbieten mussten[12], und beeinträchtigten damit die Fähigkeit der Schuldnerländer zur Rückzahlung der Kredite.

Dazu kommt eine Vielzahl anderer externer Faktoren. Die fortgesetzte Subventionierung zahlreicher Produkte durch die reichen Länder beraubt viele Entwicklungsländer ihrer Wettbewerbsfähigkeit in ebenjenen Bereichen, in denen sie ansonsten einen Vorteil haben könnten, und machen es ihnen fast unmöglich, die für die Rückzahlung ihrer Schulden erforderlichen Deviseneinnahmen zu erzielen. Vor diesem Problem standen die europäischen Länder im Jahr 1929, als ihnen die hohen amerikanischen Zölle Ausfuhren in die Vereinigten Staaten erschwerten. Die Folge war, dass einige dieser Länder den Schuldendienst einstellen mussten. Ein weiteres Problem ist die Konsolidierung des globalen Bankensektors, die die Liquidität des Marktes verringert und das Risiko erhöht hat, dass gigantische Geldmengen auf einen Schlag aus einem Land abgezogen werden.

Natürlich darf auch das Phänomen der »Ansteckung« nicht vergessen werden, die heute zwar seltener vorkommt als noch vor einigen Jahren, aber immer noch eine reale Gefahr darstellt. Im Zeitalter der globalen Vernetzung, in einer Welt, in der die Schulden der Staaten zur Massenware geworden sind, weitet sich eine Krise an einem Ort rasch auch auf andere Länder aus.[13] Eine Zinserhöhung in einem Land wirkt sich unverzüglich auf die Anleihenerträge aus, die die Kreditgeber von anderen Schuldnerländern verlangen. Schlittert ein Emerging Market in eine Krise, so ziehen die Investoren ihr Geld auch aus anderen, insbesondere aus ähnlichen Ländern ab, um das Risikoprofil ihrer Portefeuilles zu verbessern, und diese Reaktion nimmt bedrohliche Ausmaße an, wenn die Anleger beginnen, ihrem Herdentrieb zu folgen – was sie immer tun.[14] Die Asienkrise im Jahr 1997 und das Schuldenmoratorium Russlands im Jahr 1999 lösten eine globale Schockwelle aus, die unter anderem Brasilien erfasste, das sich zur Abwertung seiner Währung gezwungen sah. Dieser Schritt wirkte sich wiederum auf Argentinien aus, da Brasilien die nunmehr teureren Importe aus dem Nachbarland zurückschraubte. Auch die Türkei wurde von der Krise erfasst. Die infizierten Länder müssen zumindest die Zinsen erhöhen, um weiter ausländische Investoren anlocken zu können, womit sich wiederum ihr Schuldendienst verteuert. Im schlimmsten Fall kann dies dazu führen, dass die betroffenen Länder an den Rand der Zahlungsunfähigkeit geraten. So musste Uruguay nach dem Ausbruch der Krise in Argentinien nicht nur mit ansehen, wie im ersten Halbjahr 2002 33 Prozent der Anlagen aus seinen Banken abgezogen wurden – darunter die Gelder, die von argentinischen Bürgern bei uruguayischen Banken hinterlegt worden waren[15] –, sondern konnte auch nicht verhindern, dass die Exporte in das Nachbarland einbrachen und im Tourismussektor massive Einbußen zu verzeichnen waren, da die argentinischen Urlauber ausblieben.[16]

Schließlich muss mit weiteren Zusammenbrüchen gerechnet werden, weil die Bevölkerungen der Schwellen- und Entwicklungsländer von ihren Regierungen immer häufiger eine Einstellung des Schuldendienstes fordern. Da Informationen heute leichter zugänglich sind, weiß der Durchschnittsbürger sehr viel mehr darüber, wohin sein Geld fließt und toleriert nicht mehr, dass es ins Ausland geschickt wird, anstatt die Bedürfnisse der heimischen Bevölkerung zu befriedigen. Im Fall Argentiniens ließ die Öffentlichkeit keinen Zweifel daran, dass sie nicht länger bereit war, die Steuererhöhungen und Haushaltskürzungen hinzunehmen, die Präsident de la Rua dem Land verordnet hatte, um den Schuldendienst finanzieren zu können. Als sich die Wirtschaftslage des Landes rasant verschlechterte, gab die große Mehrheit der Argentinier ihrem Wunsch nach einem Moratorium Ausdruck.[17] Obwohl diese Maßnahme bedeutsame Nachteile hat, wird sie immer häufiger notwendig, wenn eine in Geldnot geratene Regierung vor der Wahl steht, Unruhen zu vermeiden und die hungernden Massen zu ernähren oder ihre Gläubiger zu bezahlen – ein Szenario, das angesichts der in vielen Ländern wachsenden Kluft zwischen Reichen und Armen[18] und der verbreiteten Einschätzung, dass die Ratschläge des IWF falsch sind, in Zukunft immer öfter zu beobachten sein wird. Wie lange wird Lula noch in der Lage sein, die brasilianischen Auslandsschulden zurückzuzahlen und den Forderungen des Währungsfonds zu entsprechen[19], wenn die Arbeitslosigkeit in allen Großstädten steigt, die Armut um sich greift und die Wirtschaftsleistung weiter schwach bleibt?[20]

## Skalpiert

Dies sind erschreckende Neuigkeiten für die entwickelte Welt, die schlecht auf derartige Situationen vorbereitet ist: Zunächst einmal gibt es für den Umgang mit zahlungsunfähigen Staaten kein systematisches Konkursverfahren wie für Unternehmen oder Personen, die in eine vergleichbare Lage geraten. Auch fehlen bisher allgemein gültige »Collective Action Clauses« für Emerging Markets-Anleihen, die einen Mehrheitsbeschluss der Investoren über die Vorgehensweise in Krisensituationen ermöglichen und einzelne Anleiheninhaber davon abhalten können, ihr Veto gegen Umschuldungsmaßnahmen einzulegen. Daher stoßen die Gläubiger in dem Bemühen, sich ihr Geld zurückzuholen, üblicherweise auf große Hindernisse[21], die unüberwindlich werden, wenn sich einzelne halsstarrige Gläubiger wie die »Schuldengeier« quer legen. Und selbst wenn eine Einigung gelingt, können die Gläubiger oft nur einen Bruchteil ihres Geldes retten. Nachdem Russland im Jahr 1999 den Schuldendienst eingestellt hatte, musste es den Anleihenbesitzern lediglich 48 Prozent der Schulden bezahlen. Anfang 2003 bot Argentinien den Besitzern seiner Anleihen 25 Cent für den Dollar an. »Wir werden skalpiert«, beklagte sich ein großer Investor damals in einem Gespräch mit mir. Von derartigen Teilabschreibungen sind die verschiedensten Investorengruppen betroffen: Rentner, Investmentbanken, Versicherungsgesellschaften und individuelle Investoren. Unsere italienischen Anleger werden von ihrem in Argentinien investierten Geld nicht viel wieder sehen.

Zweitens: Wenn die Hauptgläubiger keine Anleihenbesitzer, sondern Geschäftsbanken sind (wie es in den achtziger Jahren der Fall war), kann die Zahlungsunfähigkeit eines Landes die Glaubwürdigkeit des gesamten Finanzsystems untergraben, da die Investoren das Vertrauen in das »befleckte« Bankwesen verlieren. Die Banken, die dem zahlungsunfähigen Schuldnerland Kredit gegeben haben, sind dann nicht um die Aufgabe zu beneiden, ihren Aktionären zu erklären, wohin ihr Geld verschwunden ist. So musste JP Morgan Chase am Jahresende 2001 eine Rückstellung von 140 Millionen Dollar für seine offenen Argentinienkredite in Höhe von 900 Millionen Dollar vornehmen[22], woraufhin der Kurs der Aktie des Unternehmens in den Keller fiel.

Der Ausfall eines Schuldnerlandes ist noch aus einem weiteren Grund eine schlechte Nachricht für die entwickelte Welt:

Er kostet die Unternehmen viel Geld, und zwar nicht nur jene, die Anteile an den Krediten halten, sondern auch jene, die mit dem betroffenen Land Wirtschaftskontakte unterhalten. Die ausländischen Unternehmen, die in einem von einer Schuldenkrise erschütterten Land tätig sind, müssen unmittelbar nach dem Zusammenbruch des Schuldners hohe Ertragseinbußen hinnehmen. Die Erträge der in Argentinien tätigen Telefongesellschaften aus Frankreich, Italien und Spanien sanken im Jahr 2002 um nicht weniger als 82 Prozent.[23] Die Exportunternehmen, die Beziehungen zum betroffenen Land unterhalten, erleiden ebenfalls schwere Rückschläge, da es ihren alten Kunden in diesem Land nach der Bekanntgabe eines Schuldenmoratoriums nicht nur fast unmöglich wird, sich weitere Kredite für den Import der ausländischen Güter zu beschaffen, sondern da die Abnehmer im Normalfall auch unter einer Währungsabwertung leiden, die die Importe beträchtlich verteuert. Beispielsweise waren die ungemein hohen Handelsbilanzdefizite der Vereinigten Staaten in den Jahren 1998 und 1999 zum Teil darauf zurückzuführen, dass die Exporte nach Asien infolge der Finanzkrise in dieser Weltregion einbrachen. Und sinkende Ausfuhren gehen üblicherweise mit dem Verlust heimischer Arbeitsplätze einher: So gingen zwischen 1998 und 2000 im produzierenden Gewerbe der Vereinigten Staaten 513 000 Arbeitsplätze verloren, was seine Ursache ebenfalls teilweise in der Asienkrise hatte.[24]

Der vierte Grund dafür, dass sich die entwickelte Welt derart vor dem Zusammenbruch von Schuldnerländern fürchtet, ist darin zu suchen, dass die Zahlungsunfähigkeit eines Landes eine Krise auslöst, in der Armut und Arbeitslosigkeit um sich greifen und eine wachsende Zahl von Menschen auf der Suche nach einem besseren Leben ihre Heimat verlässt.[25] Die reichen Länder sind nicht darauf vorbereitet, derartige Zuwandererströme zu bewältigen. Rechtsextreme, ausländerfeindliche Politiker erleben in diesen Phasen meist besonderen Zulauf in Europa: Beispiele sind Jörg Haider in Österreich, Jean-Marie Le Pen in Frankreich und Christoph Blocher in der Schweiz, die immer wieder mit beunruhigendem Erfolg den »Immigrantentrumpf« ausspielen. Besonders Besorgnis erregend ist jedoch, dass sich mittlerweile auch Politiker in der Mitte des Spektrums diese Argumente aneignen: Im April 2002 gab der britische Innenminister David Blunkett in einem Radioprogramm der BBC seiner Sorge Ausdruck, die Sprechzimmer mancher Ärzte würden von Asylanten »überschwemmt« (als Asylanten werden mittlerweile sowohl politische als auch Wirtschaftsflüchtlinge bezeichnet).[26] Allzu oft bedienen sich auch die zunehmend bangemacherischen Medien einer solchen Sprache. »Unser Land wird von einer Flut von Faulenzern *überschwemmt*, die unsere Ressourcen – und unsere Geduld – auf die Folter spannen«, hieß es im März 2000 in der britischen Boulevardzeitung *Sun*. Nun ja.

Doch nicht nur der Zusammenbruch von Schuldnerländern kommt die reichen Länder teuer zu stehen, sondern auch die Versuche, derartige Katastrophen zu verhindern. Die Kosten der Rettungsmaßnahmen, zu denen die reichen Länder angesichts der drohenden Bankrotterklärung eines Landes greifen, wenn ihre eigenen geopolitischen oder wirtschaftlichen Interessen bedroht sind[27], werden oft direkt den Steuerzahlern aufgeladen. Die unter diesen Umständen gewährten Kredite werden nur selten zur Gänze zurückgezahlt.[28] Zudem lösen sie einen Teufelskreis schlechter Kreditentscheidungen aus, da die Investoren in dem Glauben, im Fall eines faulen Kredits werde man ihnen ohnehin aus der Patsche helfen, bei der Kreditvergabe kaum darauf achten, wofür das Geld verwendet wird oder ob eine realistische Aussicht darauf besteht, dass der Kreditnehmer den Schuldendienst bewältigen wird.

Darüber hinaus beeinträchtigen solche Rettungsmaßnahmen – so wie alle anderen politisch motivierten Kreditentscheidungen – die Fähigkeit des Marktes, die Lage richtig einzuschätzen und die Risiken angemessen zu bewerten. Beispielsweise gewährte der IWF Russland im Jahr 1996 vor Beginn der Wiederwahlkampagne Präsident Jelzins riesige Kredite[29], um den geopolitischen Interessen der wichtigsten Aktionäre des Fonds zu dienen – die Kriterien des Währungsfonds und der Weltbank erfüllte Russland zu jener Zeit kaum, und im Jahr 1999 stellte es den Schuldendienst ein. Als der Internationale Währungsfonds 1997 ein wirklich sehr großzügiges Rettungspaket für Indonesien schnürte, stürzten sich die Investoren in dem Glauben, bald werde auch Brasilien in den Genuss einer solchen Maßnahme kommen, auf brasilianische Staatsanleihen. Die fundamentalen Daten hatten sich nicht geändert, aber die Anleger wetteten darauf, dass der Währungsfonds Brasilien zu Hilfe eilen werde. Selbstverständlich ziehen derartige Verzerrungen der Marktsituation ihrerseits oft schlechte Entscheidungen von Kreditgebern wie Kreditnehmern nach sich. Die maßlose Kreditvergabe an Argentinien war zum Teil auf den Irrglauben der Investoren zurückzuführen, der IWF könne dieses Land einfach nicht im Stich lassen.

## Die Perspektive des Schuldners

Es liegt auf der Hand, dass die übermäßige Kreditvergabe und -aufnahme unabhängig davon, ob sie zu Krisen, Zusammenbrüchen oder Rettungsaktionen führt, auch für den Schuldner schwer wiegende Konsequenzen hat. Wenn ein Land den Schuldendienst einstellt, besteht die erste Reaktion des internationalen Finanzmarktes darin, den unzuverlässigen Schuldner auf ein Abstellgleis zu schieben. Damit wird es nicht nur für das betroffene Land, sondern auch für alle Unternehmen in diesem Land fast unmöglich, sich weitere Kredite zu beschaffen, denn die Kreditwürdigkeit der Unternehmen wird unabhängig von der Qualität ihres Managements üblicherweise nicht höher eingestuft als die ihres Heimatlandes. Da die Kreditlinien eingefroren werden und die ausländischen Handelspartner eine Vorauszahlung in bar verlangen, wird es für das säumige Schuldnerland schwierig, Güter zu importieren, auch, wenn es sich dabei um unverzichtbare Produkte wie Medikamente handelt. Die aggressivsten Gläubiger nutzen möglicherweise die Gelegenheit, um zu versuchen, sich als Ersatz für die Zahlung Vermögenswerte der Regierung anzueignen.[30] Einige der »Schuldengeier«, mit denen ich sprach, hatten jedes einzelne Hotel, Wohngebäude und Grundstück aufgespürt, das ein Schuldnerland im Ausland besaß und zögerten nicht, diese Vermögenswerte pfänden zu lassen.[31] Argentinien ist bereits mit Klagen hunderter Anleihenbesitzer konfrontiert, die eine

Entschädigung für die Einstellung des Schuldendienstes verlangen, und einige dieser Klagen bedrohen das Vermögen des Landes im Ausland.[32]

Befindet sich ein beträchtlicher Teil der Staatsschulden eines Landes in Händen einheimischer Investoren – was auf vielen Emerging Markets immer häufiger der Fall ist – so drohen wieder andere Probleme. Müssen diese Gläubiger aufgrund eines Staatsbankrotts einen großen Teil ihrer Investition abschreiben, geht möglicherweise ein Großteil des Kapitals der heimischen Finanzinstitute verloren. Die Folge ist, dass die Banken teilweise insolvent werden, was den Zusammenbruch des gesamten Bankensystems des betroffenen Landes auslösen kann. Zu einer solchen Entwicklung könnte es beispielsweise in Brasilien kommen, sollte das Land seine Schulden nicht mehr bedienen. Denn fast 60 Prozent der Schuldtitel werden von brasilianischen Banken gehalten.[33]

Es ist eine grausame Ironie, dass die Einstellung des Schuldendienstes die Krise, die diese Maßnahme erst erforderlich machte, zusätzlich verschärft. Ecuador etwa schlitterte in eine tiefe Rezession, und es kam zu beträchtlichen politischen Umwälzungen einschließlich einer kurzlebigen Militärherrschaft. Argentinien erinnerte acht Monate nach der Einstellung des Schuldendienstes an jenes England, das Charles Dickens in seinen Romanen beschrieben hatte: Der Lebensstandard war um 70 Prozent und das Bruttoinlandsprodukt um 17 Prozent gesunken, 60 Prozent der Bevölkerung waren unter die Armutsgrenze gerutscht, 20 Millionen Menschen, darunter 2,3 Millionen Kinder, litten an Unterernährung, und die Arbeitslosenrate lag bei 30 Prozent.[34] In den Straßen von Buenos Aires durchwühlten »Cartoneros« auf der Suche nach verwertbarem Papier, Glas und nach Pappe den Müll, und am Rand der Hauptstadt lebten 300 000 Menschen von den Mülldeponien. Radio- und Fernsehmoderatoren hatten sich in Dienstboten verwandelt, Ingenieure versuchten auf der Straße Handwerkserzeugnisse an den Mann zu bringen, und die wenigen Glücklichen, die ihre Arbeitsplätze nicht verloren hatten, mussten sich mit Arbeitsbedingungen abfinden, die sie in der Vergangenheit als unannehmbar abgelehnt hätten.

Einen unverhältnismäßig großen Teil der wirtschaftlichen Belastungen müssen stets die Frauen tragen.[35] Beispielsweise gibt es zahlreiche Belege dafür, dass nach Finanzkrisen die Prostitution zunimmt und eine wachsende Zahl von Frauen ins Ausland geht, um sich dort in der Sexindustrie zu verdingen. Auch steigt die Zahl der Frauen, die entführt und zur Prostitution gezwungen werden.

Manchmal sind die negativen Auswirkungen eines Staatsbankrotts relativ kurzlebig. So erholte sich Russland nach der Einstellung des Schuldendienstes im Jahr 1998 sehr schnell – zumindest in den Augen des Finanzmarktes. Schon 2003 wurden russische Anleihen wieder als geeignetes Investitionsobjekt eingestuft. Argentinien litt in den ersten zwölf Monaten nach dem Schuldenmoratorium sehr[36], nutzte die Zeit anscheinend jedoch, um wieder festen Boden unter den Füßen zu finden: Im Jahr 2003 wuchs die argentinische Wirtschaft um 7 Prozent, und allem Anschein nach wird das Land bald wieder spekulative Anleger anlocken. Doch Russland und Argentinien sind Ausnahmen. In der Mehrzahl erleidet das Kreditrating eines Landes, das den Schuldendienst einstellt, bleibenden Schaden. Im schlimmsten Fall büßt das Land auf Dauer die Fähigkeit ein, sich auf den Kapitalmärkten Geld zu beschaffen – eine Situation, aus der sich die afrikanischen Länder der Subsahara seit vielen Jahren nicht befreien können: Ihnen will fast kein kommerzieller Geldgeber Kredit geben.

Die Kreditgeber selbst verlangen bestenfalls noch einige Jahre nach dem Zusammenbruch eine erhöhte Risikoprämie, wodurch das Land von der Kreditaufnahme auf den internationalen Märkten abgeschreckt wird – was allerdings nicht immer ganz so ungesund ist.

☆☆☆

Das wachsende Engagement der privaten Kreditgeber in den Schwellen- und Entwicklungsländern in den vergangenen 15 Jahren birgt größere Risiken als allgemein angenommen. Und zwar auf mehreren Ebenen: Diese Entwicklung ist nicht nur für die Kreditnehmer, sondern auch für die Geldgeber riskant, da es ihnen in einem internationalen Finanzsystem, das die Marktsignale vielfach unterdrückt, sehr schwer fällt, richtig zu beurteilen, wann sich ein Schuldnerland übernimmt; damit steigt die Wahrscheinlichkeit, dass die Anleger ihr Geld nicht wieder sehen werden. Sie ist riskant, weil viele der Bedingungen, die mit den Rettungsmaßnahmen und Krediten des IWF verbunden sind, das Wachstum der Schuldnerländer lähmen und die Ungleichheit verschärfen, womit letzten Endes das Risiko der Zahlungsunfähigkeit steigt.[37] Sie ist riskant, weil einige Schuldnerländer, wie das Beispiel Argentiniens gezeigt hat, ihre gewaltigen Verbindlichkeiten wirksam einsetzen können, um in den Verhandlungen mit dem IWF besonders vorteilhafte Bedingungen herauszuschlagen.[38] Argentinien, das für den größten Staatsbankrott der Geschichte verantwortlich war, machte den Privatgläubigern das Leben zur Hölle und profitierte letzten Endes wahrscheinlich von der Entscheidung für ein Schuldenmoratorium (obwohl es noch zu früh für ein endgültiges Urteil ist). Nach einem schwierigen Start erholt sich die argentinische Wirtschaft mittlerweile wieder, die Devisenreserven des Landes wachsen, die Inflation geht zurück, die Zuversicht und die Industrieproduktion steigen. Angesichts dieser Entwicklung wird die Einstellung des Schuldendienstes trotz der hohen kurzfristigen Kosten auch für andere Schuldnerländer zu einer verlockenden oder zumindest einer praktikablen Option.

Die Entwicklung ist auch deshalb riskant, weil sich das Kräfteverhältnis zwischen reichen und armen Ländern verändert hat, seit 22 Schwellen- und Entwicklungsländer im September 2003 in Cancun eine gemeinsame Position bezogen und einen Abbruch der Handelsgespräche erzwangen. Erstmals seit Jahrzehnten schlossen sich die Schwellen- und Entwicklungsländer zusammen, um klar zu machen, dass sie nicht länger bereit waren, die Rolle zu spielen, die ihnen die reichen Länder zugedacht hatten. »Man sollte uns ernst nehmen«, erklärte der brasilianische Präsident Lula, der sich an die Spitze dieser Staatengruppe gesetzt hatte. Es ist zu erwarten, dass die Schuldnerländer in Zukunft weitere koordinierte Maßnahmen ergreifen und die reiche Welt herausfordern werden, womit eine kollektive Einstellung des Schuldendienstes zunehmend zu einer realistischen Möglichkeit wird. Getreu der alten Redensart: »Wenn du der Bank 1000 Dollar schuldest, dann hast du ein Problem. Wenn du ihr eine Million schuldest, hat die Bank ein Problem.«

Ein weiteres Risiko besteht darin, dass die Spannung zwischen der Rückzahlung der Schulden und der Aufrechterhaltung der sozialen Gerechtigkeit ein derart zentrales Thema des politischen Diskurses ist, dass der Balanceakt zwischen den Forderungen der heimischen Wähler und den ausländischen Gläubigern, insbesondere in Ländern mit linksgerichteten Regierungen, immer schwieriger wird. »Wir können die Schulden nicht bezahlen, wenn wir dafür Argentinien zu Hunger und Ausgrenzung verurteilen müssen«, erklärte Präsident Nestor Kirchner im Mai des Jahres 2003, als ihm die Gläubiger im Nacken saßen.

Erhöht wird das Risiko dadurch, dass die Möglichkeiten zur Vermeidung von Krisen weiterhin beschränkt sind: Maßnahmen zur Kontrolle der Kapitalflüsse gewinnen zwar Anhänger in allen politischen Lagern[39], doch sie sind weiterhin nicht üblich.[40] Kostengünstige Mechanismen zur Absicherung gegen die Preisschwankungen bei Grundstoffen stehen zur Verfügung, werden aber nur selten genutzt.[41] Und es gibt kein Verfahren zur geordneten Beilegung von Schuldenkrisen. Ein Land kann kein Verfahren beantragen, das einem Unternehmens- oder Privatkonkurs vergleichbar wäre.[42] Es existiert kein Mechanismus, der den Schuldnerländern eine geordnete und gerechte Umschuldung ermöglichen und den Gläubigern langwierige und kostspielige Verhandlungen ersparen würde. Da die reale Gefahr großer Schuldenkrisen besteht, sollte man meinen, dass es eigentlich unumgänglich ist, derartige Verfahren zu entwickeln.

Natürlich kann man nicht kategorisch verfügen, dass die Schwellen- und Entwicklungsländer keine Kredite mehr aufnehmen und die Kreditgeber diesen Ländern kein Geld mehr leihen sollten. Es sollte aber besser geprüft werden, wann der geeignete Zeitpunkt zur Kreditaufnahme beziehungsweise -vergabe gekommen ist.[43] Und die Natur und das Potenzial der

Schulden sowie die Erfordernisse des Schuldendienstes müssen sehr viel besser analysiert werden. Ohne eine solche Analyse verwandeln sich Kredite rasch in eine Handgranate, die nur so lange sicher ist, bis der Sicherungsstift herausgezogen wird. Ist die Sicherung einmal entfernt, können Kredite ein Blutbad anrichten. Genau das ist in vielen Schwellen- und Entwicklungsländern geschehen. Die Verschuldung hat sich in eine scharfe Handgranate verwandelt – wie gravierend die Schäden durch die kommenden Explosionen sein werden, wird die Zukunft zeigen.

KAPITEL NEUN

# Eine Plage über deine beiden Häuser

»Wenn sich die von Krankheiten heimgesuchten Entwicklungsländer nicht entwickeln, können sie nicht zum globalen Wachstum beitragen, an dem uns so viel liegt – und das zu einer Zeit, da bereits mehr als 40 Prozent unserer Ausfuhren in die Entwicklungsländer gehen. Die zwangsläufig damit verbundene wirtschaftliche Belastung und die politische Instabilität ... können dem globalen System als Ganzem großen Schaden zufügen.«[1]

*Der ehemalige amerikanische Finanzminister Lawrence Summers*

## Der hohe Preis der Seife

Im Jahr 1991 wurde Lateinamerika von einer Cholera-Epidemie heimgesucht, die sich innerhalb von 12 Monaten von Peru über Ecuador, Kolumbien und Chile bis in die westlichen Gebiete Brasiliens ausbreitete. Mehr als 400 000 Menschen erkrankten, tausende starben. Das erste Todesopfer war Cirila Poma, eine 60-jährige Frau, die etwa 80 Kilometer von Lima entfernt in der peruanischen Provinz Chancay lebte. So wie drei Viertel ihrer Landsleute hatte Cirila keinen Zugang zu fließendem Wasser, weshalb sie ihr Trinkwasser aus einem kleinen Bewässerungskanal schöpfte. Durch diesen Kanal wurden auch jene Abwässer geleitet, die mit den Cholera-Bakterien verseucht waren. Vermutlich waren sie mit den Abfällen infizierter chinesischer Seeleute, deren Schiff kurz zuvor in Chancay angelegt hatte, angespült worden.

Während Länder mit einem öffentlichen System zur Gesundheitsüberwachung, geeigneten Strukturen für das Krisenmanagement sowie einer funktionierenden Wasserversorgung und Abwasserentsorgung derartige Gefahren bewältigen können (sofern sie überhaupt damit konfrontiert werden), sind arme und unterentwickelte Länder, in denen die sanitären Systeme unzureichend sind und das Gesundheitswesen, wenn überhaupt vorhanden, ineffizient ist, einfach nicht dazu in der Lage, mit solchen Situationen umzugehen.

Peru war im Jahr 1991 ein solches Land. Die ohnehin arme Nation, deren Bevölkerung zu 60 Prozent in extremer Armut lebte, befand sich damals in einer besonders schwierigen wirtschaftlichen Lage. Der Grund dafür war, dass der seit Kurzem amtierende (mittlerweile diskreditierte) Präsident Alberto Fujimori den Internationalen Währungsfonds dazu bewegen wollte, Peru von seiner schwarzen Liste zu streichen, damit es für neue Kredite infrage käme. Wenige Monate vor Cirilas Erkrankung hatte Fujimori nicht nur eingewilligt, unverzüglich mit der Rückzahlung der ausstehenden Schulden des Landes zu beginnen (nachdem sein Amtsvorgänger Garcia ja den Schuldendienst weitgehend eingestellt hatte), sondern er hatte auch eingewilligt, Peru einem besonders harten Strukturanpassungsprogramm des IWF zu unterziehen – eine Entscheidung mit verheerenden Folgen. William Foege, der ehemalige Leiter des Center for Disease Control and Prevention in Atlanta, hat darauf hingewiesen, dass Strukturanpassungsprogramme im Normalfall die Lebensbedingungen der Bevölkerung verschlechtern und die Ausbreitung von Krankheiten begünstigen.[2] Im Fall Perus verschlechterten das IWF-Programm und die zusätzliche Belastung durch die Schuldenrückzahlung die Lebensbedingungen der Menschen derart, dass eine große Gesundheitskrise nur eine Frage der Zeit war.

Und sie kam in Form des Cholera-Bakteriums. Obwohl die Cholera mit rasanter Geschwindigkeit ausbrechen kann, ist es an sich relativ einfach, diese Krankheit unter Kontrolle zu bringen. Sie wird durch verseuchte Nahrungsmittel und durch Trinkwasser übertragen, das von infizierten menschlichen Exkrementen kontaminiert wurde. Eine Infektion kann man verhindern, indem man sich einfach die Hände wäscht und kein ungeklärtes Wasser trinkt. Doch dem Pärchen Schuldendienst/Strukturanpassung gelang es mit verheerendem Erfolg, der verarmten peruanischen Bevölkerung selbst diese grundlegenden Präventionsmaßnahmen unmöglich zu machen. So hatte beispielsweise die Freigabe der Preise, die zu den Standardvorschriften der Strukturanpassungsprogramme zählt, in der Praxis zur Folge, dass die Preise der grundlegenden Güter in Peru über Nacht explodierten. Die Peruaner, die bereits unter steigender Arbeitslosigkeit und sinkenden Löhnen litten (zwei weitere Wirkungen der Strukturanpassung), konnten sich einfach keine Seife mehr leisten. Gleichzeitig verteuerten sich Trinkwasser und Kerosin rasant – der Kerosinpreis stieg sage und schreibe um das Dreißigfache! Also mussten die Armen nicht nur darauf verzichten, sich die Hände mit Seife zu waschen und sauberes Wasser zu trinken, sondern sie konnten es sich nicht einmal mehr leisten, ihr Trinkwasser abzukochen. Die Cholera-Bakterien vermehrten sich ungehindert, und niemand konnte etwas tun, um ihre Ausbreitung zu verhindern.

Als wäre die Lage der peruanischen Bevölkerung noch nicht prekär genug gewesen, bewilligte Präsident Fujimori eine weitere massive Erhöhung der Kreditrückzahlungen, um seine Zusagen gegenüber dem Währungsfonds erfüllen zu können. Die monatlichen Raten stiegen um mehr als das Doppelte von 60 Millionen auf 150 Millionen Dollar. Um den Schuldendienst finanzieren zu können, strich die Regierung die bereits erbärmlichen Sozial- und Gesundheitsbudgets noch weiter zusammen, schob die nötigen Reparaturen am Kanalisationssystem hinaus und ließ zu, dass das dünne soziale Netz weiter verkam. So wurde aus einer Gesundheitskrise, die man durchaus hätte eindämmen können, eine regelrechte Epidemie, die sich rasch über die Region ausbreitete. Nur zehn Tage nach Cirilas Tod wurden aus der gesamten Nordhälfte der peruanischen Küstenregion Cholerafälle gemeldet. Bis Ende Februar 1991 erkrankten 543 Menschen, und am 1. April war die Zahl der Toten auf 140 gestiegen. Am Jahresende war die peruanische Wirtschaft zusammengebrochen, da die Touristen ausblieben. Die Handelspartner in der Region wurden ebenfalls von der Krise erfasst, da Peru die Importe einschränkte. Die Cholera hatte sich in der Zwischenzeit weiter ausgebreitet, wütete bereits in anderen Ländern Süd- und Mittelamerikas und erreichte sogar Nordamerika. Bis zum 1. Januar 1992 waren hunderttausende erkrankt, und die Epidemie hatte fast 4000 Menschenleben gefordert – das waren mehr als fünfmal so viele wie der atypischen Lungenentzündung (SARS) im Jahr 2003 zum Opfer gefallen waren.[3]

## Gesundheitsschädliche Heilmittel

Das Vorgehen der peruanischen Regierung, die die Sozialausgaben kürzte, um den Forderungen des Internationalen Währungsfonds und der Weltbank nachkommen zu können[4], ist durchaus typisch. Eine weitere Reaktion der Schuldnerländer besteht darin, ihren Bürgern die sozialen Dienstleistungen in Rechnung zu stellen. Um unter prekären wirtschaftlichen Bedingungen die Gesundheitsdienste aufrechterhalten zu können, beginnen die meisten Regierungen, Gebühren für die medizinische Versorgung zu erheben.[5] Auch das hat furchtbare Folgen. Studien haben gezeigt, dass ein großer Teil der Menschen in den Entwicklungsländern keine ärztliche Hilfe mehr in Anspruch nimmt, wenn die Versorgung nicht gratis ist.[6] So bleiben Krankheiten oft unbehandelt und verwandeln sich leichter in chronische Leiden.

Kürzungen der Bildungsausgaben oder die Erhebung von Schulgebühren (bedauerlicherweise ebenfalls übliche Maßnahmen) wirken sich ebenfalls negativ auf die Volksgesundheit aus.[7] Zwischen Bildung und dem allgemeinen Gesundheitszustand der Menschen besteht ein unmittelbarer Zusammenhang. Insbesondere die Alphabetisierungsrate der Mädchen spielt dabei eine entscheidende Rolle, da Frauen eine unverhältnismäßig große Verantwortung für die Gesundheit der Familie tragen.[8] Doch wenn Eltern angesichts von Schulgebühren vor der Wahl stehen, eine Tochter oder einen Sohn in die Schule zu schicken, entscheiden sie sich im Normalfall für den Sohn.

Noch mehr hat die verarmte Landbevölkerung unter den Auswirkungen von Strukturanpassungsmaßnahmen auf das Gesundheitswesen zu leiden. Zum einen bekommen die Menschen auf dem Land in Entwicklungsländern nur selten medizinische Betreuer zu Gesicht[9], zum anderen sehen sie sich oft zum Verlassen ihrer Dörfer gezwungen, um anderswo Arbeit zu suchen. Die Landflucht ist zum Teil auf die schwindende Nachfrage nach den für den Weltmarkt produzierten Erzeugnissen zurückzuführen, zu deren Anbau die Bauern von Weltbank und Währungsfonds »ermutigt« wurden. Zwar stellt die Mobilität an sich noch kein Gesundheitsrisiko dar, doch die abwandernden Menschen sind nun mit Lebensumständen konfrontiert, die ihre Anfälligkeit für Krankheiten – insbesondere für Aids – erhöhen. In den Elendsvierteln am Rand der Ballungszentren sind die Landflüchtigen weiterer Armut, Verelendung und gravierenden Gesundheitsrisiken ausgesetzt.

Die Strukturanpassung ist auch mit der Forderung nach einer Öffnung des Binnenmarktes verbunden, die weitere Schäden anrichten kann. Selbstverständlich ist die Öffnung der Märkte nicht an sich abzulehnen, aber wenn Länder mit mangelhaften Strukturen zur Regelung des Marktgeschehens diesen Schritt tun, fehlen vielfach die Mechanismen, um die Bürger vor den räuberischen Vertretern des globalen Kapitalismus zu schützen. Als die Entwicklungsländer beispielsweise gezwungen wurden, ihre Märkte für die Tabakkonzerne zu öffnen, stieg die Zahl der Raucher in diesen Ländern um 10 Prozent.[10] Doch ein Anstieg der Lungenkrankheiten, der Herzprobleme und der Krebsraten ist kaum das, was die ärmsten Länder brauchen, um die ohnehin umfangreiche Liste ihrer Gesundheitsprobleme zu vervollständigen. Insbesondere da in der gesamten Dritten Welt, mit Ausnahme Afrikas, die Zahl der Opfer koronarer Herzerkrankungen die der durch Infektionskrankheiten verursachten Todesfälle übersteigt.

Aber die Entstehung und Ausbreitung von Krankheiten werden nicht nur von den Bedingungen gefördert, die der Währungsfonds, die Weltbank und andere Kreditgeber den armen Ländern als Gegenleistung für neue Kredite oder eine Entschuldung auferlegen, sondern auch vom Umfang der geerbten Schulden. Und wie können sie die nötigen Mittel dafür beschaffen? Sie müssen die Staatseinnahmen erhöhen. Während ein Land wie die Vereinigten Staaten, die gemessen an den absoluten Zahlen das am höchsten verschuldete Land der Welt sind[11], zu bewältigende 8,5 Prozent seines Staatshaushalts in den Schuldendienst stecken muss, fließen in den hoch verschuldeten *armen* Ländern nicht weniger als 50 Prozent des Budgets in die Bedienung der Kredite. In Anbetracht der Tatsache, dass die fraglichen Länder bereits viel zu wenig Geld für den öffentlichen Dienst und das Sozialsystem übrig haben – beispielsweise liegen die jährlichen Pro-Kopf-Ausgaben für die medizinische Versorgung in den meisten afrikanischen Ländern bei weniger als 10 Dollar[12], während es in den Vereinigten Staaten 5000[13] Dollar sind – und mit Blick darauf, dass die jährlichen Gesundheitsausgaben in den Ländern mit geringem und mittlerem Einkommen bis zum Jahr 2007 von 106 Milliarden auf 168 Milliarden Dollar steigen müssen[14], um Aids und andere bedrohliche Infektionskrankheiten zu bekämpfen, liegt auf der Hand, dass der Schuldendienst aus einer bereits schlechten eine katastrophale Situation macht: In den Entwicklungsländern sterben Diabetiker, weil es kein Insulin für sie gibt. Epileptiker sind zum Tod verurteilt, weil sie kein Phenobarbital erhalten. Und viele, viele Menschen sterben an Schlaganfällen und Herz-Kreislauf-Erkrankungen, die vermieden werden könnten, wenn billige Medikamente wie Aspirin und blutdrucksenkende Präparate zur Verfügung stünden. Zusätzlich verschlimmert wird die Lage dadurch, dass es Krankheiten gibt, die die Kosten für den Staat deutlich erhöhen können, wenn sie nicht behandelt werden. In einigen Entwicklungsländern werden 25 Prozent des Gesundheitsbudgets von Amputationen, Nierenversagen und Fällen von Erblindung aufgrund nicht behandelten Diabetes verschlungen.[15] In den reichen Ländern haben Kürzungen im Gesundheitswesen, wenn sie auch selten wünschenswert sind, üblicherweise keine fatalen Konsequenzen. In den ärmsten Ländern der Welt fordern sie ungezählte Todesopfer.

In Äthiopien beispielsweise, wo nur 16 Prozent der Frauen eine Schwangerschaftsbetreuung erhalten, fließt viermal mehr Geld in den Schuldendienst als in das Gesundheitswesen. Im Niger, wo weniger als 20 Prozent der jungen Frauen die Schule besuchen, verschlingen die Schuldenzahlungen mehr Geld als Bildung und Gesundheit zusammen.[16] Tansania gibt jährlich 3,20 Dollar pro Person für die medizinische Versorgung aus, das heißt ein Viertel des Betrags, der nach Ansicht der Weltbank erforderlich ist, um eine grundlegende Gesundheitspflege zu ermöglichen; auf der anderen Seite werden in diesem Land 9 Dollar pro Person für den Schuldendienst aufgewandt.[17] In ganz Afrika leben rund 30 Millionen Menschen mit dem HI-Virus oder einer Aids-Erkrankung[18], bis zu 70 Prozent der erwachsenen Patienten in den Krankenhäusern leiden an Folgeerkrankungen von Aids, und die Regierungen haben kein Geld für wirksame Aufklärungskampagnen, mit denen die Epidemie eingedämmt werden könnte. Die Lebenserwartung wird den Prognosen zufolge auf ein Niveau sinken, das zuletzt im 19. Jahrhundert beobachtet wurde. Im Lauf der nächsten zehn Jahre werden 40 Millionen Kinder mindestens einen Elternteil durch Aids verlieren, und nur 60 000 Menschen werden eine Antiretroviraltherapie erhalten (jene Art von Behandlung, die in den westlichen Ländern die Lebenserwartung und -qualität der Infizierten deutlich erhöht hat).[19] Dennoch geben die afrikanischen Länder mehr für den Schuldendienst aus als für die Gesundheit und müssen ihre Gesundheitsbudgets kürzen, um die Kriterien von IWF und Weltbank zu erfüllen.[20] Da verwundert es nicht, dass Jeffrey Sachs von der Columbia University beim Weltgipfel für nachhaltige Entwicklung im Jahr 2002 folgenden Aufruf an die Teilnehmer richtete: »Verteidigen Sie Ihr Volk. Es ist unhaltbar, dass das Geld, mit dem die Pandemie bekämpft werden könnte, in den Schuldendienst fließt. Angesichts dieses Holocaust ist es unumgänglich, diese Mittel in den Kampf gegen Aids umzuleiten.«[21]

## Der Zusammenhang zwischen Schulden und Armut

Der Zusammenhang zwischen Schuldendienst, daraus resultierender Armut und Krankheit ist gut dokumentiert.[22] In den Entwicklungsländern sind bis zu 70 Prozent der Fälle von Magendarmerkrankungen, Malaria, Masern und Infektionen der unteren Atemwege – die häufigsten Todesursachen bei Kindern – auf Mangelernährung zurückzuführen. Jenen Menschen, die in extremer Armut leben und mit weniger als einem Dollar am Tag auskommen müssen – das gilt etwa für die Hälfte der Afrikaner – fehlen einfach die grundlegenden Voraussetzungen für die Erhaltung ihrer Gesundheit. Sie können sich keine »gesunden« Nahrungsmittel wie Obst und Gemüse leisten, die für die Stärkung der Immunabwehr unerlässlich sind und auch dem Schutz vor nicht ansteckenden chronischen Krankheiten dienen.[23] Diese Menschen müssen auf sanitäre Einrichtungen, sauberes Trinkwasser und angemessenen Wohnraum verzichten. Sie haben kein Geld, um benötigte Medikamente zu kaufen, die oft ohnehin nicht vorhanden sind. Das liegt daran, dass die Pharmaunternehmen nicht in die Entwicklung von Präparaten investieren, die der Bekämpfung der für die Entwicklungsländer charakteristischen Krankheiten wie der Schlafkrankheit, der Chagas-Krankheit und ähnlichen Übeln dienen. Sie wissen, dass die staatlichen Subventionen nicht zur Bezahlung der Medikamente reichen werden und dass die Zielgruppe zu arm ist, um sich diese Heilmittel zu leisten. Mouanodji Mbaissourom, der einzige Kardiologe in N'Djamena im Tschad, erklärt, dass kaum einer seiner Patienten mit Bluthochdruck je ein verschriebenes Medikament erhalten wird: »Oft sind die Präparate im Tschad nicht zu finden, oder die Kranken können sich die Medikamente nicht leisten.«[24] Zudem sind die medizinischen Einrichtungen für die Armen vielfach in sehr schlechtem Zustand – eine Milliarde Arme haben überhaupt keinen Zugang zur medizinischen Grundversorgung – und nicht mit genügenden Mengen grundlegender Medikamente ausgestattet. Ein Beispiel: In Burkina Faso fehlen in fast 20 Prozent der medizinischen Zentren die wesentlichsten Impfstoffe, und in 24 Prozent der Einrichtungen funktionieren die für die Aufbewahrung der Impfstoffe erforderlichen Kühlanlagen nicht.

Und dann sind da die Krankheiten, die direkte Folgen der Armut sind: Die Cholera ist eine dieser Krankheiten, Aids eine weitere. Die Armen sind anfälliger für eine HIV-Infektion, weil die Frauen die Ausbreitung beschleunigen, wenn sie zur Prostitution gezwungen sind, um Nahrungsmittel oder das Schulgeld für ihre Kinder bezahlen zu können – Mable Bande, eine junge Prostituierte in Sambia, die auf sich gestellt ist, seit sie als Kind beide Eltern verlor, erklärt: »Der einzige Ausweg war, auf der Straße, in den Bars und Tanzlokalen Geld aufzutreiben. Ich musste ja irgendwie eine Möglichkeit finden, mich zu ernähren.« Der HI-Virus breitet sich aus, weil junge Männer auf der verzweifelten Suche nach Arbeit allein ihre Heimat verlassen und Trost in den Armen von Prostituierten suchen oder weil die Regierungen der Entwicklungsländer die Armen nicht mit den Aufklärungskampagnen erreichen. Doch von grundlegenderer Bedeutung ist, dass die Armut die körperliche Anfälligkeit für eine HIV-Infektion erhöht. Ist das Immunsystem einmal durch Parasitenbefall, Malaria, Tuberkulose und Mangelernährung geschwächt, so steigt die Gefahr einer Ansteckung mit Infektionskrankheiten deutlich.[25] Und ist der Körper erst einmal koinfiziert, verstärkt sich die Virämie, das heißt die Zahl der im Blut zirkulierenden HI-Viren. Eine ausgeprägte Virämie erhöht wiederum das Risiko einer Übertragung. Ein tödlicher Kreislauf.

Tatsächlich kann die Wechselwirkung zwischen Armut und Krankheit, zu deren Stabilisierung die Verschuldung wesentlich beiträgt, als tödlicher Kreislauf bezeichnet werden, der sich laufend selbst verstärkt. Die hohen Kosten der medizinischen Versorgung, die Unfähigkeit, mit einer Erwerbsarbeit Geld zu verdienen, die Tatsache, dass die Erkrankung einer Erwerbsperson die Fähigkeit eines verarmten Haushalts zur Erhaltung seiner Mitglieder untergräbt, sowie eine kostenpflichtige Gesundheitsfürsorge tragen allesamt dazu bei, die Armen in noch tiefere Armut zu stürzen und die Kranken noch kranker zu machen.[26] Ein wahrhaft teuflischer Kreislauf: Die Armut macht die Menschen krank, kranke Menschen verarmen weiter, und aufgrund der weiteren Verarmung werden sie noch kranker.[27]

Ein Entwicklungshelfer in Sambia beschreibt diese Situation so: »Wenn man das Haus eines Kranken betritt, fällt zunächst auf, dass der Patient auf der Erde liegt. Wenn der Haushalt früher noch nicht arm war, so sinkt er aufgrund der Erkrankung eines seiner Mitglieder spätestens nach einigen Jahren in die Armut ab, weil alle Vermögenswerte veräußert werden müssen, um die medizinische Versorgung des Kranken zu bezahlen. Die Kinder – vor allem die Mädchen – werden aus der Schule genommen, um bei der Pflege des Kranken zu helfen. Und der liegt immer ohne Decke und Kissen auf dem nackten

Boden. Nach Nahrung sucht man in der Lehmhütte vergeblich, und niemand kocht. Es gibt nichts zu essen.«[28]

Wenn man nun noch die Tatsache berücksichtigt, dass in vielen besonders armen Ländern die Ärzte und Krankenschwestern in Scharen abwandern[29], um ihre Lebensbedingungen in den reicheren Ländern zu verbessern, die aggressiv um diese Fachkräfte werben, ergibt sich ein vollkommen desolates Bild. Zehntausende afrikanischer Ärzte und Krankenschwestern verlassen ihre Heimat, um in den Vereinigten Staaten und Großbritannien Arbeit zu suchen[30]: Allein aus Kenia sind 4000 Krankenschwestern in die USA und nach Großbritannien ausgewandert, und rund 60 Prozent der in den achtziger Jahren in Ghana ausgebildeten Ärzte haben das Land verlassen. Von den 1600 Medizinern, die noch vor einigen Jahren in Sambia praktizierten, sind nur 400 übrig geblieben, während in Chicago mehr Ärzte aus Sierra Leone arbeiten als in ihrer Heimat.[31] So wandert der ohnehin geringe Wohlstand der Entwicklungsländer mit wachsender Geschwindigkeit in die reichen Länder ab, wo die Patienten von medizinischem Personal aus der Dritten Welt betreut werden, das zu Hause so dringend gebraucht würde.

## Dein Problem, mein Problem

Aber die miserable Gesundheitslage in den Entwicklungsländern, die durch die Verschuldung dieser Länder verschärft wird, ist nicht nur ein Problem der armen Welt. In der Ära des Flugzeugs weitet sich diese Bedrohung rasch auch auf die reiche Welt aus. Da die Krankheitserreger heutzutage rasch und problemlos Grenzen überqueren und von Kontinent zu Kontinent reisen, ist die Gefahr der globalen Ausbreitung von Epidemien größer als je zuvor.[32]

Dass sich Krankheiten über Landesgrenzen hinweg ausbreiten, ist keineswegs neu. Die große Pestwelle, die im Jahr 1665 rund 20 Prozent der Bevölkerung Londons hinwegraffte, war von infizierten Ratten übertragen worden, die Handelsschiffe aus Südasien nach England gebracht hatten.[33] Neuartig an der heutigen Situation sind die intensivere und schnellere Reisetätigkeit, die anschwellenden Migrationsströme, die Zunahme des illegalen Menschenhandels, das Wachstum des Tourismus, die Intensivierung des internationalen Handels mit Nahrungsmitteln und biologischen Erzeugnissen und die globale Klimaerwärmung, die das Überleben und die Ausbreitung gefährlicher Insekten erleichtert.[34]

Das Dengue-Fieber in Alabama[35], eine Malariawelle in Frankreich, ein Ebola-Ausbruch in Berlin, eine epidemische Ausbreitung der Affenpocken in Tokio, ein Cholerafall in Barcelona, ein erneutes Auftreten der Tuberkulose in Großbritannien: Derartige Ereignisse sind längst nicht mehr nur der Phantasie eines Drehbuchautors in Hollywood entsprungen, sondern stellen eine reale Gefahr dar.

In den Entwicklungsländern weit verbreitete Krankheiten mit mittelalterlich klingenden Namen – die Pest, das Dengue-Fieber, das Rift Valley-Fieber (RVF), das Lassa-Fieber, Krankheiten, deren Symptome von blutigem Durchfall über den Verlust von Gliedern bis zu entstellenden Hautschäden reichen – können nicht länger auf bestimmte Länder beschränkt werden, wenn sie lediglich einen transkontinentalen Flug entfernt sind. Mittlerweile schleppen jedes Jahr tausende Reisende aus Ländern, in denen die Malaria endemisch ist, diese Krankheit nach Großbritannien ein.[36] In Nordamerika ist die Malaria in den städtischen Ballungsgebieten von Kalifornien bis Michigan und von New York bis Toronto wieder aufgetaucht.[37] Die Tuberkulose, die in den reichen Ländern jahrzehntelang auf dem Rückzug war, erlebt seit Mitte der achtziger Jahre eine Renaissance, was zum Teil auf die Ausbreitung aus Südasien und der afrikanischen Subsahara zurückzuführen ist.[38] Vor Kurzem trat in Brasilien und der Türkei die dort bis vor wenigen Jahren unbekannte Leishmaniase auf.[39] Diese von einem Parasiten ausgelöste und von der Sandfliege übertragene Krankheit, die die Milz, die Leber und das Knochenmark angreift, führt zum Tod, wenn sie nicht behandelt wird. In den Vereinigten Staaten wurden allein im Jahr 2002 4156 Menschen vom West-nil-Virus befallen.[40] Und bis vor Kurzem nur in Afrika beobachtete Subtypen des HI-Virus tauchen mittlerweile in den westlichen Ländern auf.[41] Jedes Mal, wenn eine dieser Krankheiten ihr hässliches Haupt erhebt, bedroht sie nicht nur die öffentliche Gesundheit, sondern gibt auch jenen rechtsextremen, ausländerfeindlichen Politikern Munition, die behaupten, unser bester Schutz bestehe darin, andere fern zu halten.

## Arm, gefährlich und bankrott

Aber nicht nur die xenophobe Bigotterie und die Gefahr, dass die entwickelte Welt von Krankheiten aus den Entwicklungsländern überrollt wird, sollten uns dazu bewegen, uns mit der katastrophalen Gesundheitssituation der armen Länder zu befassen. Denn eine kränkere Dritte Welt wird auch die reichen Länder zu ärmeren und gefährlicheren Orten machen.

Nun fragen Sie vielleicht: Die Ausbreitung von Krankheiten in den Entwicklungsländern soll *uns* ärmer machen? Genau so ist es. Wir haben bereits gesehen, dass die Verschuldung das Wachstum und die Entwicklung in den Entwicklungsländern beeinträchtigt. Dieselbe Wirkung hat auch eine schlechte Gesundheitssituation, die durch die Verschuldung verschlimmert wird. Beispielsweise hat sich gezeigt, dass das häufige Auftreten der Malaria das Wirtschaftswachstum in den betroffenen Ländern um 1 Prozent verringert – es liegt auf der Hand, dass kranke Arbeitskräfte weniger produktiv sind als gesunde und häufiger dem Arbeitsplatz fern bleiben. Noch gravierender ist die Beeinträchtigung des Wirtschaftswachstums in jenen Ländern, die besonders schwer von Aids betroffen sind, das heißt in den meisten hoch verschuldeten Ländern.[42] Dort erkranken und sterben die Menschen üblicherweise genau in jenem Alter, in dem sie die wertvollsten volkswirtschaftlichen Beiträge leisten und am meisten zum Gedeihen des familiären Haushalts beitragen könnten. Oder wie Nelson Mandela es ausgedrückt hat: »Aids tötet jene, die eigentlich im Dienst der Gesellschaft Getreide anbauen, in den Bergwerken und Fabriken arbeiten, in den Schulen unterrichten, die Krankenhäuser betreiben und die Länder regieren sollten.«

In vielen afrikanischen Ländern ist mittlerweile mehr als ein Viertel der potenziellen Erwerbsbevölkerung Aids zum Opfer gefallen[43]: Mosambik wird bis 2020 ein Fünftel seiner Landwirte verloren haben. Doch wie wirken sich eine mangelhafte Entwicklung und ein unzureichendes Wirtschaftswachstum in den Entwicklungsländern auf die reichen Länder aus? Nun, sie beeinflussen die entwickelte Welt, weil die multinationalen Konzerne den Absatzschwund in den armen Ländern nicht durch einen erhöhten Verkauf auf ihren Heimatmärkten wettmachen können. So fällt es ihnen schwer, die Gewinne zu erhöhen, Dividenden auszuschütten und die Steuereinnahmen des Staates zu erhöhen. Daher sind sie auf die Möglichkeit angewiesen, ihre Coca-Cola, ihre Autos und ihre Computer auf noch nicht gesättigten Märkten zu verkaufen, das heißt in den Entwicklungsländern. Und Länder mit geringen Wachstumsraten und unzureichender Entwicklung stellen keine geeigneten Absatzmärkte dar.

Und unsere Welt soll gefährlicher werden? Auch das ist nicht zu vermeiden. Eine hohe Kindersterblichkeit zählt zu den wichtigsten Indikatoren für den bevorstehenden Zusammenbruch eines Landes. Es besteht ein klarer Zusammenhang zwischen der Häufigkeit von HIV-Infektionen und Aids-Erkrankungen einerseits und den Sicherheitsrisiken im betroffenen Land andererseits.[44] In Ländern, die nur mit Einschränkungen in den Genuss der Demokratie kommen, ist eine Korrelation zwischen Aids und der Wahrscheinlichkeit eines Staatsbankrotts zu beobachten, und Aids könnte Kriege zwischen ethnischen Gruppen, Genozide, zerstörerische Regimewechsel und Revolutionen auslösen. Darüber hinaus besteht ein Zusammenhang zwischen der Ausbreitung von Aids und *regionalen* Sicherheitsbedrohungen, denn wo immer die Verbreitung des HI-Virus epidemische Ausmaße annimmt, sind die Polizei, der öffentliche Dienst und das Militär, von denen die nationale Sicherheit abhängt, besonders betroffen. Desgleichen gibt es einen Zusammenhang zwischen der Ausbreitung der Krankheit und Bedrohungen der *internationalen* Sicherheit, denn die Konsequenzen greifen von den befallenen Staaten auf die Nachbarländer, Handelspartner und Verbündeten über und destabilisieren eine zu Beginn des neuen Jahrtausends ohnehin schon viel gefährlichere Welt.

Dazu kommt die moralische Bankrotterklärung der reichen

Welt. Indem die reichen Länder zulassen, dass in den Entwicklungsländern weiter Krankheit und Tod in schockierendem Maß wüten, indem sie nichts tun, um diesem leicht zu verhindernden Genozid Einhalt zu gebieten, machen sie sich mitschuldig an den Verlusten, die die armen Länder erleiden. Sie machen sich auf eine Weise schuldig, als hätten sie sich selbst vergiftete Lebensmittelpakete geschickt, als hätten sie ihren Müttern und Kindern HIV-infizierte Nadeln ins Fleisch gestochen. Würden die reichen Länder beispielsweise den Ländern der Subsahara jene 27 Milliarden Dollar zur Verfügung stellen, die diese benötigen, um die wichtigsten Infektionskrankheiten zu bekämpfen und die Gesundheitssituation von Müttern und Kindern zu verbessern – fast die Hälfte dieses Betrags würde frei, würden die Schulden dieser Länder gestrichen[45] –, so könnten in der Region jedes Jahr Millionen Menschenleben gerettet werden. Die reiche Welt kann nie genug Rosenkränze beten, um Vergebung für ihre Gleichgültigkeit gegenüber dem Leiden der Dritten Welt zu finden.

***

Der Zusammenhang zwischen Verschuldung und Krankheiten ist schockierend, moralisch nicht tragbar, gefährlich und vor allem unnötig. Aufgrund der Verschuldung sterben in den Entwicklungsländern jeden Tag Menschen: Babys, Mütter, Kinder und Teenager finden den Tod, weil die reiche Welt auf dem fortgesetzten Transfer von Reichtum und auf der Durchführung von Maßnahmen beharrt, die sich nachteilig auf die Gesundheit insbesondere der Armen auswirken. Und diese Menschen sterben, weil die Regierungen der armen Nationen diesen Missbrauch zulassen, anstatt sich zusammenzuschließen, um der Ausplünderung ihrer Länder ein Ende zu machen. Die betroffenen Menschen sind zu krank und schwach, um ihre Führer aus ihrer Resignation oder ihrer Genügsamkeit zu reißen. Es droht die globale Gefahr, dass die unter ihrer Schuldenlast und unter unerträglichen Bedingungen für einen Schuldenerlass leidenden Länder von destabilisierenden und zerstörerischen Pandemien heimgesucht werden.

Es besteht kein Zweifel daran, dass wir dem Sterben ein Ende machen, den Kranken die Chance auf ein längeres, besseres Leben eröffnen und die Entwicklungsländer auf den Weg der wirtschaftlichen Erholung bringen könnten, wenn wir durch einen Schuldenerlass zusätzliche Mittel freimachten und auf die althergebrachten Bedingungen für die Entschuldung verzichten würden.[46] Selbstverständlich müssten die Dividenden dieser Maßnahmen jene erreichen, die darauf angewiesen sind, was nirgendwo auf der Welt selbstverständlich ist. In den Vereinigten Staaten beispielsweise müssen trotz eines Staatshaushalts von mehreren Billionen Dollar 46 Millionen Menschen ohne Krankenversicherung und mit einem sehr eingeschränkten Zugang zur medizinischen Versorgung leben. Die Regierungen der reichen Länder haben vielfach auch die Gesundheit ihrer eigenen Armen vernachlässigt. Und dann stellt sich natürlich die Frage, ob die freigesetzten Mittel nicht von den bereits extrem großen Verteidigungshaushalten der Entwicklungsländer verschlungen würden. Die westlichen Rüstungsfirmen würden dafür zweifellos dankbar sein.

All dies sind sehr wichtige Fragen, mit denen ich mich im letzten Kapitel befassen werde. In der Zwischenzeit möchte ich jedoch die Frage aufwerfen, was die westlichen Regierungen in der Stunde, die Sie für die Lektüre dieses Kapitels gebraucht haben und in der rund 1500 Kinder in armen Ländern eines unnötigen Todes gestorben sind[47], getan haben, um des Problems Herr zu werden. Die Antwort ist ebenso einfach wie entsetzlich: Die Regierungen der reichen Länder haben weder ausreichende Mittel in die hilfsbedürftigen Länder geschickt noch versucht dafür zu sorgen, dass die dank ihrer Entschuldungsmaßnahmen frei werdenden Mittel für die richtigen Zwecke verwendet werden. Auch sind sie bisher nicht bereit gewesen, die mit dem Schuldenerlass verbundenen Auflagen zu überdenken, um die Entwicklung wirklich zu fördern, anstatt sie durch unangemessene Vorschriften im Keim zu ersticken. Stattdessen versuchen die reichsten Länder der Welt, sich selbst und andere mit vollkommen unangemessenen und schlecht durchdachten Entschuldungsprogrammen und mit unzureichenden Hilfspaketen zu täuschen. Beispielsweise wurden bisher lediglich 2,1 Milliarden Dollar für den Globalen Gesundheitsfonds zur Bekämpfung von Aids, Tuberkulose und Malaria bereitgestellt. Dieser Betrag bleibt ganz deutlich unter den jährlichen 7 bis 10 Milliarden Dollar, die für diese vollmundig verkündete globale Initiative veranschlagt worden sind. Und obwohl Präsident Bushs Aids-Nothilfeplan für Afrika, in dessen Rahmen 14 Ländern in den kommenden fünf Jahren 8,5 Milliarden Dollar zur Verfügung gestellt werden sollen, durchaus großzügig wirkt, wissen wir, dass diese Länder im Normalfall in einem einzigen Jahr viel mehr für den Schuldendienst und die Rückzahlung ihrer Kredite aufwenden müssen.[48] Derartige Programme sind keine Lösung.

Wir können den Problemen der Entwicklungsländer nun einmal nicht einfach den Rücken kehren, das Fernsehgerät ausschalten und so tun, als sei dies allein Sache der Dritten Welt. Die Zerstörung der Volksgesundheit, die zu den schlimmsten Folgen der Verschuldung zählt, kann sich rasch in ein Problem der reichen Welt verwandeln, ihre Sicherheit bedrohen und ihr schweren finanziellen Schaden zufügen. Zudem kann uns die Verschuldung der Entwicklungsländer weiteren schwereren Schaden zufügen. Die Luft, die wir atmen, die Nahrung, die wir zu uns nehmen, die Spezies, mit denen wir den Planeten teilen, ja sogar unser Gefühl der Sicherheit befinden sich im Wirkungskreis der Schuldengranate.

KAPITEL ZEHN

# Osama ist nicht das einzige Problem

»Das Wachstum der Weltwirtschaft wird vielen, aber nicht allen zugute kommen. Es wird innere und grenzüberschreitende Konflikte auslösen und die Kluft zwischen den regionalen Gewinnern und Verlierern weiter vergrößern. Die Globalisierung wird nicht reibungslos voranschreiten, sondern von chronischer finanzieller Volatilität und wachsenden wirtschaftlichen Unterschieden geprägt sein. Regionen, Länder und Gruppen, die sich ausgegrenzt fühlen, werden unter zunehmender wirtschaftlicher Stagnation, politischer Instabilität und kultureller Entfremdung leiden. Sie werden sich dem politischen, ethnischen, ideologischen und religiösen Extremismus zuwenden, der oft mit Gewalt einhergeht.«

Central Intelligence Agency (CIA), *Global Trends 2015*

## Der Möchtegern-Berlusconi

Heute ist Cem Uzan[1] ein berüchtigter Mann in der Türkei, doch noch vor einigen Jahren galt er als einer der erfolgreichsten Unternehmer des Landes. Zu jener Zeit wurde er als der blonde, blauäugige Liebling der Nation bezeichnet, als angehender türkischer Berlusconi. Diesem Mann war es im Alter von wenig mehr als 30 Jahren gelungen, das Bauunternehmen seiner Familie in ein Finanz-, Medien- und Telekommunikationsimperium zu verwandeln. Ende des Jahres 2002 umfasste Uzans Imperium fünf nationale Fernsehkanäle, eine der führenden türkischen Tageszeitungen, mehrere Versorgungsunternehmen, das zweitgrößte Mobiltelefonnetz des Landes und einige Banken.

Wie Berlusconi hatte auch Uzan politische Ambitionen. Im August des Jahres 2002, weniger als drei Monate vor den allgemeinen Wahlen in der Türkei, gründete er die Genc-Partei (Junge Partei). Uzan führte einen farbenfrohen Wahlkampf mit jeder Menge Luftballons, Popmusik und kostenlosem Essen. Im Kern seiner politischen Aussagen stand der Kampf gegen den Schuldendienst.

Zwei Jahre vorher war die unter einer schweren Wirtschaftskrise leidende Türkei gezwungen gewesen, Hilfe beim Internationalen Währungsfonds zu suchen. Nun mühte sich das Land ab, um einen gewaltigen Kredit von 31 Milliarden Dollar zu bedienen und rang mit den Konsequenzen des gnadenlosen Sparprogramms, das der IWF der türkischen Regierung aufgezwungen hatte. In dieser Situation forderte Uzan ein Schuldenmoratorium. »Das türkische Volk hungert, damit es die Schulden zurückzahlen kann«, erklärte er. »Wir brauchen den Währungsfonds nicht!«, dröhnte der Schlachtruf seiner Anhänger durch das Land – und zeigte Wirkung: Innerhalb von nur zweieinhalb Monaten erreichte Uzan einen respektablen Stimmenanteil von 7,3 Prozent. Nach der Wahl nahm der schlanke und braun gebrannte politische Aufsteiger eine noch aggressivere Haltung ein. »Wäre ich an der Macht, so würde ich mir den IWF vom Hals schaffen«, erklärte er im Mai 2003. Einen Monat später verkündete er, seine erste Amtshandlung als Präsident werde darin bestehen, den Währungsfonds hinauszuwerfen. Obwohl der IWF einige Monate später einwilligte, einen Teil der ausstehenden Kredite der Türkei umzuschulden, und obwohl eine Phase der wirtschaftlichen Erholung begann, mäßigte sich Uzan nicht; und bis August 2003 stieg seine Partei in den Umfragen auf 17 Prozent.

Doch wenige Monate vor der Wahl wurden Uzan und seine Familie beschuldigt, große Geldsummen veruntreut zu haben. Seine Banken wurden unter behördliche Aufsicht gestellt, und seine sämtlichen Unternehmen und Vermögenswerte wurden beschlagnahmt, um die Verbindlichkeiten der Uzan-Banken in Höhe von 7 Milliarden Dollar zu begleichen. Gleichzeitig strengten Motorola und Nokia vor einem Gericht in New York einen Betrugsprozess gegen Uzan und seine Familie an – sie wurden zur Rückzahlung von 4,2 Milliarden Dollar verurteilt. Uzan, der den Kampf gegen die internationalen Finanzinstitutionen erst aufgenommen hatte, als ihm seine Gläubiger auf den Pelz rückten, ist nach wie vor ein freier Mann. Schließlich genießen Parlamentsmitglieder in der Türkei strafrechtliche Immunität. Er ist auf freiem Fuß, obwohl auch in der Türkei zahlreiche Beschuldigungen gegen ihn erhoben wurden, obwohl das erwähnte Urteil zugunsten von Motorola und Nokia ergangen ist, obwohl ihn ein britisches Gericht zu 15 Monaten Haft in der Strafanstalt Pentonville verurteilt hat (die er sofort antreten müsste, sollte man seiner auf britischem Boden habhaft werden) und obwohl sich sein Vater, sein Bruder und sein Onkel Haftbefehlen durch Flucht entzogen haben und auf der Fahndungsliste von Interpol stehen. Politische Beobachter sind der Ansicht, die türkische Regierung könne sich – Immunität hin oder her – eine strafrechtliche Verfolgung Uzans ohnehin nicht leisten, da man ihr politische Motive unterstellen würde. Sie kann es nicht riskieren, aus Uzan einen politischen Märtyrer zu machen.

In Anbetracht der Tatsache, dass Uzan den Banken 7 Milliarden Dollar schuldet, wirkt es beinahe komisch, dass ihn ausgerechnet sein Kampf gegen den Schuldendienst bisher vor dem Gefängnis gerettet hat. Obwohl seine politische Anhängerschaft kleiner geworden ist, liegt er in den Umfragen weiterhin in der Nähe der Werte, die er vor der Enthüllung der Betrugs- und Veruntreuungsvorwürfe erreicht hatte. Seine Anhänger sind vor allem in jenen gesellschaftlichen Gruppen zu suchen, die besonders unter der Verschuldung der Türkei und den erdrückenden Sanierungsvorgaben des IWF leiden: unter den Jungen, den Armen, den Arbeitslosen und den Frauen.

## Die »Verschmelzungsrhetorik« der Verschuldungsgegner

In den vorangegangenen Kapiteln haben wir gesehen, dass die Belastung durch den Schuldendienst und durch Auflagen, die mit dem Zugeständnis weiterer Kredite oder einem Schuldenerlass verbunden sind, oft großen Schaden in den Entwicklungsländern anrichten. Wir haben gesehen, dass in vielen Fällen nur die Ungleichheit, die Arbeitslosigkeit, der soziale, gesundheitliche und wirtschaftliche Druck zunehmen und der Lebensstandard der ohnehin Marginalisierten weiter sinkt, wenn die Schuldnerländer nach den Regeln der reichen Welt spielen und Ressourcen dorthin transferieren. Wir haben gesehen, dass die Verschuldung vielfach nur die Reichen noch reicher und die Armen noch ärmer macht und politisch korrupten Herrschaftseliten die Möglichkeit gibt, die wehrlose Bevölkerung ausbluten zu lassen. Wir haben gesehen, dass sich geschwächte Regierungen herumstoßen lassen und in dem verzweifelten Bemühen, die Wünsche ihrer verschiedenen Kreditgeber und Herren zu erfüllen, die Bedürfnisse ihres eigenen Volkes aus den Augen verlieren. Da ist es kein Wunder, dass es Oppositionspolitikern in der Türkei, in Bolivien oder in Thailand gelingt, politisches Kapital aus der Verschuldung zu schlagen, indem sie darin die einzige Ursache für die Probleme in ihren Ländern sehen.

In vielen Fällen ist dieser Vorwurf durchaus gerechtfertigt. Doch allzu oft benutzen opportunistische Politiker die Verschuldung lediglich, um sich Wählerstimmen zu sichern. Sie dämonisieren die Kreditgeber und die internationalen Finanzeinrichtungen nicht, weil sie sich aufrichtige Sorgen darüber machen, dass die Verschuldung ihrem Land schweren Schaden zufügt oder weil sie legitime politische Reformen anstreben, die an der Verschuldung scheitern. Vielmehr geht es ihnen einfach darum, an den Nationalismus zu appellieren und die Aufmerksamkeit von einer verfehlten Wirtschaftspolitik oder – wie in Cem Uzans Fall – von ihrem persönlichen Fehlverhalten abzulenken.

Der ersten Kategorie von Politikern war Hitler zuzurechnen, der die Auslandsschulden Deutschlands zynisch nutzte, um den Chauvinismus zu wecken. Auf dem Weg zur Macht verteufelte er die Schuldenzahlungen, die Deutschland mit dem Versailler Vertrag aufgeladen worden waren, um das Wohlwollen der Bevölkerung zu gewinnen und die Ressentiments gegenüber den früheren Kriegsgegnern zu schüren.[2] In seinen Reden verknüpfte er die Schulden mit Schlagworten wie »Unrecht«, »Demütigung«, »Leiden« und »Schande«. Genau das hatte John Maynard Keynes vorausgesehen, als er in einem leidenschaftlichen Pamphlet gegen Versailles geschrieben hatte: »Ich wage zu prophezeien, dass die Rache nicht ausbleiben wird«, sollten die Sieger darauf bestehen, die Besiegten in die Armut zu treiben.[3]

Ein zeitgenössisches Beispiel für die zweite Gruppe von Politikern ist Robert Mugabe, der die gegen den IWF und die Weltbank gerichtete Rhetorik mit Anschuldigungen gegen die Geschäftsbanken verbindet, um die Aufmerksamkeit vom Scheitern seiner Politik abzulenken.

Ein noch schändlicherer politischer Trick besteht darin, die Angriffe auf die Gläubiger und den IWF mit einer generellen Verurteilung des verteufelten »Anderen« zu verknüpfen, wobei dieser Dämon der Westen, die Vereinigten Staaten oder jemand in der näheren Nachbarschaft sein kann. Robert Mugabe verschmilzt seine gegen den Währungsfonds und die Weltbank gerichteten Tiraden nicht nur mit einer antikapitalistischen Rhetorik, sondern auch mit einem auf die Weißen zielenden Rassismus und sogar mit Angriffen auf die Homosexuellen – zu seinen bevorzugten Zielen zählt Tony Blairs »Schwulenregierung«.[4] Und Amien Rais, der Sprecher des indonesischen Parlaments, verkündete vor Kurzem, Indonesien könne sich auch ohne Unterstützung seitens des IWF erholen, wobei er diese Erklärung jedoch mit beißenden allgemeinen Attacken gegen westliche Interessen verknüpfte.[5] Die Verschuldung kann sich also leicht in ein Vehikel für Bigotterie, Intoleranz und Hass auf »die Anderen« verwandeln.

Die verschuldete Gesellschaft richtet ihren Zorn oft nur allzu bereitwillig gegen diese »Anderen«. Während der argentinischen Wirtschaftskrise im Jahr 2002 übergab die Parlamentsabgeordnete Alicia Castro in einer vom Fernsehen übertragenen Kongresssitzung dem Vorsitzenden eine amerikanische Flagge und verlangte, diejenigen, die dafür verantwortlich seien, dass sich das Land in »ein bloßes Sekretariat des IWF« verwandelt habe, könnten die argentinische Flagge gleich durch das Sternenbanner ersetzen. Diese Geste fand große Zustimmung in der argentinischen Öffentlichkeit, die nicht mehr in der Lage war, ihre Abneigung gegenüber dem IWF von der Ablehnung der Vereinigten Staaten zu trennen. Die kollektive verschmolzene Wut war derart groß geworden, dass sich Ende November 2002 die argentinischen Kunstgalerien um die Gelegenheit stritten, ein Gemälde von Daniel Santoro auszustellen, auf dem Eva Perón als Heilige der Armen dargestellt ist, die Spruille Braden (dem amerikanischen Botschafter, der im Jahr 1945 mit General Perón aneinander geraten war) den Kopf abschlägt.[6]

Doch die Verschmelzung von Parolen, die sich gegen den Schuldendienst, den IWF, die Vereinigten Staaten und den Westen allgemein richten, ist nicht allein populistischen Politikern vorbehalten. Sehr viel gefährlicher ist, dass sich extremistische Gruppen wie al-Qaida dieselbe Sprache angeeignet haben. Es wurde berichtet, dass Osama bin Ladens Terrornetz zwecks Rekrutierung neuer Fanatiker die »amerikanischen Finanzinstitutionen« (und damit den IWF, die Weltbank sowie die Geschäftsbanken im Allgemeinen) anprangert, die als Bestandteile einer größeren Macht dargestellt werden, die korrupten Regierungen die Herrschaft sichert und für die erbärmlichen Lebensbedingungen von Osama bin Ladens potenziellen Anhängern verantwortlich gemacht wird. Die amerikanischen Finanzinstitutionen wurden unter den Anhängern der palästinensischen und irakischen Sache, den militanten Islamisten in Oberägypten, Algerien, Pakistan, Tschetschenien, Somalia, im Sudan und auf den Philippinen sowie den Armen in den Slums von Riad, Casablanca und Karatschi zum Feindbild stilisiert. Die vor Kurzem zu neuem Leben erweckte peruanische Terrororganisation »Leuchtender Pfad« verknüpft den Aufruf zur »Mobilisierung der Massen zum Kampf gegen und zum Sieg über den Unterdrücker« (als da sind die Vereinigten Staaten) mit Bezugnahmen auf den IWF und die Weltbank, die als »finanzielle Werkzeuge des Imperialismus« bezeichnet werden.[7]

Mit dem Verweis auf die hässlichen Abkömmlinge der Verschuldung – Armut, Ungleichheit und Ungerechtigkeit – werden furchtbare Gewalttaten gerechtfertigt. Wenige Wochen nach dem Terrorangriff auf das World Trade Center schrieb der bekannte afrikanische Kommentator Michael Fortin: »Wir müssen zugeben, dass es sich bei diesem bedauerlichen Akt der Aggression möglicherweise zumindest teilweise um die Rache der verzweifelten und gedemütigten Menschen handelt, die unter der wirtschaftlichen Unterdrückung durch die Völker des Westens stöhnen.«[8] Fortins Wortwahl – die »Verzweifelten« und »Gedemütigten« stöhnen unter der »Unterdrückung« – weckt gezielt bestimmte Assoziationen. Und es ist vollkommen klar, dass es ein Publikum gibt, bei dem eine solche Wortwahl auf fruchtbaren Boden fällt.

Im Zeitalter der Information sind die Menschen besser als je zuvor imstande, ihre Entbehrungen mit dem Wohlstand anderer zu vergleichen. Während ein Teil der Welt Café Latte schlürft, das Breitbildfernsehen genießt und in Nike-Schuhen herumläuft, muss der Großteil der Menschheit darauf verzichten – *und ist sich dessen bewusst*. Ich werde nie vergessen, was mir Owens Wiwa, der Bruder des von den nigerianischen Sicherheitsdiensten ermordeten Menschenrechts- und Umweltschutzaktivisten Ken Saro-Wiwa, über seine Jugend erzählte: »Und dann kam das Fernsehen und wir sahen, dass andere Menschen hübsche Wohnungen hatten und teure Autos fuhren. Und dann wurden wir wütend.«[9]

Es ist unmöglich, die Größe dieses Publikums zu ignorieren. Es gibt mittlerweile etwa 879 Millionen »globale Desperados« – die Menschen in den Slums von Karatschi und Istanbul, die Armen in Indonesien, auf den Philippinen, in Nord- und Westafrika –, deren Lebensbedingungen sich in den letzten 20 Jahren verschlechtert haben.[10] Die vielfältigen Gründe für diese Verschlechterung können zumindest teilweise auf die Verschuldung zurückgeführt werden. Würde sich nur ein Bruchteil dieser Menschen den Wahlspruch »Lasst uns alles riskieren, da wir ohnehin nichts haben« zu Eigen machen, so hätten wir es mit einem riesigen Heer zu tun. Es ist nicht nötig, dass die Mehrheit der Armen und Verzweifelten so zu denken beginnt, damit dies unser kollektives Problem wird. Es genügen einige wenige, die wütend und verzweifelt genug sind.

Eine Karriere in einer lokalen Miliz oder in einer extremistischen Organisation ist für wütende arbeitslose junge Männer in einer von der Verschuldung zerstörten oder von der Armut heimgesuchten Umgebung zweifellos eine sehr attraktive Option. Diese jungen Männer wurden für Arbeitsplätze ausgebildet, die infolge des Zusammenbruchs ganzer Industrien nicht mehr existieren; sie leben entweder zusammengepfercht in überfüllten Großstädten oder in verwüsteten ländlichen Gemeinden. Der Eintritt in eine Miliz oder in eine Terrororganisation stellt unter diesen Bedingungen eine Beschäftigungschance dar: Die Hutu-Milizen, die im Jahr 1994 den Völkermord in Ruanda verübten, waren *arbeitslose* junge Männer (in den neunziger Jahren stieg die Arbeitslosigkeit infolge der IWF-Sanierungsprogramme rasant an). Die peruanische Guerillabewegung des »Leuchtenden Pfades« hat in jüngster Zeit unter den *Arbeitslosen* in den Andenregionen und in den Armenvierteln von Lima neue Anhänger gefunden (diese Menschen wurden von den Sanierungsprogrammen besonders hart getroffen). Die Arbeitslosen aus den *ärmsten* Regionen Pakistans stellen ein unerschöpfliches Reservoir für extremistische Gruppen dar, die nach »heiligen Kriegern« suchen, und die militante islamische Bewegung Usbekistans findet zahlreiche Rekruten unter den Jugendlichen, die keine anderen Beschäftigungsmöglichkeiten haben. Diese »Arbeitsplätze« sichern den Militanten oft ein beträchtliches Einkommen: So verdient eine Führungskraft der mittleren Ebene in der pakistanischen Extremistengruppe Laschkar-e-Taiba (»Armee der Reinen«) 15 000 Rupien im Monat, was dem Siebenfachen des pakistanischen Durchschnittseinkommens entspricht.[11] Oft beziehen auch die Familien der Rekruten ein monatliches Entgelt.

Die Beträge, die »Karriereterroristen« oder Milizionäre verdienen, sind selbstverständlich nur einer von mehreren Faktoren, die junge Männer zu einer derartigen Berufswahl bewegen. Weitere Gründe sind historische Ressentiments, ethnische Verfolgung, Gebietsstreitigkeiten, religiöse Auseinandersetzungen und der Wunsch nach Zugehörigkeit in einer Welt, in der sich die Gemeinschaften und Identitäten auflösen. Aber erst die Kombination dieser Beweggründe mit den wirtschaftlichen Faktoren sichert diesen jungen Männern ihre Popularität. Das Argument, mit dem man in einem von Armut, Ungleichheit und Hoffnungslosigkeit geprägten Land einen jungen Mann – und es geht hier vorwiegend, wenn auch nicht ausschließlich um Männer – vom Extremismus überzeugen kann, ist nicht schwierig zu formulieren: »Indem du dein eigenes Leben opferst, wirst du deiner Familie und deiner Gemeinschaft eine bessere Zukunft sichern.« Alternativen, die in unseren Augen moralisch nicht vertretbar sind, können aus dem Blickwinkel der Hoffnungslosen betrachtet nicht nur erwägenswert, sondern sogar unausweichlich erscheinen.

Im Unterschied zum »Fußvolk« stammen die meisten der bekannten »Markenterroristen«, Leute wie Osama bin Laden sowie einige der palästinensischen Selbstmordattentäter, aus privilegierten Familien. Die militanten Aktivisten der Hisbollah, die Ende der achtziger und Anfang der neunziger Jahre Anschläge verübten, besaßen vielfach eine Sekundarschul- oder sogar Hochschulausbildung. Doch obwohl diese Extremisten die Benachteilung selbst möglicherweise nur aus zweiter Hand kennen, rechtfertigen sie die Gewaltanwendung mit dem Kampf für die unterdrückten Massen. Und dieses Argument trägt wesentlich zu ihrer Popularität bei. Darüber hinaus hängt ihr Erfolg von den willigen Vollstreckern ab, die sie unter den Armen rekrutieren. Diese beschaffen Waffen, sorgen für die Geldwäsche und stellen Refugien bereit und schaffen damit die Infrastruktur, die die Terroristen benötigen.

Ähnlich großen Einfluss haben die wirtschaftlichen Überlegungen auf die »Arbeitsbienen« der Drogenhändler in den Entwicklungsländern. Die Kath-Bauern in Kenia, die Koka-Pflanzer in Bolivien und die Dagga-Pflücker in Mosambik haben einfach keine echten Alternativen zum Drogenanbau: Die Preise vieler legaler landwirtschaftlicher Erzeugnisse sind eingebrochen. Indem die Bauern illegale Pflanzen anbauen, sichern sie sich und ihren Familien das Überleben. Wenn sie legale Pflanzen anbauen oder auf die Unterstützung des Staates hoffen, haben sie dazu keine Chance. Die so genannten »Drogenesel«, jene jamaikanischen Mütter, die Kondome mit Rauschgift schlucken und dann ins Flugzeug nach London steigen, sind mehrheitlich gottesfürchtige, anständige Frauen, deren Familien sich nie von den Einschnitten erholt haben, die in Jamaika im Rahmen der IWF-Sanierungsprogramme vorgenommen wurden. Sie sehen in diesem furchtbar riskanten Job ihre einzige Überlebenschance. Mit den 1500 Dollar, die ihnen ein erfolgreicher Flug über den Atlantik einbringt, können sie ihrem eigenen Leben und dem ihrer Kinder eine andere Richtung geben.

Verzweiflung, Unsicherheit und die Erkenntnis, für sich selbst sorgen zu müssen, da es der Staat nicht tun wird – die Leitmotive unserer Geschichte der Verschuldung – sind Bedingungen, die die Verzweifelten zu Entscheidungen bewegen können, die sich auf uns alle auswirken werden. Warum sollten junge Männer den gewaltsamen Tod in einem heiligen Krieg oder junge Frauen den Tod durch eine Kokainüberdosis in einer Flugzeugtoilette fürchten, wenn sie daheim ebenfalls eines gewaltsamen, jedoch scheinbar noch sinnloseren Todes sterben könnten, weil sie in einem Slum in Bogotá oder in einer »Stadt Gottes« zu Hause sind, wo die Todesraten aufgrund von Gewalt und Krankheiten bereits unerträglich hoch sind? Das Leben hat sehr viel weniger Wert in Ländern, in denen die Ungleichheit groß und das Dasein ein Hobbes'scher Albtraum[12] ist – ein kurzes Leben in Einsamkeit, Armut und Verrohung.

## Die Heiligen der letzten Tage

Die Verschuldung bereitet aber nicht nur den Boden für Extremisten und kriminelle Organisationen, die, um es mit Mao Tse-tung zu sagen, ein Meer voller kleiner Fische brauchen, unter denen sich die größeren Fische unbehelligt bewegen können. Wir haben bereits gesehen, dass die Verschuldung der Entwicklungsländer die Struktur der Gemeinschaften untergraben und die Regierungen dieser Länder zur Kürzung der Mittel für Schulen, Krankenhäuser und Sozialdienste gezwungen hat. Man stelle sich vor, was geschehen würde, wenn jemand erschiene, der all diese Leistungen an Stelle des Staates anbieten würde. Gleichgültig, was er ansonsten anzubieten hätte: Er würde als Held wahrgenommen, als Retter und als Wohltäter.

Wir haben gesehen, wie dieser Mechanismus in Lateinamerika funktionierte, wo sich die Drogenbarone die Unterstützung der notleidenden Bevölkerung sicherten. Pablo Escobar, der berüchtigte kolumbianische Drogenboss, bemühte sich mit

Erfolg um die Gunst der zahlreichen Entwurzelten in Medellin, indem er für ihre Strom- und Wasserversorgung sorgte, Fußballfelder, Basketballplätze und andere Sporteinrichtungen baute. In seinem Heimatort Evingado finanzierte er ein lokales Wohlfahrtssystem und schenkte den einkommensschwachen Bewohnern tausend Häuser.[13] Carlos Lehder, ein weiterer kolumbianischer Drogenbaron (der mittlerweile eine lebenslängliche Haftstrafe plus 135 Jahre in einem Gefängnis in den USA absitzt), wurde von den Gemeinden, die er finanzierte, als »Patroncito« bezeichnet, als Wunder wirkender Schutzheiliger. Rafael Caro, der populäre Chef eines mexikanischen Drogenkartells, sicherte sich die Unterstützung der Bevölkerung, indem er auf seinen Latifundien mehr als 30 000 Menschen Arbeit gab, 100 Millionen Pesos für die Verbesserung der Infrastruktur in der Ortschaft Caborca im Staat Sonora spendete und Schulen an Orten baute, die von der Regierung aufgegeben worden waren.[14]

Dieselbe Strategie wenden nun die extremistischen islamischen Organisationen an, die die Gelegenheit nutzen, um als alternative Staatsmacht aufzutreten. Nehmen wir als Beispiel Pakistan, ein hoch verschuldetes Land, in dem es keinerlei Sozialschutz gibt und dessen politische Führung die knappen Mittel vor allem für militärische Zwecke verwendet.[15] 40 Prozent der Bevölkerung leben unterhalb der Armutsgrenze, 60 Prozent haben keinen Zugang zur Bildung, 50 Prozent müssen auf jegliche medizinische Versorgung verzichten, und den öffentlichen Schulen mangelt es an Büchern, elektrischem Strom und Lehrern. Ein idealer Nährboden für die Ausbreitung des radikalen Islam, der in einem Netz von Madrassas – kostenlosen Koranschulen, in denen Kindern, die ansonsten überhaupt keine Bildung erhalten würden, eine strenge religiöse Erziehung zuteil wird – ein unerschöpfliches Reservoir von Extremisten heranzieht und sich gleichzeitig die Unterstützung großer Bevölkerungsgruppen sichert.[16]

Sämtliche Organisationen, die sich auf Religion gründen – in Lousiana ebenso wie in Lagos, Boston, Birmingham oder Bogotá – können mit dem Vorwurf der Indoktrination konfrontiert werden.[17] Doch was man ihnen auch immer vorwerfen mag: Christliche Organisationen nutzen ihren Einfluss nicht, um das Töten und den Dschihad zu predigen. Genau das tut jede sechste der 39 000 pakistanischen Koranschulen, in denen Doktrinen verbreitet werden, die den Kreuzzügen oder der spanischen Inquisition angemessen wären.[18] Diese Schulen bieten ausschließlich religiöse Unterweisung an und fördern ausdrücklich die extremistische Militanz, indem sie ihren kaum des Lesens fähigen Schülern beibringen, dass ihre spirituelle Pflicht darin besteht, gegen andere muslimische Sekten in Pakistan, gegen die Hindus in Kaschmir oder gegen die Ungläubigen im Westen zu kämpfen, insbesondere gegen die »imperialistischen« Amerikaner. Diese Erziehung ist geeignet, hunderttausende Schüler in heilige Krieger zu verwandeln, lange bevor sie eine Waffe in die Hand nehmen können.[19]

In der Madrassa Darul Uloom Haqqania, in der die meisten Führer der Taliban ausgebildet wurden, melden jedes Jahr über 15 000 Familien einen Sohn in der Hoffnung an, dass er einen von 400 Ausbildungsplätzen erhalten wird.[20] Und die Bewerber kommen nicht nur aus Pakistan, sondern auch aus dem Sudan, aus Mali, Nigeria, dem Senegal, dem Jemen, Bangladesch und der Türkei (in einigen pakistanischen Koranschulen kommen 75 Prozent der Schüler aus dem Ausland).[21] All diese Länder haben natürlich eines gemein: Dort ist die Armut weit verbreitet, und die gewaltigen Schuldenberge lasten vor allem auf den Schultern der Armen. Die Anziehungskraft der Madrassas kann nicht überraschen, denn wenn der Staat keine Bildung, keine medizinische Versorgung und keine Sozialdienste anbietet, wird jedes alternative Angebot bereitwillig angenommen. Und in den Koranschulen werden die Kinder nicht nur erzogen, sondern oft auch ernährt, untergebracht und eingekleidet.[22]

In Südostasien und in den Ländern der Subsahara entstehen tausende Madrassas. »Gebt mir ein Kind vor dem siebten Lebensjahr«, sagten die Jesuiten. Wie verrückt es vom Westen ist, die Bildung hunderttausender Kinder in den Entwicklungsländern den gewalttätigen Extremisten zu überlassen.

Die Übernahme der sozialen Funktionen durch die Extremisten ist nicht auf die Ausbreitung der Koranschulen beschränkt. An anderen Orten wenden radikale islamische Gruppen ähnliche Strategien an. Die Moslembrüderschaft in Ägypten und Jordanien, die FIS in Algerien, Hisb-al-Islah im Jemen und Hamas in Palästina bieten den Menschen in Ländern, in denen die Bevölkerung mehrheitlich in Armut lebt, die Entwicklung uneinheitlich ist und die beschleunigte Liberalisierung die sozialen Spannungen und die Entwurzelung begünstigen, medizinische Dienste, Bildung, Beschäftigung und erschwingliche Wohnungen an.[23] Sie versorgen Orte, an denen der Staat nicht fähig oder nicht willens ist, soziale Dienste anzubieten. Der Al-Raschid-Trust beispielsweise, dem amerikanischen »Schwarzbuch des Terrorismus« zufolge eine der wichtigsten islamistischen Organisationen, hat in Afghanistan Fuß gefasst, wo er neben Ausbildungslagern für die Taliban und die moslemischen Separatisten in Kaschmir auch Bäckereien, moderne Informatikzentren, Kliniken und Trinkwassersysteme betreibt. Oft ist es ausgesprochen schwierig, zwischen »legitimen« sozialen Einrichtungen und verdeckten Terrorzentren zu unterscheiden.

Selbstverständlich sind nicht alle Länder mit untauglichen Wohlfahrtssystemen und unzureichenden öffentlichen Bildungs- und Gesundheitssystemen in diese Lage geraten, weil ihnen der IWF oder die Weltbank unerträgliche Bedingungen auferlegt haben oder weil ihre Schuldenberge nicht zu bewältigen sind. Auch sind nicht alle diese Länder für islamistische Indoktrination, die generösen Gesten von Drogenhändlern oder den Charme von selbst ernannten Robin Hoods anfällig, die einen Turban tragen oder sich Goldketten umhängen. Damit der islamische Extremismus Fuß fassen kann, muss es eine nennenswerte moslemische Bevölkerung oder eine große Enklave geben.[24] Und damit Drogenbarone eine Machtbasis aufbauen können, müssen geeignete geografische und klimatische Bedingungen für den Drogenanbau herrschen. Aber halten wir uns Folgendes vor Augen: Der Staat versagt in *sämtlichen* hoch verschuldeten Ländern der Erde in den Bereichen Sozialschutz, Gesundheit und Bildung, und in der Hälfte dieser Länder stellen die Muslime sehr wohl die Bevölkerungsmehrheit.[25] Der Großteil der weltweit konsumierten Drogen wird sehr wohl in armen, vielfach hoch verschuldeten Ländern angebaut, in denen die wirtschaftlichen Möglichkeiten sehr begrenzt sind, die rechtsstaatlichen Mechanismen schlecht funktionieren und Beamte bestochen oder beseitigt werden können. Die Gefahr, dass unter solchen Bedingungen der Extremismus oder der Drogenhandel Fuß fassen, ist sehr groß.[26]

## Gescheiterte Staaten

Schwache Staaten können sich leicht in »gescheiterte« oder »missratene« Staaten verwandeln. Tatsächlich sind die meisten Staaten, die uns dabei in den Sinn kommen – Afghanistan, Angola, Burundi, die Demokratische Republik Kongo, Liberia, Sierra Leone, der Sudan, Somalia und der Jemen – hoch verschuldet. Die meisten wurden während des Kalten Krieges von den Supermächten, die ihre geopolitischen Interessen verteidigen und die Tätigkeit ihrer Unternehmen in diesen Ländern fördern wollten, mit Krediten versorgt. Ein Großteil des Geldes wurde in Waffen investiert, die von den Rüstungsindustrien der Supermächte geliefert wurden. Die meisten der Empfängerstaaten wurden von Politikern regiert, die vom Westen oder vom Ostblock finanziert wurden und ihre Länder ausbluten ließen – als Beispiele seien nur Präsident Mobuto in Zaire, Präsident Siaka Stevens in Sierra Leone und Präsident Mohammed Siad Bare in Somalia genannt. Im Rahmen der vom IWF und von der Weltbank vorgeschriebenen Sanierungsprogramme strichen die meisten dieser Regierungen die Gesundheits- und Bildungsbudgets zusammen, sie mussten die vom Internationalen Währungsfonds und der Weltbank aufgezwungenen Währungsabwertungen hinnehmen und sahen sich in der Folge mit wachsender Ablehnung seitens ihrer Bevölkerung konfrontiert.[27]

Diese Staaten sind nicht nur eine Bedrohung für sich selbst und ihre Nachbarn, sondern für die gesamte Menschheit. Immanuel Kants vor mehr als zwei Jahrhunderten geschriebene Worte, die Menschen müssten sich »endlich doch nebeneinander dulden«, haben heute mehr denn je Gültigkeit.[28] Denn die willkürliche anarchische Gewalt, die auf den Zusammenbruch eines Staates folgt, löst Wellen interner und grenzüberschreitender Katastrophen wie Flüchtlingswellen, Epidemien, Unter- und Mangelernährung und Völkermorde aus, die keine Grenzen respektieren und weit reichende Konsequenzen haben. Solche Staaten unter Kontrolle zu bringen, ist sehr kostspielig. Der Versuch der Vereinten Nationen, nach dem Zusammenbruch Somalias dort den Frieden zu erhalten, kostete 2 Milliarden Dollar im Jahr, sehr viel mehr, als jemals an Entwicklungshilfe in das Land gesteckt worden war.[29] Und natürlich kam der Rettungsversuch viel zu spät.

Darüber hinaus dienen gescheiterte Staaten als Refugien für Terroristen und Extremisten. An Orten, wo der Staatsapparat nicht mehr funktioniert und das Gesetz durch die Herrschaft der Kriegsherren ersetzt wurde, finden Terroristen am ehesten ein sicheres Versteck. Zwei der meistgesuchten Terroristen auf der Fahndungsliste des FBI, die in die Bombenangriffe auf die amerikanischen Botschaften in Ostafrika im Jahr 1998 verwickelt waren, konnten jahrelang in der Demokratischen Republik Kongo untertauchen, bevor sie nach Liberia gingen, wo nach dem 11. September angeblich auch einige der engsten Vertrauten Osama bin Ladens Aufnahme fanden.[30] In den gescheiterten Staaten können die Terroristen ihre Finanzierungssysteme ausbauen: Die Verbindungen zwischen al-Qaida, den militanten schiitischen Organisationen Hisbollah und Amal sowie den Diamantenhändlern wurden in Sierra Leone geknüpft.[31] Und auch die Ausbildungszentren der Terroristen werden in gescheiterten Staaten aufgebaut – die wichtigsten Lager von al-Qaida befanden (und befinden sich möglicherweise immer noch) in Afghanistan, im Sudan und in Somalia.[32] In diesen von Konflikten geschüttelten, armen und hoch verschuldeten Ländern gedeihen die Terrororganisationen beinahe ungestört.[33] [34]

## Die Luft, die wir atmen

Die Belastung der Entwicklungsländer mit Schulden setzt die ganze Welt aber einer noch grundlegenderen Gefahr aus: Sie bedroht die Luft, die wir atmen, die Nahrung, die wir essen, das Überleben unserer Spezies. Ja, sie bedroht alles Leben auf unserem Planeten.

Die Fischgründe in aller Welt sind nahezu erschöpft, die Menschenaffen stehen unmittelbar vor der Ausrottung, die Garnelen auf unserem Teller sind immer öfter vergiftet. Die Zuckerahornerträge sinken, der Meeresspiegel steigt, die Korallenriffe, Regenwälder und Mangrovensümpfe verschwinden. Die an die Versicherungen gerichteten Schadensansprüche aufgrund von Naturkatastrophen geraten außer Kontrolle (im Jahrzehnt von 1990 bis 2000 wurden ebenso hohe Schäden gemeldet wie in den vorangegangenen drei Jahrzehnten zusammen), und die Kosten der globalen Klimaerwärmung dürften sich in den kommenden Jahrzehnten auf 300 Milliarden Dollar im Jahr belaufen.[35] All diese Entwicklungen stehen in Zusammenhang mit der Verschuldung.

Wie das? Erstens neigen die Entwicklungsländer, die Deviseneinnahmen erzielen müssen, um den Schuldendienst bestreiten zu können, zur rücksichtslosen Ausbeutung ihrer natürlichen Ressourcen. Je höher ihre Schulden, desto rabiater gehen sie vor. Beispielsweise ist ein klarer Zusammenhang zwischen der Höhe der Schulden und der Geschwindigkeit der Entwaldung zu beobachten.[36] Und die Entwaldung trägt wesentlich zur globalen Erwärmung bei: 25 Prozent der Emissionen von Treibhausgasen sind auf Änderungen der Landnutzung zurückzuführen.[37] An erster Stelle unter diesen Veränderungen steht die Abholzung, die überwiegend in den Schwellen- und Entwicklungsländern stattfindet.

Zur gleichen Zeit werden immer mehr Waldflächen für den Kahlschlag freigegeben, um die Privatisierungsvorgaben des IWF zu erfüllen. Seit die Holzindustrie Einzug gehalten hat, strömen zahlreiche Menschen auf der Suche nach Arbeit in die zuvor unzugänglichen Regenwälder Zentral- und Westafrikas. Um dort zu überleben, töten diese Menschen große Mengen an Elefanten, Schimpansen und Gorillas. Wenn das Schlachten ungebremst fortschreitet, werden nicht nur die eingeborenen Völker ihre Lebensgrundlage verlieren, sondern auch die bejagten Spezies innerhalb von 20 Jahren ausgerottet sein.[38]

Zweitens können sich die Länder, die unter ihren Schuldenbergen zusammengebrochen sind, einen verantwortungsvollen Umgang mit den natürlichen Ressourcen einfach nicht leisten. Sie sind nicht in der Lage, die abgeholzten Wälder wieder aufzuforsten, womit die Welt ihre Kohlendioxidspeicher verliert. Sie können es sich nicht leisten, Geld in den Umweltschutz zu investieren, da sie dringendere Probleme zu bewältigen haben: Gesundheitskrisen, Arbeitslosigkeit, soziale Unruhe und so weiter. Also schreitet die Umweltzerstörung voran. Seit den achtziger Jahren, als die ersten Strukturanpassungsmaßnahmen ergriffen wurden, sind die Mittel für Umweltschutzmaßnahmen im Amazonasbecken um 50 Prozent gekürzt worden. Und selbst wenn ein Land Umweltschutzgesetze hat, kann es sich die Durchsetzung dieser Rechtsvorschriften oft nicht leisten: Die Umweltschutzbestimmungen der Demokratischen Republik Kongo zählen zu den besten der Welt, aber es fehlen dem Land die nötigen Mittel für Polizeikräfte, die die Einhaltung dieser Vorschriften überwachen könnten. Auf den Philippinen, wo die Regierung sämtliche offiziellen Fahrzeuge verkauft hat, um die vom Währungsfonds auferlegten Budgeteinsparungen zu bewerkstelligen, befinden sich die Forstaufseher in der bizarren Lage, bei den Fahrern der Holztransporte, die sie kontrollieren sollten, als Anhalter mitfahren zu müssen! Die Resultate: eine zunehmende Ausbeutung der Ressourcen und ein Anstieg der Umweltrisiken.[39]

Drittens neigen verarmte Länder, die Geld für den Schuldendienst brauchen, zu einer Politik, die nur die kurzfristigen Ergebnisse im Auge hat. Die ärmsten Länder der Welt – Ghana, Gambia, Honduras, Nicaragua – verkaufen ihre Fischfangquoten an die Fangflotten aus den reichsten Ländern. Dabei spielt es keine Rolle, dass diese Länder bereits ihre eigenen Fischgründe überfischt haben und offensichtlich fest entschlossen sind, ihre verheerenden Praktiken auf neue Gewässer auszuweiten. Es spielt keine Rolle, dass die Entwicklungsländer zusehen müssen, wie ihren vom Fischfang lebenden Küstenbewohnern die Lebensgrundlage entzogen wird. Und es spielt keine Rolle, dass die Weltmeere bald leer gefischt sein werden, wenn die Entwicklungsländer ihre Fangquoten weiterhin wie gehabt verkaufen. Diese Prognose hat nichts mit

Schwarzmalerei zu tun: Den mechanisierten Fangflotten ist es in den letzten 50 Jahren gelungen, neun Zehntel der größten und wirtschaftlich bedeutendsten Fischarten auszulöschen, darunter Schwertfisch, Kabeljau, Heilbutt und Thunfisch.[40]

Viertens werden oft Kredite für eindeutig umweltschädliche Projekte vergeben. Rufen wir uns noch einmal das Polo-Noreste-Projekt in Brasilien in Erinnerung, jene 1500 Kilometer lange Straße durch den Amazonas, die von der Weltbank finanziert wurde, um neue Siedlungsräume zu erschließen und die übervölkerten städtischen Ballungsgebiete zu entlasten. Die Folge waren eine ausufernde Entwaldung, die Entwurzelung indigener Völker und der Verlust zahlreicher gefährdeter Spezies. In jüngerer Zeit wurden wir Zeugen wie in Thailand, Indonesien, Ecuador, Bangladesch, Nigeria, Ghana, Malawi und anderen Ländern zahlreiche Mangrovensümpfe (diese Sümpfe sind die Salzwasseräquivalente der Regenwälder) zerstört wurden, indem dort mit Geldern der Weltbank Garnelenfarmen errichtet wurden.[41] Diese Zuchtanlagen sind mittlerweile die wichtigste Ursache für die Zerstörung tropischer Sumpfgebiete. Die Weltbank vergibt hunderte Millionen Dollar für solche Projekte, die ungeeignet sind, den Schuldnerländern die angestrebten Deviseneinnahmen zu sichern (was eigentlich jedermann hätte wissen müssen: Da derart vielen Ländern gleichzeitig Geld für den Bau solcher Garnelenfarmen gegeben wurde, kam es augenblicklich zu einem Überangebot an Shrimps und folglich zu einem rasanten Preisverfall). Abgesehen davon tragen diese Projekte nicht nur zur globalen Klimaerwärmung bei, sondern bedrohen auch die Nahrungsmittelversorgung der lokalen Bevölkerung: In Asien beispielsweise wurde mehr als die Hälfte der Zuchtanlagen aufgrund des Überangebots wieder aufgegeben, weshalb das Angebot an Nahrungsmitteln deutlich gesunken ist – das früher für den Anbau von Nutzpflanzen verwendete Land liegt nun brach. Da das Wasser mit Salz angereichert wurde, um geeignete Lebensbedingungen für die Garnelen zu schaffen, sind die Anbauflächen nicht mehr für andere Nutzungszwecke geeignet. Zudem sind die Produkte häufig toxisch verseucht, da die Garnelenzüchter große Mengen an Chemikalien verwenden, um den Ertrag zu maximieren. In thailändischen, pakistanischen, vietnamesischen und indonesischen Garnelen wurden Spuren des Krebs erregenden Antibiotikums Nitrofuran gefunden, und im Jahr 2002 forderte die britische Lebensmittelbehörde FSA führende Lebensmittelketten auf, zahlreiche asiatische Garnelenprodukte aus den Regalen zu nehmen, da diese Erzeugnisse nicht nur diese verbotene Chemikalie, sondern auch von der Weltgesundheitsorganisation als gefährlich eingestufte Pestizide enthielten.

Die Exportkreditagenturen tragen ebenfalls einen Teil der Schuld an diesen umweltschädlichen Kreditvergabepraktiken. Wie wir gesehen haben, sind sie für die Finanzierung der meisten Dammprojekte und Elektrizitätswerke in den Entwicklungsländern verantwortlich, die teils gravierende Mängel aufweisen. Das gigantische Elektrizitätswerk Rihand in Indien beispielsweise wurde mit Exportkrediten finanziert, die westliche Regierungen bereitgestellt hatten, damit ihre Großkonzerne (in diesem Fall NEI und GEC) Aufträge erhielten. Zur Kühlung dieses Werkes wird Wasser aus dem Rihand-See abgeleitet, was einen Anstieg der Temperatur des Gewässers und eine Veränderung des ökologischen Gleichgewichts zur Folge hatte; zudem wird das Kraftwerk mit Kohle aus einem Bergwerk im Singrauli-Streifen betrieben – eines der letzten Rückzugsgebiete des bengalischen Tigers. Die amerikanischen Exportkreditagenturen OPIC und Ex-Im müssen sich derzeit gegen den Vorwurf verteidigen, in den vergangenen zehn Jahren mehr als 32 Milliarden Dollar an Krediten und Exportgarantien für die Erschließung von Ölfeldern und Kohlekraftwerken in Entwicklungsländern bereitgestellt zu haben.[42] Die Städte Boulder und Oakland haben gemeinsam mit den Umweltschutzorganisationen Friends of the Earth und Greenpeace Klage eingereicht, weil diese Kredite ihrer Meinung nach direkt zum Klimawandel beitragen. In diesen Fällen heißt das konkret: eine Reduzierung der Trinkwasserreserven der Vereinigten Staaten, ein erhöhtes Risiko der Grundwasserkontamination durch Salzwasser, eine Überforderung der Abwassersysteme und die Ausbreitung von Atemwegserkrankungen. Und das, obwohl die amerikanischen Exportkreditagenturen noch größere Rücksicht auf die Umwelt nehmen als die entsprechenden Behörden in fast allen anderen Ländern!

Selbstverständlich ist es ziemlich vermessen, die Entwicklungsländer für die Zerstörung der Umwelt in den reichen Ländern verantwortlich zu machen. Wenn überhaupt, dann steht die entwickelte Welt ökologisch in der Schuld der unterentwickelten: Die Kohlendioxidemissionen der reichen Länder sind gegenwärtig um ein Vielfaches höher als die der armen Länder. Die UN-Rahmenvereinbarung über den Klimawandel aus dem Jahr 1992, die vorsah, dass die Industrieländer ihre Emissionen reduzieren sollten, ist bisher kaum umgesetzt worden. Die Vereinigten Staaten haben das Kyoto-Protokoll nicht ratifiziert. Und an der Emissionsfront werden erschreckend wenige Fortschritte erwartet, insbesondere in Anbetracht der Tatsache, dass allein die Vereinigten Staaten für 21 Prozent der globalen Emissionen verantwortlich sind und dass die Regierung Bush alles tut, um die Auswirkungen der globalen Klimaerwärmung herunterzuspielen.

Doch indem die reiche Welt in dem Wissen Kredite vergibt, dass die finanzierten Projekte nicht umweltverträglich sind, und indem sie die armen Länder dazu bewegt, den Umweltschutz hintanzustellen und ihre natürlichen Ressourcen zu veräußern, um die Bedingungen des IWF erfüllen zu können, schneidet sie sich erneut ins eigene Fleisch.

☆☆☆

Im Vergleich zu den Sicherheitsrisiken, denen wir uns aussetzten, wenn wir unsere Umwelt weiter wie bisher verwüsten, wird selbst Osama bin Laden vergleichsweise harmlos daherkommen. Vor Kurzem hieß es in einem Bericht des amerikanischen Verteidigungsministeriums, die Erwärmung der Erdatmosphäre sei mittlerweile eine größere Gefahr als der Terrorismus.[43] Jüngste Forschungsergebnisse deuten darauf hin, dass die Wasser-, Boden- und Energieressourcen noch im Lauf unserer Generation derart knapp werden dürften, dass bewaffnete Konflikte um diese Schätze ausbrechen werden. Den Prognosen zufolge werden die Bürgerkriege und regionalen Konflikte zunehmen, da Millionen Menschen vor Überschwemmungen, Trockenheiten und Sturmkatastrophen fliehen müssen. Der Anstieg des Meeresspiegels wird zu grenzüberschreitenden Überflutungen führen und überfüllte Flüchtlingslager unter Wasser setzen. Die Folgen werden Seuchen, Armut und Wut sein. Millionen Menschen werden aufgrund des Klimawandels verhungern. Schlecht konzipierte, mit Geldern der Weltbank finanzierte Monokulturprojekte und die Zerstörung der Ozeane werden wahrscheinlich die Nahrungsmittelproduktion in Ländern zum Erliegen bringen, deren Bevölkerung bereits heute unterernährt ist. Es muss mit der Ausbreitung von Krankheiten gerechnet werden, da der Temperaturanstieg von Insekten übertragene Krankheiten wie die Malaria und das Dengue-Fieber begünstigen wird, die nicht an unseren Grenzen Halt machen werden. Es ist davon auszugehen, dass eine Spezies nach der anderen ausgerottet werden wird – bereits heute sind aufgrund der Entwaldung und Überfischung 24 Prozent der Säugetierarten vom Aussterben bedroht. Mit dem Verlust jeder Spezies erleidet unser zerbrechliches und komplexes Ökosystem weitere irreversible Schäden.

Halten wir uns die Warnung der Cree-Indianer vor Augen: »Erst wenn der letzte Baum gefällt, der letzte Fluss vergiftet und der letzte Fisch gefangen ist, werdet ihr verstehen, dass man Geld nicht essen kann.« Der Tag des letzten Baums, des letzten Flusses und des letzten Fisches rückt näher.

# EIN VORSCHLAG

## KAPITEL ELF

# Wahrheit, Aussöhnung und Regeneration

»Vor fünf Jahren stand ich vor der Tür der G-8-Versammlung in Birmingham, um einen Schuldenerlass zu verlangen. In Sambia genügt die bisherige Schuldenstreichung, um die Krankenhäuser und Schulen neu anzustreichen, doch sie genügt nicht, um Ärzte und Lehrer zu bezahlen. Ich bin gekommen, um das Erreichte zu feiern und die Menschheit daran zu erinnern, dass noch viel mehr getan werden muss.«

*Mulima Akapelwa, Leiterin der Einheit für wirtschaftliche Gerechtigkeit der Katholischen Kommission für Gerechtigkeit, Entwicklung und Frieden in Sambia nach ihrer Rückkehr nach Birmingham am 13. Mai 2003*

»Es tut uns allen Leid, wenn sich herausstellt, dass wir etwas Böses getan haben. Die Frage ist, welche Lehren wir gezogen haben. Die Frage lautet: Wie werden wir nun, da es uns leid tut, reagieren?«

*Issacs nimmt Luries Entschuldigung an. Zitat aus J.M. Coetzees Roman* Disgrace

## Die Wahrheit

Wir alle müssen hin und wieder eingestehen, dass die Dinge einfach nicht so funktionieren, wie wir es uns gewünscht hatten. An einem solchen Punkt sind die reichen Länder nun angelangt. Denn die Art und Weise, wie wir die Verschuldung behandeln, schadet offenkundig sowohl den Schuldnern als auch den Gläubigern.

Trotz der in Köln abgegebenen Versprechen warten die ärmsten Länder der Erde weiterhin auf eine wesentliche Verringerung ihrer Schuldenlast – bisher wurden ihnen lediglich 12 Prozent ihrer Schulden erlassen. Die afrikanischen Länder der Subsahara zahlen weiterhin jedes Jahr über 10 Milliarden Dollar an ihre Gläubiger, obwohl diese Länder täglich ein wenig ärmer und kranker werden. Irak, das auffälligste Beispiel für schlechte Kreditvergabepraktiken, hat von seinen Gläubigern ein Entschuldungsprogramm angeboten bekommen. Doch dieses Programm verlangt, um es mit den Worten des Politikers Dr. Hajim al-Hassan von der Islamischen Partei zu sagen, vom irakischen Volk, weiter für die Messer zu zahlen, die Saddam Hussein dafür benutzte, um seine Untertanen niederzumetzeln. Das System versagt und versinkt in wachsendem Chaos. Es gibt keine Verfahren zur Bewältigung von Schuldenkrisen und nur beschränkte Mittel zur Vermeidung solcher Krisen: Die langwierigen und erbittert geführten Verhandlungen zwischen Argentinien und seinen Gläubigern zeigen uns, was wir in der absehbaren Zukunft in ähnlichen Situationen zu erwarten haben.

Wir müssen völlig von vorn beginnen. Wir müssen uns vor Augen halten, *warum* sich die Entwicklungsländer verschuldet haben und welche verheerenden Konsequenzen ihre Verschuldung für uns alle hat. Wenn wir diesbezüglich Klarheit gewonnen haben, beginnt die schwierigste Arbeit: Wir müssen gemeinsam nach neuen Wegen aus der Schuldenfalle suchen, einen gerechten Interessenausgleich zwischen allen Beteiligten anstreben und vor allem eine Regeneration und eine Aussöhnung zwischen allen Beteiligten ermöglichen.

Wenn dies gelingen soll, werden wir ein grundlegendes Prinzip akzeptieren müssen: Es gibt einige Schulden, deren Rückzahlung nie verlangt werden darf, weil sie unrechtmäßig und unbezahlbar sind. Und das ist keine Frage der Wohltätigkeit, sondern der Gerechtigkeit.

Aber wir sollten gewarnt sein: Die Verhandlungen über die Frage, welche Schulden ein Land zurückzahlen sollte und welche nicht, und die Entscheidung darüber, welche Schulden »unrechtmäßig« sind, ist sowohl unter konzeptionellen als auch unter politischen Gesichtspunkten ausgesprochen komplex. Doch wir müssen uns auf dieses unwegsame, unbekannte Terrain wagen, denn nur wenn wir uns offen und kritisch mit diesen Fragen auseinander setzen, können wir die Forderungen von Gläubigern und Schuldnern fair beurteilen und die von der Verschuldung ausgehende Gefahr mit gerechten und ausgewogenen Lösungen überwinden.

Beginnen wir mit der Frage der Unrechtmäßigkeit[1]: Staatsschulden sollten dann als unrechtmäßig eingestuft werden, wenn sie die folgenden drei Bedingungen erfüllen:

Das Regime, das sich das Geld borgte, war nicht demokratisch gewählt.
Das Geld wurde nicht im Interesse der Bevölkerung verwendet.
Der Kreditgeber wusste, dass das Geld nicht im Interesse der Bevölkerung verwendet werden würde.

Um festzustellen, ob die erste Bedingung erfüllt ist, können wir auf unsere nationalen Gesetze zurückgreifen. Zu den grundlegenden Bestimmungen des Vertragsrechts zählt jene, dass ein Vertrag nur dann gültig ist, wenn die Vertragsparteien die Fähigkeit oder Befugnis hatten, diesen Vertrag zu schließen. Eine Person ist nicht an einen Vertrag gebunden, der in ihrem Namen von einer dritten Partei ohne ihr Wissen und ihre Zustimmung eingegangen wurde. Ähnliches gilt für ein Unternehmen, das sich der Haftung für einen Vertrag entziehen kann, den sein Geschäftsführer oder eine andere Führungskraft geschlossen hat, sofern die betreffende Person nicht zum Vertragsabschluss bevollmächtigt war.

Es gibt keinen triftigen Grund dafür, dieses Konzept der »Bevollmächtigung« nicht auch auf Verträge anzuwenden, die von souveränen Staaten geschlossen werden. Doch diese Analogie wird nur selten hergestellt. Im internationalen Recht wird eher davon ausgegangen, dass die Regierung eines Landes allein dadurch, dass sie die Macht innehat, bevollmächtigt ist, im Namen ihrer Bürger Verträge zu schließen. Dabei wird nicht berücksichtigt, wie besagte Regierung die Macht errungen hat, wie sie sie einsetzt und ob sie die Unterstützung der Bevölkerung genießt oder von ihr abgelehnt wird.

Diese Annahme beruht meines Erachtens auf einer überholten Vorstellung von Souveränität, weshalb wir uns auch von ihr lösen sollten. In internationalen Menschenrechtsbestimmungen wird zunehmend anerkannt, dass die Legitimität eines Staates und damit seine Fähigkeit zum Vertragsabschluss im Namen seines Volkes nicht von vornherein gegeben ist.[2] Die demokratische Einwilligung ist dafür eine wichtige Voraussetzung[3], und obwohl diese Zustimmung mehr oder weniger klar sein kann[4], dürfte Einigkeit darüber bestehen, dass kaum von demokratischer Einwilligung des Volkes die Rede sein kann, wenn sich ein diktatorisches Regime zum Machterhalt der Einschüchterung und Unterdrückung bedient.

Doch selbst wenn die demokratische Einwilligung nachweislich nicht gegeben ist, muss die Frage gestellt werden, ob dies an sich ein ausreichender Grund ist, alle von einer Regierung geschlossenen Verträge für null und nichtig zu erklären. Eine Frage, die mit einem klaren Nein beantwortet werden muss. Denn es ist möglich, dass eine Regierung ohne demokratische Einwilligung Kredite aufnimmt und im Interesse des Volkes verwendet. In einem solchen Fall wäre es unfair, eine Rückzahlung des Kredits abzulehnen, nur weil die Regierung kein entsprechendes Mandat der Bürger nachweisen konnte. Schließlich wollen wir nicht in Zukunft eine Situation heraufbeschwören, in der beispielsweise ein demokratisches China die Rückzahlung seiner Schulden in Höhe von 170 Milliarden Dollar mit dem Argument verweigern könnte, die Regierung, die seinerzeit die Kreditverträge schloss, sei nicht vom Volk gewählt gewesen.

Das bedeutet, dass ein weiteres Kriterium herangezogen werden muss, um über die Rechtmäßigkeit oder Unrechtmäßigkeit von Kreditverpflichtungen zu entscheiden.

Die zweite Bedingung lautet, dass die geliehenen Gelder nicht im Interesse der Bevölkerung verwendet wurden und das Schuldnerland nicht von den Krediten profitierte.[5] Es gibt eine Reihe von Präzedenzfällen für Kreditverträge, die für null und nichtig erklärt wurden, weil die Bedingungen 1 und 2 erfüllt waren. Im Jahr 1867 verweigerte die mexikanische Regierung unter Präsident Juarez die Rückzahlung sämtlicher Schulden, die Kaiser Maximilian zwischen 1863 und 1867 angehäuft hatte.[6] Das Argument lautete, die Kredite seien verwendet worden, »um den Usurpator gegen den Willen der legitimen Staatsgewalt an der Macht zu halten« und Erhebungen des Volkes gewaltsam niederzuschlagen. Im Jahr 1898 bedienten sich die Vereinigten Staaten, die damals die effektive Hoheit über Kuba hatten, ähnlicher Argumente, um die Rückzahlung der Schulden abzulehnen, die Kuba bei Spanien aufgenommen hatte. Die amerikanische Regierung erklärte, Kuba schulde der früheren Kolonialmacht kein Geld, da die Kreditaufnahme dem kubanischen Volk aufgezwungen worden sei (in diesem Fall mit Waffengewalt) und nicht dessen Interessen, sondern denen der spanischen Regierung gedient habe. Und im Jahr 2000 entschied der argentinische Richter Dr. Jorge Ballestero, die von der früheren Militärdiktatur im Ausland eingegangenen Schuldverpflichtungen seien rechtswidrig, betrügerisch und daher illegitim, da die Kredite nicht nur von einer Diktatur aufgenommen, sondern auch nicht im Interesse des Staates verwendet worden seien.[7]

Also müssen wir auch diese zweite Bedingung ergänzen. Stellen wir uns einmal vor, dass unser Bankberater uns etwas Geld in dem Glauben leiht, wir würden es für einen bestimmten Zweck verwenden, etwa für den Kauf eines neuen Autos. Natürlich hat er bei der Entscheidung über die Gewährung dieses Kredits angemessene Sorgfalt walten lassen, nach dem geplanten Verwendungszweck gefragt, unser früheres Ausgabenverhalten geprüft, war zu dem Schluss gelangt, dass das Geld wirklich für den Kauf eines neuen Autos bestimmt ist und hat uns daher den Kredit bewilligt. Wenn wir das Geld nun nicht für den Autokauf verwenden, sondern es in ein Kilogramm Kokain investieren, um in den Drogenhandel einzusteigen, kann die Bank nicht zur Rechenschaft gezogen werden. Mit anderen Worten: Wenn der Bankberater nicht wissen konnte, dass wir das Geld einem unrechtmäßigen Verwendungszweck zuführen wollten, ist er weiterhin berechtigt, das Geld zurückzufordern.

Wir müssen unsere Definition der Legitimität also erneut ausweiten: Kreditverpflichtungen sollten nur dann als unrechtmäßig eingestuft werden, wenn a) die Regierung, die die

Kredite aufnahm, kein entsprechendes Mandat der Bürger hatte, b) das geborgte Geld nicht im Interesse der Bürger verwendet wurde und c) der Kreditgeber darüber im Bilde war, dass die Mittel keinem legitimen Verwendungszweck dienen würden.

Manchmal ist es nicht schwierig, das Fehlen des einen oder anderen Kriteriums nachzuweisen. So ist die Entscheidung in jenen Fällen, in denen ein Geldgeber vorgeblich einen Kredit an ein Land vergab, das Geld tatsächlich jedoch einfach auf ein Auslandskonto eines Diktators überwies, leicht zu fällen. Die Royal Bank of Canada hatte zum Beispiel 1918 Costa Rica einen Kredit gewährt, obwohl sie wusste, dass dieses Geld das Leben des scheidenden Präsidenten Federico Tinoco im Exil versüßen sollte.[8]

In anderen Fällen liegen die Dinge nicht ganz so klar. Stellen Sie sich vor, dass ein Entwicklungsland einen Kredit für einen bestimmten Zweck erhielt – etwa für die Elektrifizierung ländlicher Gebiete oder für ein Impfprogramm –, dass die Gelder jedoch von der Regierung für üble Machenschaften abgezweigt oder einfach gestohlen wurden. Es ist auch vorstellbar, dass Kredite für nützliche Projekte verwendet wurden, die jedoch Ressourcen freisetzten, die der Staat dann einem unangemessenen Zweck zuführte. So wurden in General Sani Abachas Herrschaftszeit in Nigeria viele im Ausland geliehenen Gelder in den Staatsbetrieb gesteckt, dessen Erträge (etwa Steuern und Einnahmen aus dem Erdölexport) aber veruntreut. In solchen Fällen kann man nicht so leicht geltend machen, dass der Kreditgeber wusste, dass die Gelder unangemessenen Zwecken dienten.[9] War das Regime, das die Kredite erhielt, dafür bekannt, die Mittel nicht im Interesse seines Volkes zu verwenden – hatte der Kreditnehmer beispielsweise bereits mehrfach Gelder verschwendet –, so befände sich der Kreditgeber in einer schwachen Position, da er aufgrund der Erfahrungen mit diesem Schuldnerland eigentlich hätte wissen müssen, dass jeder weitere Kredit vermutlich die Lage der »begünstigten« Nation verschlechtern würde.

Als die britische Regierung Nigeria in der Ära Abacha und später unter General Ibrahim Babangida 3 Milliarden Pfund lieh, musste sie im Grunde davon ausgehen, dass diese berüchtigt schamlosen und diebischen Militärregime das Geld direkt oder indirekt missbrauchen würden. Als die Weltbank dem Suharto-Regime in Indonesien Kredite zugestand, hätte sie wissen müssen, dass ein beträchtlicher Teil der Mittel gestohlen werden würde (tatsächlich wurde ein Drittel der geliehenen 30 Milliarden Dollar veruntreut) – selbst aus den internen Aufzeichnungen der Weltbank geht hervor, dass sie über die endemische Korruption in Indonesien genau im Bilde war.[10] Als westliche Regierungen Ende der siebziger und Anfang der achtziger Jahre Zaire 3 Milliarden Dollar liehen, hätten sie davon ausgehen müssen, dass die Gelder dort schlecht verwaltet werden würden. Der Mann des IWF in Zaire, Edwin Blumenthal, hatte unter Protest seinen Rücktritt eingereicht und erklärt, aufgrund der maßlosen und allgegenwärtigen Korruption in Zaire hätten die Gläubiger »nicht die geringste Chance, ihr Geld jemals wieder zu sehen«. Als der IWF im Jahr 1976 wenige Monate nach dem Aufstand in Soweto einen Kredit für Südafrika bewilligte, hätte er wissen müssen, dass er damit ein Regime unterstützte, das bekanntlich Dissidenten grausam unterdrückte und Verbrechen gegen die Menschlichkeit beging. Ähnliches gilt für die Geschäftsbanken, die dem Apartheid-Regime Kredit gewährten. Tatsächlich warnten im Jahr 1982 zwei Rechtsanwälte der First National Bank of Chicago in einem Artikel, die Südafrika zugestandenen Kredite könnten zu einem späteren Zeitpunkt als unrechtmäßig (sie verwendeten den Begriff »odious«, abscheulich)[11] eingestuft werden, womit die Gläubiger ihre Ansprüche gegenüber einer Nachfolgeregierung verlieren würden. Die Liste ließe sich beliebig verlängern.

Doch wenn Grund zu der Annahme besteht, dass ein Kredit, der einem gewalttätigen Regime zugestanden wird, unmoralischen Zwecken dienen soll[12], wird dieser Kredit nicht nur unrechtmäßig. Ein solches Vorgehen macht den Kreditgeber auch mitverantwortlich für Unrechtshandlungen, die durch den Kredit ermöglicht werden. Würden wir unseren Bankberater beispielsweise bitten, uns Geld für die Bezahlung eines Auftragskillers zu leihen, der anschließend auch losginge, um jemanden zu töten, so müsste er nicht nur den Kredit abschreiben, sondern wäre auch zu unserem Komplizen bei einem Verbrechen geworden.

Ein Prinzip, das ebenfalls bereits im internationalen Recht festgeschrieben ist. Beispielsweise beschloss der amerikanische Kongress im Jahr 1820 nicht nur, dass die direkt am Sklavenhandel beteiligten Personen zur Todesstrafe verurteilt werden sollten, sondern weitete diese Vorschrift auch auf jene aus, die Schiffe für den Sklaventransport gebaut und ausgerüstet beziehungsweise die Sklaven verladen hatten. 130 Jahre später bekräftigten die Richter in den Nürnberger Prozessen dieses Prinzip, als sie erklärten: »Diejenigen, die den Plan ausführten, können sich der Verantwortung nicht mit dem Hinweis darauf entziehen, sie hätten auf Befehl des Mannes gehandelt, der den Plan entwickelte. ... Er war auf die Mitarbeit von Staatsmännern, militärischen Führern, Diplomaten und Geschäftsmännern angewiesen. Indem sie sich mit Kenntnis seiner Ziele zur Zusammenarbeit bereit erklärten, wurden sie zu Teilhabern des von ihm eingeleiteten Plans. Sie können nicht als unschuldig betrachtet werden ..., wenn sie wussten, was sie taten.«

Auf derartigen Überlegungen fußt auch die Sammelklage von 168 Südafrikanern, die gegenwärtig vor amerikanischen Gerichten verhandelt wird.[13] Die Kläger, die Opfer von Verbrechen gegen die Menschlichkeit wurden, verlangen eine Entschädigung von den Unternehmen, die sich laut Anklage durch die wirtschaftliche Unterstützung des Apartheid-Regimes zu seinen Mittätern machten. Unter den beklagten Gesellschaften sind acht Banken, nämlich die Barclays National Bank, die Citigroup, die Commerzbank, die Credit Suisse, die Deutsche Bank, die Dresdner Bank, JP Morgan und die UBS AAG. Als Beweis für ihre Mitverantwortung wird eine Aussage des ehemaligen südafrikanischen Premierministers John Vorster angeführt, der erklärt hatte, »jeder Bankkredit, jede neue Investition stellt einen weiteren Stein in der Mauer unserer fortgesetzten Existenz dar«.

Es gibt also durchaus überzeugende Argumente dafür, bestimmte Schulden als unrechtmäßig einzustufen. Und dass dieser »Eingriff« auch notwendig ist, liegt auf der Hand: In den vergangen 30 Jahren wurden mehr als 60 Prozent aller Kredite an Länder vergeben, deren damalige Regierungen korrupt waren oder ihre Völker unterdrückten.[14] Selbst heute noch stellt beispielsweise die japanische Regierung der repressiven Regierung von Burma zinsgünstige Kredite zur Verfügung. Es ist also unerlässlich, dass die Bedingungen für die Kreditvergabe vollkommen neu definiert werden.

## Die Rechte

Die Unrechtmäßigkeit ist nicht der einzige Faktor, von dem ein Schuldenerlass abhängig gemacht werden sollte. Meiner Meinung nach stellen auch folgende Umstände einen Grund für die Streichung von Schulden dar: Einem Land sollten seine Schulden erlassen werden, wenn es aufgrund seiner Verpflichtung zum Schuldendienst nicht imstande ist, seinen Bürgern die Versorgung mit Nahrung, Wasser, Kleidung, Obdach sowie einer grundlegenden medizinischen Versorgung und Bildung zu garantieren[15], wenn es seine Schulden nur bezahlen kann, indem es die Umwelt zerstört, oder wenn es aufgrund seiner erdrückenden Schuldenlast nicht für eine dringend benötigte Finanzhilfe infrage kommt.[16] Warum? Weil ein Schuldnerland unter solchen Bedingungen seinen Bürgern nicht einmal mehr die grundlegendsten Rechte garantieren kann, die Bestandteil sämtlicher Menschenrechtserklärungen der Neuzeit sind.[17] Das Beharren auf der Rückzahlung der Schulden macht die Bürger und Regierungen der reichen Länder zudem zu Mitverantwortlichen für das anhaltende Elend in den armen Ländern.

Das Prinzip, demzufolge die Rechte der Gläubiger keinen Vorrang vor den grundlegenden Menschenrechten haben sollten, legte schon den spirituellen und intellektuellen Grundstein für den Schuldenerlass im alten Athen und in Babylon. Der babylonische König verkündete um 1780 vor Christus im »Kodex Hammurabi«: »Wenn ein Mann eine verzinsbare Schuld hat und der Sturmgott sein Feld verwüstet oder die Ernte vernichtet oder wegen Wassermangels kein Getreide auf dem Feld gewachsen ist, so soll er in diesem Jahr dem Gläubiger kein Getreide geben, seine Schuldtafel aufweichen und für dieses Jahr keine Zinsen zahlen.«

Dieses Prinzip liegt auch dem Schutz zugrunde, den die meisten modernen Rechtssysteme dem Schuldner gewähren. Während der Schuldenturm in Dickens' England ein trauriger Bestandteil des Alltagslebens war und sich die Menschen in früheren Zeiten buchstäblich als Sklaven verkaufen mussten, um sich ihrer Schulden zu entledigen, verhindern die heutigen Konkursverfahren üblicherweise, dass einer zahlungsunfähigen Person alles weggenommen wird. Die letzten Zeichen der Hoffnung und der Würde – die für die Berufsausübung unerlässlichen Werkzeuge, ein Einkommen, das ein würdevolles Leben und ein Dach über dem Kopf sichert – bleiben unangetastet.

Dasselbe Prinzip wird auch auf die öffentliche Verwaltung angewandt. In den Vereinigten Staaten genießen die Bürger einer Gebietskörperschaft – sei es ein Schulbezirk, eine Stadt oder ein Landkreis – einen ähnlichen Schutz, wenn diese Körperschaft in finanzielle Schwierigkeiten gerät. Kann eine Gemeinde ihre Schulden nicht mehr zurückzahlen, so muss sie weder Steuern erheben noch ihre Vermögenswerte liquidieren, um die Gläubiger zu bezahlen. Darüber hinaus wird ihre Fähigkeit zum Erbringen der öffentlichen Dienste und zur Bereitstellung des grundlegenden Sozialschutzes gegen die Ansprüche der Gläubiger abgeschirmt. Tatsächlich besteht das Ziel eines Konkursverfahrens nach Chapter 9 (das die öffentliche Verwaltung betreffende Kapitel des amerikanischen Konkursgesetzes)[18] darin, die Aufrechterhaltung der unverzichtbaren öffentlichen Dienste zu gewährleisten.

Doch erneut wird das, was auf einzelstaatlicher Ebene gilt, nicht auf die internationalen Beziehungen übertragen: Wenn ein Land in Konkurs geht, wird seinen Bürgern üblicherweise kein vergleichbarer Schutz gewährt (bemerkenswerte Ausnahmen waren die Streichung der Schulden Deutschlands im Jahr 1953 und der Schuldenerlass für Indonesien im Jahr 1971). Wir haben zwar große Fortschritte gemacht, seit die Briten und Franzosen im Jahr 1876 in Reaktion auf die finanziellen Schwierigkeiten Ägyptens einfach die Finanzen des Landes übernahmen und mehr als die Hälfte seiner Staatseinnahmen in den Schuldendienst umleiteten, oder seit im Jahr 1902 italienische, deutsche und britische Kriegsschiffe die venezolanischen Häfen blockierten und beschossen, weil das Land die Rückzahlung seiner Schulden verweigerte.[19] Dennoch ertragen die Bürger insolventer Länder auch heute noch ähnliches Leid. Das liegt entweder daran, dass ihre Regierungen die dringend benötigten Sozialausgaben kürzen müssen, um den Schuldendienst bewältigen zu können, oder daran, dass eine Einstellung des Schuldendienstes hohe Kosten verursacht.

Diese Ungerechtigkeit hat aus einem einfachen Grund Bestand: Auf internationaler Ebene hat das Prinzip, dass ein Schuldendienst, der eine Befriedigung der menschlichen Grundbedürfnisse unmöglich macht, eingestellt werden sollte, bisher keine formale Anerkennung gefunden.[20] Erinnern wir uns daran, wie die Weltbank und der Internationale Währungsfonds den Anteil der Schulden berechnen, die einem Land gestrichen werden sollten. Aufgrund der erwarteten Deviseneinnahmen eines Landes wird kalkuliert, welche Rückzahlung »tragbar« ist.[21] Dabei wird die Fähigkeit des Landes, sowohl die Schulden zu bezahlen als auch die Menschenrechte seiner Bevölkerung zu wahren, überhaupt nicht in Betracht gezogen. Aus diesem Grund müssen die wenigen Länder, denen ein Teil ihrer Schulden erlassen wurde, weiterhin die Sicherheit, die Versorgung und Menschenwürde ihrer Bürger für den Schuldendienst aufs Spiel setzen.

Wir haben in den vorangegangenen Kapiteln allzu deutlich gesehen, welche Konsequenzen es für uns alle hat, wenn Staaten die Fähigkeit einbüßen, ihre Bürger und ihre Umwelt zu schützen. Wir haben gesehen, dass die Verzweiflung und die soziale Unruhe einen fruchtbaren Nährboden für den Extremismus darstellen. Im Interesse der Gleichbehandlung und der Gerechtigkeit, aber auch im Interesse des kollektiven Eigeninteresses sollten die ärmsten Länder der Erde nicht zur Rückzahlung von Schulden gezwungen werden, wenn dies das Leben ihrer Bürger unerträglich macht.

Sehen wir uns an, welche Lippenbekenntnisse die Politiker mittlerweile zum Kampf gegen die Armut in der Welt ablegen.

Tony Blair erklärt, Afrika sei »eine Wunde im Gewissen der Welt«. George W. Bush sagt, »unser Bekenntnis zur Menschenwürde« werde »von der anhaltenden Armut und den um sich greifenden Krankheiten herausgefordert«. Die reichen Länder haben großes Aufhebens um die Unterzeichnung der Millennium-Entwicklungsziele der Vereinten Nationen gemacht. Zu diesen Zielen zählen jene, in allen Ländern der Erde eine kostenlose Grundschulausbildung[22] anzubieten und die Zahl der Menschen, die in Armut leben, hungern und kein sauberes Trinkwasser haben, bis 2015 zu halbieren.

Es ist gut, dass ein solches Bekenntnis abgelegt wurde, aber diese Vorhaben bleiben in den Augen der Entwicklungsländer leere Versprechen, wenn die internationale Gemeinschaft den Worten nicht finanzielle Taten folgen lässt. Und das muss sie rasch tun. Es besteht Einigkeit darüber, dass dringend beträchtliche Mittel benötigt werden, um diese Ziele zu erreichen. Doch leider war vorauszusehen, dass die meisten der Regierungen, die diese Versprechen so bereitwillig unterzeichneten, bei der Bereitstellung der entsprechenden Hilfsgelder keine vergleichbare Eile an den Tag legen würden. Die meisten reichen Länder wenden weiterhin weniger als die zugesagten 0,7 Prozent ihres Bruttoinlandsprodukts für die Entwicklungshilfe auf. So geben beispielsweise die Vereinigten Staaten nur ein Zehntelprozent ihres BIP aus[23], Japan investiert sogar noch weniger. Und allem Anschein nach kürzen die Vereinigten Staaten ihr Entwicklungshilfebudget weiter, um die militärische Intervention im Irak und den Wiederaufbau des Landes finanzieren zu können. Auch verzichten weder die europäischen Staaten noch die USA darauf, ihre Landwirte und Agrokonzerne zu subventionieren – in der Europäischen Union wird jede Kuh mit 2,20 Dollar pro Tag gefördert, während mehr als eine Milliarde Menschen mit weniger überleben muss! Wenn den armen Ländern kein ausreichender Schuldenerlass gewährt wird, um die nötigen Mittel für die Befriedigung der Grundbedürfnisse ihrer Bürger freizumachen – und im Fall der meisten armen Länder ist dies gleichbedeutend mit einem *totalen* Schuldenerlass[24] – gibt es nicht die geringste Chance, die Millennium-Entwicklungsziele zu erreichen.

## Die Aussöhnung

Selbst wenn wir davon ausgehen, dass die Bereitschaft der reichen Länder zur Unterstützung der armen zunimmt, stellt sich die Frage, welche Schulden unrechtmäßig und welche unbezahlbar sind. Anhand welchen Verfahrens können wir bestimmen, welche Schulden nicht zurückgezahlt werden sollten? Und welche politischen Hindernisse müssen wir aus dem Weg räumen, um die Anwendung eines solchen Verfahrens zu ermöglichen?

Was den Prozess anbelangt, muss das Rad nicht neu erfunden werden. Die Parallelen zu den nationalen Konkursverfahren, insbesondere zu den Regelungen für Konkurse von Gebietskörperschaften in den Vereinigten Staaten, stellen eine geeignete Grundlage für die Gestaltung eines Mechanismus dar, anhand dessen festgestellt werden kann, welche Staatsschulden unbezahlbar oder unrechtmäßig sind und wie die Schuldner und Gläubiger folglich behandelt werden sollten. Dieser Mechanismus hat eine lange und ehrwürdige Geschichte. Seit Adam Smith im Jahr 1776 in seiner »Untersuchung über die Natur und die Ursachen des Nationalreichtums« internationale Konkurse befürwortete, hat sich eine Reihe von herausragenden Ökonomen für die Entwicklung eines solchen Verfahrens ausgesprochen. Zu den gegenwärtigen Fürsprechern eines internationalen Konkursverfahrens zählen die beiden Nobelpreisträger Joseph Stiglitz und Lawrence Klein, der Leiter des Earth Institute an der Columbia University, Jeffrey Sachs, und der österreichische Gelehrte Kunibert Raffer. Die Idee eines internationalen Verfahrens, das den Schuldnernationen einen Neubeginn ermöglichen soll, wurde von Politikern aus allen Lagern verfochten: Der republikanische Politiker Jim Leach (der frühere Vorsitzende des Bankenausschusses des amerikanischen Repräsentantenhauses), der britische Finanzminister Gordon Brown und UNO-Generalsekretär Kofi Annan sprachen sich ebenso dafür aus wie die Verfechter des »Erlassjahres« und verschiedene NGOs. Selbst der Internationale Währungsfonds hat einen dahingehenden Vorschlag unterbreitet – den »Souvereign Debt Restructuring

Mechanism« (SDRM), für den sich die stellvertretende IWF-Direktorin Anne Krueger öffentlich eingesetzt hat.[25]

Doch da wir es mit der internationalen Politik zu tun haben, weichen die verschiedenen Vorschläge in wesentlichen Punkten voneinander ab. Umstritten ist, wer über den Schuldenerlass entscheiden sollte: Sollte man einen einzigen oder mehrere Richter einsetzen? Oder besser ein Schiedsgericht? Und wer sollte wen als Richter auswählen? Es wird auch darüber gestritten, welche Schuldenkategorien berücksichtigt werden sollen – beispielsweise sollten nach Ansicht des IWF ausschließlich Privatkredite und Anleihen, nicht jedoch multi- oder bilaterale Schulden betroffen sein.[26] Die Weltbank und der IWF argumentieren, dass ihre Kreditratings abstürzen würden, sollte man sie zum Verzicht auf die Eintreibung ihrer Kredite zwingen, womit sie die Fähigkeit zur Unterstützung hilfsbedürftiger Länder einbüßen würden. Dieses Argument ist bestenfalls übertrieben und schlimmstenfalls einfach Unfug.[27] Wenn das Verfahren geeignet sein soll, sowohl über die Unrechtmäßigkeit als auch über die Unbezahlbarkeit zu entscheiden und den Bedürfnissen der ärmsten Länder gerecht zu werden, dann müssen wirklich *sämtliche* Schuldenkategorien berücksichtigt werden.

Sodann ist da die Frage, ob ein internationales Konkursgericht benötigt wird oder ob eher Schiedsgerichte eingerichtet werden sollten. Als in den Jahren 1953 und 1971 die Schulden Deutschlands beziehungsweise Indonesiens gestrichen wurden, wurden kurzfristig Schiedsgerichte gebildet. Meiner Meinung nach ist die Schiedsgerichtsbarkeit vorzuziehen, da dies der anerkannte Mechanismus für den Interessenausgleich zwischen mehreren Parteien ist.[28] Obwohl diese Einrichtungen nicht für Kreditstreitigkeiten verwendet werden, kommen Schiedsgerichtsverfahren für die Beilegung von internationalen Handelskonflikten sowie bei Streitigkeiten über Vertragsverpflichtungen nicht nur zwischen ähnlichen Parteien, sondern auch zwischen privaten und öffentlichen Körperschaften, Unternehmen und souveränen Staaten zum Einsatz.[29]

Zu den weiteren Fragen, die noch zu klären sind, zählen jene, wie die Entscheidungen einer supranationalen Einrichtung rechtlich bindend gemacht werden können, welche Rolle der Zivilgesellschaft im Verfahren zugestanden werden sollte und welche Berufungsmöglichkeiten es geben sollte.

Natürlich ist mir vollkommen klar, dass es Schwierigkeiten geben wird. In einigen Fällen dürfte es den Schiedsrichtern schwer fallen festzustellen, inwieweit eine neue Regierung tatsächlich mit der Vergangenheit gebrochen hat (eine solche Feststellung ist wichtig, um zu verhindern, dass einem abscheulichen Regime seine eigenen unrechtmäßigen Schulden erlassen werden). Es kann schwierig sein zu entscheiden, ob ein Kreditgeber wusste, dass er es mit einem unrechtmäßigen Regime zu tun hatte, ob ein Kredit im Interesse der Bevölkerung verwendet wurde und ob ein Regime ein gültiges demokratisches Mandat hatte oder nicht. Aus diesem Grund sollte zur Abkürzung des Verfahrens immer zuerst über die »Zahlbarkeit« der Schulden entschieden werden. Es ist mir auch vollkommen bewusst, dass die Unternehmen Druck ausüben werden, um einer Beurteilung der Rechtmäßigkeit von Krediten einen Riegel vorzuschieben. Doch wenn alle Parteien eine echte Chance auf einen Neubeginn haben sollen, muss die Entscheidung über die Rechtmäßigkeit der Schulden ein fester Bestandteil des Verfahrens sein (schließlich wird in den einzelstaatlichen Konkursverfahren jeder unrechtmäßige Kredit sofort annulliert), und dasselbe gilt gegebenenfalls für die Entscheidungen über Reparationen. Des Weiteren müssen die Bürger eines Schuldnerlands die Möglichkeit erhalten, am Verfahren teilzunehmen.

Damit die Entscheidungen über die Rechtmäßigkeit jedoch nicht in Zukunft die Investoren davon abhalten, Entwicklungsländern Geld zu leihen, weil sie sich vor einer Annullierung ihrer Ansprüche durch ein Schiedsgericht fürchten, sollte ein Land nur bis zu einem bestimmten Zeitpunkt eine Entscheidung über vorgeblich unrechtmäßige Schulden anstreben können. Von diesem Punkt an sollten nur noch jene Kredite für unrechtmäßig erklärt werden können, die Regimen zugestanden wurden, die zu diesem Zeitpunkt bereits als »verabscheuungswürdig« eingestuft waren. Der UNO-Sicherheitsrat tut dies im Grunde bereits im Rahmen von Handelssanktionen. Die Kreditgeber würden in diesem Fall im Voraus gewarnt, dass Kredite für solche Regime keinen rechtlichen Schutz genießen.[30]

Auch wenn es wesentliche Unterschiede zwischen den verschiedenen Vorschlägen gibt, sind die Grundprinzipien *sämtlicher* Vorschläge, seien sie von der Zivilgesellschaft, vom IWF oder von Regierungen unterschiedlicher politischer Ausrichtung unterbreitet worden, im Grunde dieselben: Die Kosten der Schuldenkrisen und der Umschuldung müssen gesenkt werden, und die Schuldnerländer sollten die Chance zu einem Neubeginn erhalten.[31] Genau das war die ursprüngliche Forderung der Jubeljahr-Kampagne.

Nun stellt sich aber folgende Frage: Wenn grundsätzliche Einigkeit darüber besteht, dass der Umgang mit den Staatsschulden in Anlehnung an die einzelstaatlichen Konkursverfahren neu geregelt werden sollte, warum erklären eingeweihte Personen dann, dass der einzige Vorschlag, der tatsächlich allgemeine Zustimmung zu finden schien, nämlich jener des IWF, vollkommen aussichtslos ist?[32]

Nun, dafür gibt es vier Gründe. Erstens wird er von den Geschäfts- und Investmentbanken abgelehnt. Würde sich der IWF-Vorschlag durchsetzen, so müssten die Banken nicht nur einige ihrer ausstehenden Kredite abschreiben, sondern auch einen deutlichen Wertverlust der Anleihen hinnehmen, die sich in ihren Händen oder in denen ihrer Klienten befinden. Eine Bankenallianz, der unter anderem die Citigroup, JP Morgan Chase, die UBS und die Deutsche Bank angehören, beantwortete den SDRM-Vorschlag des Internationalen Währungsfonds mit einer Erklärung, in der der Plan in *jeder* Form als undurchführbar bezeichnet wurde. »Keine Änderung bestimmter Aspekte des Plans« könne die »ernste Besorgnis über den Vorschlag« ausräumen. Und die Banken üben immensen politischen Einfluss aus.

Zweitens hat sich seit dem plötzlichen Rücktritt von Finanzminister Paul O'Neill, der ein Konkursverfahren befürwortet hatte, in der Regierung Bush niemand mehr für die Idee ausgesprochen. Das kann nicht überraschen, da sämtliche Varianten des Plans die Vereinigten Staaten zwingen würden, die

De-facto-Kontrolle, die sie über die Weltbank und den IWF ausüben, an eine neutrale Einrichtung abzutreten. Und wie wir alle wissen, zählt der Multilateralismus nicht gerade zu den Vorlieben der Regierung Bush.

Drittens haben zwar viele ärmere Länder Unterstützung für eine Vermittlung oder eine Art von Konkursverfahren signalisiert, doch Schwellenländer wie Mexiko und Südafrika sprechen sich nachdrücklich dagegen aus. Sie fürchten sich vor einer möglichen Herabstufung ihrer Kreditratings, müssten sie sich doch einem Prozess zur Beurteilung der Rechtmäßigkeit oder Unbezahlbarkeit von Schulden unterziehen. Sie haben Angst davor, höhere Zinsen auf ihre Anleihen anbieten zu müssen, und hegen die Sorge, dass die ausländischen Investoren ihren Ländern fern bleiben werden. Allein die bloße Existenz eines solchen Verfahrens, so ihre Befürchtung, könnte zu einem Rückgang der Investitionen führen.

Viertens ist es der Zivilgesellschaft noch nicht gelungen, einen gesellschaftlichen Druck zu erzeugen, der die Politik und die Wirtschaft zum Handeln bewegen könnte. Die 24 Millionen Menschen, die den Aufruf zum Schuldenerlass unterzeichnet haben, der den Staats- und Regierungschefs im Sommer 1999 in Köln vorgelegt wurde, konnten bisher nicht für eine zweite Kampagne mobilisiert werden.

Diese Probleme sind aber nicht so groß, wie sie auf den ersten Blick erscheinen mögen. Während die Sorgen des Privatsektors durchaus berechtigt sind – ein Konkursverfahren, in dem die Rechtmäßigkeit und Tragbarkeit der Schulden berücksichtigt werden, würde den Geschäftsbanken und privaten Anleihenbesitzern tatsächlich einen schweren Schlag versetzen – gibt es keinen Grund zu der Annahme, dass der Prozess letzten Endes für die Gläubiger kostspieliger sein wird als die Alternative: plötzliche, unvorhergesehene und chaotische Staatsbankrotte, wiederholte Aufrufe zur Umschuldung und Drohungen mit rückwirkenden Entscheidungen über die Rechtmäßigkeit der Schulden (nach dem Vorbild der Klagen gegen die Tabakhersteller). Die Einführung des Verfahrens könnte die Kosten durchaus senken. Darüber hinaus ist keineswegs klar, dass die Einführung eines Konkursverfahrens für

Staaten die Schuldnerländer dazu bewegen würde, Argumente für die Unbezahlbarkeit ihrer Schulden zu erfinden oder die entsprechenden Fakten zu übertreiben. Erstens würde der Markt jedes Land, das so vorginge, mit extremen Zinserhöhungen bestrafen, und zweitens wäre es leicht, die tatsächlichen Fakten festzustellen.

In jedem Fall wäre es nicht allzu schwer, Wege zu finden, um die Verluste der Geschäftsbanken aufzufangen: Internationale Geldgeber könnten die Schulden einer Bank aufkaufen, und es könnte eine Amnestie gewährt werden. Ähnlich könnte vorgegangen werden, um die Anleihenbesitzer zu entschädigen. Das natürlich nur, wenn wir dazu bereit wären. Vergessen wir nicht, dass es sich die Banken sehr lange gut gehen ließen und die ursprünglichen Kredite vielfach durch die Zinseinkünfte mehrfach wieder hereinbekamen. Was die Anleihenbesitzer anbelangt, so wäre die Möglichkeit einer Uneintreibbarkeit ihrer Forderungen bereits teilweise in dem Preisabschlag enthalten, mit dem sie ihre Bonds gekauft haben. Nur wenn mit einer derart großen Erschütterung des Finanzsektors gerechnet werden müsste, dass eine nationale oder internationale Finanzkrise drohte, sollte überhaupt nach Möglichkeiten gesucht werden, um die Verluste der Handelsbanken einzudämmen.

Was Schwellenländer wie Mexiko oder Südafrika anbelangt, so muss ihnen zunächst klar gemacht werden, dass die Reaktion des Marktes zwar unmöglich mit Gewissheit prognostiziert werden kann, dass die historische Erfahrung jedoch zeigt, dass eine geordnete Entschuldung in den meisten Fällen weder die Zinsen in die Höhe treibt noch den Zufluss neuer Investitionen hemmt. In einigen Fällen ist sogar das Gegenteil eingetreten. Als Polen Anfang der neunziger Jahre seine Schulden strich, verzichtete der Markt nicht nur auf Strafmaßnahmen, sondern belohnte das Land sogar: Polens Kreditrating schoss in die Höhe, und es konnte neue Gelder zu sehr viel besseren Bedingungen aufnehmen – verständlich, da das Land nun weniger verschuldet war.[33] Mit Blick auf die zukünftige Reputation ist nicht entscheidend, ob ein Land, das seine Schulden wirklich nicht zurückzahlen kann, einen Schuldenerlass anstrebt. Wichtiger ist, ob dieses Land ehrlich ist, eine vernünftige Wirtschaftspolitik betreibt und eine faire Lösung anstrebt. Doch in Anbetracht der Tatsache, dass trotz der historischen Erfahrungen nicht genau vorhersehbar ist, was geschehen wird, wenn ein Land in Konkurs geht, sollte diesen Ländern auch erklärt werden, dass die Entscheidung für diesen Weg jedem einzelnen Land überlassen bleiben muss. Das wird sie in die Lage versetzen, ihre eigene Kosten-Nutzen-Analyse vorzunehmen, um festzustellen, ob sich das Risiko lohnt. Entscheidet sich eine Regierung jedoch dazu, nicht auf diesen Mechanismus zurückzugreifen, so muss sie bereit sein, dem Volk ihre Gründe darzulegen. Und es bleibt zu hoffen, dass die Bürger in solchen Fällen auch wirklich eine umfassende Erklärung verlangen werden.

Sehr viel problematischer ist, dass die Regierung Bush seit O'Neills Ausscheiden im Dezember 2002 die Einführung eines internationalen Konkursverfahrens nicht mehr unterstützt. Ohne die Unterstützung der amerikanischen Regierung ist jeder Mechanismus zur Feststellung der Unrechtmäßigkeit oder Unbezahlbarkeit von Schulden zum Scheitern verurteilt. Und das liegt nicht nur daran, dass die Vereinigten Staaten zu den wichtigsten Gläubigerstaaten zählen und großen Einfluss auf die Entscheidungen von Währungsfonds und Weltbank haben, sondern auch daran, dass das Verfahren wahrscheinlich mit einem internationalen Vertrag besiegelt werden müsste, der von der Ratifizierung durch den amerikanischen Kongress abhinge.

Doch hier haben wir es mit einem jener seltenen Berührungspunkte zu tun, an denen das Eigeninteresse mit dem kollektiven Interesse verschmilzt. Man stelle sich nur das politische Wohlwollen vor, das sich die Vereinigten Staaten in den Entwicklungsländern (und in Europa) sichern könnten, würden sie einen neutralen Mechanismus für die Beilegung von Schuldenkrisen unterstützen. Dies wäre ein Olivenzweig, ein Bekenntnis zum Multilateralismus und zum internationalen Recht – politisches Kapital, das nach der Konfrontation aufgrund des Irakkriegs dringend benötigt wird. Und da sich ja gezeigt hat, dass der Schuldenerlass im amerikanischen Kongress kein parteipolitisches Anliegen ist, sondern sowohl unter den Demokraten als auch unter den Republikanern beträchtliche Zustimmung findet, besteht die Hoffnung, dass die amerikanische Regierung mit ein wenig Ansporn den politischen Willen aufbringen wird, das Richtige zu tun und zur Durchsetzung des Konkursverfahrens beizutragen.

Damit sind wir bei den Aufgaben der Zivilgesellschaften: Einige Bürger werden sich ein zweites Mal für den Schuldenerlass einsetzen müssen, andere werden eine neue Erfahrung machen. In jedem Fall kann die Bedeutung des bürgerlichen Engagements in dieser Frage unmöglich überschätzt werden. Die Millionen Menschen, die den Aufruf zum Schuldenerlass unterzeichneten, die 70 000 Demonstranten beim Gipfel der G-8 in Birmingham, die Kirchen, die wesentlich dazu beitrugen, eine internationale Debatte über die Schuldenfrage in Gang zu bringen, die Studenten in den »Drop the Debt«-Shirts, die Aktivisten in Uganda, Nigeria und auf den Philippinen: Sie alle müssen erneut mobilisiert werden.

Dass viele Entwicklungsländer weiterhin unter einer erdrückenden Schuldenlast stöhnen, ist ein Symptom des Scheiterns der bisherigen Entwicklungspolitik. Wenn die Entwicklungsländer jemals die Chance auf eine bessere Zukunft haben sollen, müssen die Fehler der Vergangenheit aufgearbeitet, die Namen der Verantwortlichen genannt und die Schuldigen bestraft werden. Die Bevorzugung der Gläubiger muss ein Ende haben, und es müssen Mittel freigemacht werden, damit ein Schlussstrich unter die traurige Geschichte der Verschuldung gezogen werden kann. Verblüffenderweise würde es gar nicht so viel kosten, die armen Länder von ihrer Schuldenlast zu befreien. Würde man beispielsweise den afrikanischen Ländern der Subsahara ihre *gesamten* Schulden von 170 Milliarden Dollar streichen, so würde dies die Gläubiger nach der Teilabschreibung der Schulden rund 24 Milliarden Dollar kosten.[34] Dies ist sicher keine zu vernachlässigende Summe, doch ein derartiger Schuldenerlass liegt durchaus im Bereich des Möglichen. Schließlich und endlich entspricht dieser Betrag nur den Kosten von 16 Tarnkappenbombern. Die Frage lautet nicht, ob die Mittel zur Verfügung stehen, sondern wie wir sie zu nutzen gedenken!

Wir müssen uns jedoch der Tatsache bewusst sein, dass ein Verfahren zur Feststellung der Unrechtmäßigkeit und Unbezahlbarkeit von Schulden zwar gewiss dem Bedürfnis nach Wahrheit und möglicherweise auch nach Aussöhnung dienen wird, jedoch nicht zwangsläufig die materielle Situation der betroffenen Länder wesentlich verbessern wird. Denn selbst wenn die Schuldenlast der begünstigten Länder sinkt, garantiert der Prozess nicht, dass das eingesparte Geld wirklich den Menschen oder der Umwelt zugute kommen wird. Es ist schließlich bekannt, dass sich die Regierungen der Entwicklungsländer bei der Verwendung der Mittel, die ihnen zur Verfügung stehen, vielfach nicht gerade mit Ruhm bekleckern.[35] Pakistan etwa gibt rund 5 Prozent seines BIP für die Verteidigung aus, während es für die Bildung nur 3 Prozent und für das Gesundheitswesen nur 0,8 Prozent aufwendet.[36] Der nigerianische Präsident Obasanju gab im Jahr 2000 330 Millionen Dollar für den Bau eines neuen Nationalstadions in Abuja aus, womit in diesem Land, das über reiche Erdölvorkommen verfügt, mehr Geld in dieses Projekt floss als in Gesundheit und Bildung zusammen. Abgesehen davon gab es in Nigeria bereits ein Nationalstadion in Lagos sowie neun weitere moderne Stadien im ganzen Land, die für die Fußballjuniorenweltmeisterschaft im Jahr 1999 in perfekten Zustand gebracht worden waren. Heute wird ein Teil des nigerianischen Staatshaushalts in ein Satellitenprojekt investiert, und das in einem Land, das praktisch keine Stromversorgung hat.[37] Und die Bevölkerung Boliviens hat mit ansehen müssen, wie die Regierung des Landes ihre Zusage zurücknahm, mit den durch die Schuldenstreichung frei werdenden 670 Millionen Dollar eine Strategie zur Armutsbekämpfung und Verbesserungen im Gesundheits- und Bildungswesen zu finanzieren, um das Geld stattdessen in den allgemeinen Haushalt umzuleiten.[38]

Wenn Schulden aufgrund der Unrechtmäßigkeit und Unbezahlbarkeit gestrichen werden, ohne im Voraus sicherzustellen, dass das frei werdende Geld in die Entwicklung investiert wird, besteht nicht nur die Gefahr, dass diese Mittel verschwendet oder an den Bedürftigen vorbeigeschleust werden. Es ist vielmehr auch zu befürchten, dass das Geld ein nicht wünschenswertes Regime stützen wird. Wenn das Konkursverfahren tatsächlich den Bürgern des verschuldeten Landes die Chance auf einen Neubeginn eröffnen soll, müssen wir dafür sorgen, dass der Schuldenerlass zu einem sinnvollen und konstruktiven Werkzeug der Entwicklung wird.

Das bedeutet allerdings nicht – und das möchte ich sehr nachdrücklich sagen –, dass wir das Konkursverfahren stoppen und den Schuldenerlass so lange zurückhalten sollten, bis eine Regierung die in unseren Augen richtigen Schritte unternommen hat. Heute orientieren sich die meisten Kreditgeber bei der Entscheidung darüber, ob einem Land die Schulden erlassen oder neue Hilfe gewährt werden sollte, an der Frage, ob es das Kriterium »funktionierende Regierungs- und Verwaltungsstrukturen« erfüllt. Ist dies nicht der Fall, so muss das Land warten. Und wir haben gesehen, dass mit »funktionierenden Strukturen« in der Mehrzahl der Fälle gemeint ist, dass sich ein Land eng definierten neoliberalen makroökonomischen Maßnahmen unterzieht, während die Einstellung seiner Regierung zu den Menschenrechten, zu den demokratischen Werten oder zur Transparenz kaum eine Rolle spielt.

Und selbst wenn die oben genannten Elemente herangezogen werden, kann der Schuldenerlass einfach nicht warten, bis die hilfsbedürftigen Länder die nötigen Verbesserungen in diesen Bereichen vorgenommen haben. Wie José Pedro de Marias Junior vor Kurzem in den Gesprächen von Weltbank und IWF über eine Gruppe von 20 afrikanischen Ländern sagte: »Selbst wenn die Behörden eines Landes die besten Absichten verfolgen, dauert es seine Zeit, funktionierende Regierungs- und Verwaltungsstrukturen aufzubauen.«[39] Zu viele Menschen sterben, zu viele wenden sich dem Extremismus zu, zu viele werden feindselig, als dass wir abwarten könnten, bis ein Land ordentlich verwaltet wird, bevor wir ihm seine Schulden erlassen. Wenn wir den Schuldenerlass hinauszögern, lassen wir zu, dass die Armut wächst, und die Armut begünstigt nicht nur die Korruption, sondern erschwert auch das Funktionieren von Regierung und Verwaltung über Gebühr.[40] Der Ruf nach einer sauberen Staatsverwaltung wird nicht laut, wenn der Lebensstandard stagniert oder sinkt, sondern wenn sich die Lebensumstände der Bevölkerung verbessern.

Wir müssen also so rasch wie möglich aufhören, die armen Länder zur Rückzahlung unrechtmäßiger und unbezahlbarer Schulden zu zwingen und anschließend dafür sorgen, dass das eingesparte Geld denen zugute kommt, die es am meisten benötigen.[41] Wir müssen rechtlich abgesicherte »Inseln funktionierender Regierungs- und Verwaltungsstrukturen« schaffen – ich möchte sie als »Treuhandfonds für die nationale Regeneration«[42] bezeichnen –, in die wir die Mittel umlenken müssen, die aufgrund eines Konkursverfahrens frei werden. Derartige Treuhandfonds wären geeignet, die Mittel effektiv abzuschirmen, um die Entwicklungsziele zu erreichen. Und nur eine Minderheit der Treuhänder sollte von der Regierung des begünstigten Landes ernannt werden. So könnten Missbrauch und Verschwendung des Geldes verhindert werden, und die Mittel könnten verwendet werden, um die vorhandenen Entwicklungsprogramme zu ergänzen, anstatt sie zu ersetzen.

Bevor Sie mich jetzt aber als Imperialistin oder Neokolonialistin bezeichnen, möchte ich meinen Vorschlag kurz erläutern: Erstens sollten die Treuhänder natürlich mehrheitlich Einheimische sein, und die wenigen Ausländer sollten von Einrichtungen der Vereinten Nationen wie der UNICEF oder der Weltgesundheitsorganisation entsandt werden, da sie große einschlägige Sachkenntnis und Erfahrung besitzen. Zweitens müssen die Abrechnungen des Treuhandfonds öffentlich zugänglich sein, sodass sich jeder Bürger darüber informieren kann, wie viel Geld im Fonds ist und wie es ausgegeben wird. Außerdem können die Treuhänder anhand dieser Informationen zur Rechenschaft gezogen werden. Drittens muss die Finanzierung des Fonds die einzige Voraussetzung für die Teilnahme eines Landes am Verfahren sein. Die *einzige* Bedingung für den Schuldenerlass muss sein, dass die eingesparten Mittel tatsächlich verwendet werden, um den Kranken, Ungebildeten und Armen zu helfen (sei es direkt oder durch Investitionen in Infrastrukturen und Ähnliches) und die Umweltsituation zu verbessern, anstatt auf Bankkonten im Ausland umgeleitet zu werden oder zur Finanzierung von phantastischen Projekten und Bürgerkriegen zu dienen. Damit ein Land nicht an einem bestimmten Punkt Geld aus dem Staatshaushalt in den Fonds umleiten muss (was natürlich die Entwicklungsziele des Fonds beeinträchtigen würde)[43], muss sich viertens die internationale Gebergemeinschaft verpflichten, die Finanzierung des Fonds auch in Zukunft zu sichern.[44] Und diesmal müssten die Zusagen tatsächlich eingehalten werden, anstatt sich in leere Versprechen zu verwandeln. Gleichzeitig muss die reiche Welt den Regierungen der Entwicklungsländer Anreize geben, die Staatsausgaben für die Entwicklung nicht um den Betrag zu kürzen, der vom Fonds investiert wird. Zusätzliche Hilfsgelder könnten in einen Eventualfonds fließen, um die Sozialausgaben auf dem früheren (inflationsbereinigten) Niveau zu halten, und für den Fall von Ausgabenerhöhungen in diesen Bereichen könnte ein Zuschuss vorgesehen werden. Dem Schiedsgericht könnte es überlassen werden, gegebenenfalls festzulegen, inwieweit die Regierung eines Schuldnerlandes in der Lage ist, Verpflichtungen gegenüber dem Treuhandfonds einzugehen, und inwieweit die internationale Gemeinschaft die Finanzlücke schließen soll.[45] Und fünftens sollte der Fonds zu dem Zeitpunkt, da ein Land als demokratisch anerkannt wird und ein bestimmtes Entwicklungsziel erreicht – als Indikatoren könnten die Zahl der eingeschulten Kinder, die Kindersterblichkeit und Ähnliches herangezogen werden –, aufgelöst werden. Die internationalen Geldgeber sollten an diesem Punkt von ihrer Verpflichtung entbunden werden, die Schuldenrückzahlung zu finanzieren, und etwaige Restschulden sollten abgeschrieben werden. Das letzte Ziel der Treuhandfonds für die nationale Regeneration sollte ihre Auflösung sein.

Länder, die zum Zeitpunkt der Entscheidung des Schiedsgerichts bereits die Kriterien der Entwicklung und Demokratie erfüllen – Beispiele sind Brasilien und Argentinien – sollten überhaupt nicht zur Einrichtung des Treuhandfonds verpflichtet werden, sondern dürften mit der unverzüglichen Streichung ihrer unrechtmäßigen und unbezahlbaren Schulden rechnen.

Dafür dass mit diesen Fonds die Wahrscheinlichkeit steigt, dass an unzureichend entwickelten Orten mit schwachen Regierungsstrukturen die Bedürftigen in den Genuss der Mittel kommen, gibt es drei Gründe: Erstens werden die Treuhandfonds in erster Linie von Vertretern der Zivilgesellschaft geleitet werden.[46] Und die ist den heimischen Eliten sehr viel weniger verpflichtet als die regierenden Politiker. Zweitens wird jeder Zweifel an der Motivation oder an der Unabhängigkeit der Treuhänder oder an der Bereitschaft der Regierung, die frei werdenden Mittel in den Fonds einzuzahlen, dadurch ausgeräumt, dass die Schulden nicht auf einen Schlag, sondern in Raten getilgt werden. Dabei werden die Schuldenzahlungen in jährliche Bargeldzuflüsse in den Fonds umgewandelt[47], anstatt an die Gläubiger zu gehen. Das würde bedeuten, dass die Zahlungen eingefroren werden könnten, sollte sich bei einer der regelmäßigen Prüfungen herausstellen, dass ein Fonds seine Aufgabe nicht erfüllt. Weitere Raten würden erst freigegeben, sobald die Prüfer zu der Ansicht gelangen, dass der Fonds richtig funktioniert – entweder weil die Treuhänder ausgetauscht worden sind oder weil die Regierung verlässliche Zusagen gemacht hat. Und drittens würde ein internationales Schiedsgericht unabhängig vom Treuhandfonds dessen Ausgabengebaren bewerten und den Fonds sowie die Regierung zur Rechenschaft ziehen.[48] So könnten die Gelder in einer bisher nicht möglichen Art und Weise geschützt werden.[49]

Es gibt natürlich einige Länder wie das von Mugabe beherrschte Simbabwe oder Burma, in denen das Vertrauen in die Regierung derart gering ist, dass kaum geeignete Bedingungen für die Einrichtung eines solchen Treuhandfonds gegeben sein dürften. In anderen Ländern wird es eine gewaltige Herausforderung sein, geeignete Treuhänder in der Zivilgesellschaft zu finden. Doch in der Mehrheit der Fälle ist nicht von derartigen Schwierigkeiten auszugehen. Zudem haben die Länder einen nennenswerten finanziellen Anreiz, sich an die für den Fonds geltenden Regeln zu halten – ein Verstoß könnte die internationale Gemeinschaft dazu bewegen, den Treuhandfonds aufzulösen und die Wiederaufnahme des Schuldendienstes in harten Devisen zu verlangen (die Überweisungen an den Fonds werden selbstverständlich in der heimischen Währung abgerechnet).

Dieser Vorschlag ist zugegebenermaßen radikal, aber er ist nicht vollkommen neuartig. Zwar wurde bisher noch nie ein autonomer Treuhandfonds eingerichtet, in den ein Schuldenerlass umgeleitet worden wäre (und es gibt auch keine derartigen Fonds, in die Zuschüsse eingezahlt werden könnten), und die von mir vorgeschlagenen Mechanismen für die funktionierende Verwaltung der Treuhandfonds für die nationale Regeneration sind ebenfalls neu. Doch es gibt durchaus Beispiele für Treuhandfonds oder ähnliche Einrichtungen, die nicht ganz unähnlichen Entwicklungszielen dienen. Es gibt mittlerweile auch überall in den Entwicklungsländern – beispielsweise in Bhutan, in Madagaskar, auf den Philippinen und in Belize – Umweltschutzfonds. Und es wurden einige Treuhandfonds eingerichtet, um sowohl in der entwickelten Welt als auch in Entwicklungsländern die Einnahmen aus dem Erdölexport besser zu verwalten. So bedient sich Alaska eines solchen Fonds, um seine Bürger an den Erdöleinnahmen zu beteiligen. Der Tschad hat vor Kurzem einen ähnlichen Mechanismus eingeführt, um die Einnahmen aus dem gemeinsamen Erdölprojekt mit Kamerun zu verteilen (obwohl in diesem Fall die Regierung des Tschad einen Teil des »Unterzeichnungsbonus« für Waffenkäufe verwendete!). Im Irak gab es in den fünfziger Jahren einen Treuhandfonds, in den ein Teil der Einnahmen aus dem Erdölexport floss, wobei die Ausschüttung der Mittel von irakischen und ausländischen Prüfern überwacht wurde. Und in jüngster Zeit wurde die Idee eines »Ständigen Treuhandfonds für die Erdöleinnahmen« ins Gespräch gebracht, um dem irakischen Volk nach dem Krieg die Einnahmen zu sichern – eine Idee, die von Irakern aus allen politischen und religiösen Lagern unterstützt wird.[50] Aus den Erfahrungen mit all diesen Modellen können Lehren gezogen werden, um das Konzept des Treuhandfonds für die nationale Regeneration zu vervollkommnen.[51]

Es hat durchaus den Anschein, als könne das Konzept die Zustimmung der Regierungen in der Dritten Welt finden. Mehrere Länder, denen bisher im Rahmen der HIPC-Initiative Schulden erlassen wurden, haben bereits einen beträchtlichen Teil ihrer Einsparungen für soziale Maßnahmen bereitgestellt.[52] Mosambik hat einen Teil des Geldes für ein kostenloses Impfprogramm verwendet, in Uganda, Malawi, Tansania und dem ländlichen Benin wurden die Schulgebühren abgeschafft, und die geplante Aufstockung der Gesundheits- und Bildungshaushalte in mehreren vom Schuldenerlass begünstigten Ländern ist ermutigend. Und Uganda verfügt sogar schon über einen Fonds für die Armutsbekämpfung, in den die Regierung mittlerweile den Großteil der Ersparnisse dank des Schuldenerlasses umleitet. Angesichts dieser Entwicklungen scheint es nicht illusorisch, an eine Festschreibung des vorgeschlagenen Verfahrens zu denken.

## Der Blick in die Zukunft

Doch selbst wenn dieser große Schritt gelingt, werden wir uns weiter Gedanken über die Zukunft machen müssen. Um zu vermeiden, dass die Bedrohung durch die Verschuldung in einigen Jahren erneut auftaucht und die Entwicklungsländer wieder in Verzweiflung versinken, müssen zusätzlich zum beschriebenen Konkursverfahren und zu den »Treuhandfonds für nationale Regeneration« weitere Mechanismen entwickelt werden, um die Beziehungen zwischen Kreditnehmern und Kreditgebern zu regeln.

Ich möchte an dieser Stelle nur fünf mögliche Regelungen vorschlagen: Erstens sollten jene Entwicklungsländer, die dazu in der Lage sind, größere Anstrengungen zur Mobilisierung der heimischen Ressourcen machen, anstatt sich vermehrt Geld im Ausland zu leihen. Erreicht werden kann dies mit einer besseren Steuereintreibung in jenen Ländern, in denen eine ausreichende Einkommensbasis vorhanden ist, mit einer Kürzung der Ausgaben für entbehrliche Haushaltsposten (auf lange Sicht wird eine vernünftige Ausgabenpolitik eine nachhaltigere Sozialpolitik ermöglichen), mit Anreizen zur Rückkehr von geflohenem Kapital und durch die Schaffung neuer Ressourcen. Beispielsweise schicken die im Ausland arbeitenden Arbeitskräfte aus Lateinamerika und der Karibik mittlerweile jedes Jahr 38 Milliarden Dollar in die Heimat.[53] Werden diese Gelder in Wertpapiere umgewandelt, können sie einen bedeutsamen neuen Einnahmenstrom darstellen.[54] Wie wir gesehen haben, sind die Kosten der Kreditaufnahme im Ausland oft übertrieben hoch, und zwar sowohl in finanzieller Hinsicht als auch mit Blick auf die Einschränkung der Souveränität des Schuldnerlandes. Die Regierungen der Entwicklungsländer sollten die Kreditaufnahme im Ausland daher nicht als erste, sondern als letzte Option betrachten.

Zweitens müssen alle Geldgeber ein Mandat erhalten, die Transparenz der Verwendung zur Vorbedingung für die Gewährung eines Kredits zu machen. Ähnliches tun bereits einige Ölkonzerne, die sich verpflichtet haben, »zu veröffentlichen, was sie bezahlen«. Die Geheimhaltung der Schulden – Kreditverträge werden in Hinterzimmern zwischen Regierungen und Kreditgebern ausgehandelt – muss ein Ende haben.[55] Auch müssen die Regierungen der Entwicklungsländer ihre Öffentlichkeit sehr viel besser darüber informieren, warum sie sich wie viel Geld leihen.

Drittens muss den Entwicklungsländern, die auf den internationalen Kapitalmärkten Kredit aufnehmen, erlaubt werden, die Kapitalflüsse zu kontrollieren. Die Welle der Finanzkrisen auf den Emerging Markets Ende der neunziger Jahre hat gezeigt, wie turbulent und gefährlich die Kapitalmärkte für die Schwellen- und Entwicklungsländer sein können. Und die Kreditnehmer aus diesen Weltregionen müssen den Investoren Anreize zur langfristigen Geldanlage geben, was vielleicht erreicht werden kann, indem man das ausländische Kapital abhängig von der Verweildauer besteuert. Derartige vorausschauende Maßnahmen sind nachträglichen Kontrollen vorzuziehen.

Viertens muss die Funktion der westlichen Exportkreditagenturen vollkommen neu definiert werden, um dafür zu sorgen, dass die reichen Länder aufhören, achtlos Kredite zu vergeben, den Entwicklungsländern Geld für Waffenkäufe zu geben und umweltschädliche und aufgeblasene Projekte zu finanzieren. Die Regierungen der Ersten Welt müssen auch aufhören, Kredite für Länder zu bewilligen, die offenkundig nicht zur Bezahlung ihrer Schulden imstande sein werden oder keine glaubwürdigen Pläne für die Rückzahlung vorlegen können. Jene staatlichen Behörden, die sich nicht an diese Prinzipien halten, müssen öffentlich und nach Möglichkeit auch gerichtlich zur Rechenschaft gezogen werden.[56] Zudem müssen die reichen Länder ihre eigene Verschuldungspolitik überdenken – Stichwort Vereinigte Staaten.

Und fünftens muss die Rolle des Internationalen Währungsfonds und der Weltbank in der Entwicklungspolitik neu definiert werden. Die beiden Einrichtungen dürfen nicht länger unantastbar sein. Wenn ihnen Fahrlässigkeit oder Verstöße gegen die Sorgfaltspflicht nachgewiesen werden können, sollte einem Kläger – sei es eine Person, ein Ort oder eine Nation – die Möglichkeit gegeben werden, diese Institutionen ebenso haftbar zu machen, wie eine Bank von ihren Kunden haftbar gemacht werden kann.[57] Auch müssen die internen Verfahren der beiden Einrichtungen wesentlich verbessert werden, damit ihre Mitarbeiter zur Rechenschaft gezogen werden können, wenn sie (was oft der Fall ist) bei der Vergabe von Krediten die eigenen Statuten dieser Institutionen verletzen. Vor allem aber müssen der IWF und die Weltbank ein und für alle Mal ihr halsstarriges Beharren auf der strikten Erfüllung generalisierter Strukturanpassungsvorgaben aufgeben.

☆☆☆

Wenn es uns ernst mit dem Versuch ist, unser kollektives Leben zu schützen und dafür zu sorgen, dass wir alle sicher schlafen können, wenn wir ernsthaft versuchen wollen, diesen Planeten für unsere Kinder und Kindeskinder zu erhalten, und wenn wir wirklich wollen, dass jeder Mensch unabhängig von seinem Geburtsort ein Leben in Würde führen kann, dann müssen wir mehr tun als nur bessere und klügere Kredite zu vergeben und unrechtmäßige und unbezahlbare Schulden zu streichen. Um die Kluft zwischen den Bedürfnissen und Ressourcen in jenen Ländern zu überwinden, die trotz eines vollkommenen Schuldenerlasses immer noch nicht genug Geld für die medizinische Versorgung und Ausbildung ihrer Bevölkerung oder für die Ernährung ihrer Armen haben, muss die reiche Welt in Anbetracht der Gefährlichkeit der Lage tief in die Tasche greifen und den armen Ländern Zuschüsse gewähren.[58] Allerdings müsste sie sich dabei von der Praxis der Vergangenheit abwenden: Bisher waren die Zuschüsse genauso wie die Kredite den politischen Zwecken untergeordnet. Stattdessen sollten Treuhandfonds oder ähnliche Institutionen eingerichtet werden, um Hilfsgelder vor missbräuchlicher Verwendung zu schützen. Oberstes Ziel sollte dabei sein, das Geld direkter zu denen zu bringen, die es wirklich brauchen, und die Voraussetzungen dafür zu schaffen, dass die unterstützten Länder in Zukunft langfristige Investitionen anlocken und nachhaltig wachsen können.[59]

Wenn die armen Länder eine reelle Chance haben sollen, sich selbst aus dem Elend zu befreien und Wohlstand zu schaffen, wird die reiche Welt auch ihren Wunsch unterdrücken müssen, ihre Industrien vor Konkurrenz aus den armen Ländern zu schützen. Stattdessen müssen wir ihnen die heilige Dreifaltigkeit von Schuldenerlass, Entwicklungshilfe und wirtschaftlichen Kontakten anbieten.

Eine weitere Herausforderung besteht darin, dafür zu sorgen, dass die Kosten der Unterstützung der armen Länder nicht jenen Menschen in den reichen Ländern aufgebürdet werden, die unter schwierigen Bedingungen leben – die Alten, die Armen, die Arbeitslosen, die Kranken oder auch jene, die Mühe haben, ihre Hypotheken zu bezahlen und ihre Kinder zur Schule zu schicken. Anstatt die für Hilfsmaßnahmen oder für den Schuldenerlass erforderlichen Mittel aus den Sozialhaushalten abzuzweigen oder die Einkommenssteuern für alle Arbeitskräfte zu erhöhen, muss das Geld daher aus anderen Quellen beschafft werden: Kürzungen an den Verteidigungshaushalten (für den Preis von vier Tarnkappenbombern könnten 155 Millionen Kinder ein Jahr lang zur Schule geschickt werden), hohe Steuern auf die außergewöhnlichen Profite der »Schuldengeier«, aktive Maßnahmen zur Repatriierung des von korrupten Diktatoren gestohlenen Geldes (auf den Bankkonten in der reichen Welt liegen Milliarden gestohlene Dollar)[60] – derartige Eingriffe sind seit dem Terrorangriff am 11. September 2001 aufgrund der Einschränkung des Bankgeheimnisses leichter geworden – sowie die Umwandlung der Einkommenssteuern ausgewanderter Arbeitskräfte in »Entwicklungsanleihen« und globale Steuern auf verschmutzende Industrien (diese Einnahmen sollten für Umweltschutzmaßnahmen zweckgebunden werden). Weitere innovative Finanzierungsmethoden haben der britische Finanzminister Gordon Brown, der Finanzmagnat George Soros und der Ökonom Joseph Stiglitz ins Gespräch gebracht.[61] Die von Brown vorgeschlagene »Internationale Finanzierungsfazilität« beispielsweise, mit der Hilfsgelder in Anleihen umgewandelt werden sollen, könnte jährlich zusätzliche 50 Milliarden bereitstellen, ohne dass die Steuerzahler belastet werden müssten.

Um zu gewährleisten, dass die Einstellung der Subventionen für westliche Produkte, die für den Erfolg der Entwicklungsländer unerlässlich ist, in den westlichen Ländern keine Gemeinden zerstört, müssen Maßnahmen ergriffen werden, um neue Arbeitsplätze zu schaffen und jenen, die kurzfristig unter der Abschaffung dieser Subventionen leiden, neue Chancen zu eröffnen. Es dürfte nicht allzu schwer einzusehen sein, dass der Freihandel auch ein fairer Handel sein muss.

Indem wir das vergangene Unrecht wieder gutmachen, uns den heutigen Tatsachen stellen und den richtigen Weg einschlagen, können wir uns eine bessere Zukunft sichern. Dies wird nicht leicht sein, da zahlreiche Eliten den Status quo erhalten möchten. Aber wenn wir unsere politischen Führungen davon überzeugen, dass ihre Wähler diesen Wandel wünschen, wenn wir die öffentliche Meinung mobilisieren, ist ein wichtiger Anfang gemacht. Die Ideen, die ich für die danach folgenden Schritte entwickelt habe, sollen lediglich eine Anregung zum Handeln sein. Diskutieren Sie darüber. Verbessern Sie mein Konzept. Aber ignorieren Sie es nicht. Das können Sie sich nicht mehr leisten!

# Danksagung

Zahlreiche Personen haben wichtige Beiträge zu diesem Buch geleistet. Mein besonderer Dank gilt:

Ed Victor, meinem außergewöhnlichen Agenten, der mich unerschütterlich unterstützte und sein großes Wissen in den Dienst des Projekts stellte. Marion Manekers Vertrauen in mich half mir, das Projekt in Gang zu bringen. Caroline Michel betreute die Publikation und machte die Arbeit zu einem Genuss. Das Engagement Mitzi Angels für das Projekt war von unschätzbarem Wert. Und Philippa Harrison war mir mit ihren nützlichen Kommentaren eine große Hilfe.

Bono und Bobby Shriver möchte ich für ihren selbstlosen Einsatz für die Sache des Schuldenerlasses und für die Begeisterung danken, die sie vom ersten Augenblick an für mein Projekt zeigten.

Larry Summers, José Maria Figueres, Sheryl Sandberg, Stephanie Flanders, Sonny Callahan, Jamie Drummond, Karl Ziegler, Ann Pettifor, Gary Klesch, Paul Ladd, Ashok Smha, Caitlin Zaloom, Martin Powell, Justin Forsyth, John Clark, Demba Moussa Dembele, Benjamin Mkapa und Theogène Rudasingwa schulde ich Dank dafür, dass sie ihr Wissen und ihre praktische Erfahrung auf diesem Gebiet mit mir teilten.

Philip Gould danke ich dafür, dass er mich vor all den Jahren zum Schreiben bewegte und mir stets zur Seite stand. David Held stellte sich als bester intellektueller Resonanzboden zur Verfügung, den man sich nur vorstellen kann, und ist mir zudem ein wunderbarer Freund. Len Blavatnik danke ich für die Fürsorge, die er mir zuteil werden lässt. Christos Pitelis ist ein großartiger Kollege am CIBAM, und Sandra Dawson inspiriert mich immer wieder.

Ich möchte Bruce Rich, Richard Segal, Reza Dana, Chris Stout, Saqib Qureshi, Christine Eberlein, Alex Wilks, Derek Yach, Tommy Helsby, Gerd Leopold, Igor Fuchsman, Mike Rowson, Robert Wade, Mary Kaldor, Ajit Singh, Jeffrey Sachs, Celia Szusterman, Martin Varsavsky, Mark Weisbrot und Justin Alexander für ihre unschätzbaren Anregungen zu einzelnen Kapiteln danken.

Jan Pronk und Sir John Vereker bin ich zu Dank verpflichtet, weil sie ihre Zeit opferten, um die Entwürfe des Manuskripts zu lesen, zahlreiche nützliche Kommentare abgaben und unerschütterlich an mein Vorhaben glaubten. Peter Ntephe danke ich für seine klugen Ratschläge und seine Bereitschaft, mir seine Zeit zu opfern.

Es gibt zahlreiche Forscher, die mir halfen, das Material für dieses Buch zu sammeln. Besonders dankbar bin ich Peter Abbott, meinem ersten Leser, Aaka Pande, Armida de la Garza, Sony Kapoor, Mark Sivarajah, Adam Quinn und Sergey Radchenko. Und ich möchte mich auch bei Monika Thakur, Rashmi Singh, Romilly Greenhill, Valerio Cerretano, David Palfrey, Daniel Nieto-Michel, Duncan Elliott, Sherardo Girardi und Maria Volpe bedanken.

Meine Freunde überraschten mich einmal mehr mit dem Maß an Unterstützung, das sie mir zuteil werden ließen. Ich möchte insbesondere James Brett, Daniel Levy, Dambisa Moyo, Tony Juniper, Emmanuel Quartey, Richard Symons und Billy O'Donnell danken, aber auch Mark Barrett, Francesca Joseph, Gina Bellman, Wendy Goldsmith, Stacy Meyrowitz, Kinky Friedman, Juliet Cassidy, Abby Turk, Joshua Ramo, Alex Cooke, Craig Cohon, Gary Baddley, Theo Phanos, Omar Salah, Nicolas Topiol, Diane McGrath und Alexis Johansen.

Bei Charles Pither, David Curtin, David Oakley, Julie Masonic, Shoshana Gellman, Pat Lilley und Mira Lajanska bedanke ich mich dafür, dass sie die ganze Zeit ein offenes Ohr für mich hatten und einfach da waren.

Und schließlich danke ich meinem Vater Jonathan und meiner Schwester Arabel, ohne deren Unterstützung und Liebe ich all dies nie hätte tun können.

# Anmerkungen

## Kapitel 2

1 Zitiert nach: G. Garcia Marquez, *The General in His Labyrinth,* Vintage, 2003.
2 »Atal Behari Vajpayee announced: No more aid please«, *The Economist,* 19. Juni 2003.
3 »Delusion of Grandeur«, *The Hindu Business Line,* 30. Juni 2003.
4 Ironischerweise geht aus kürzlich in den sowjetischen Archiven gefundenen Dokumenten hervor, dass Stalin, dessen Expansionslust im Westen so gefürchtet wurde, eigentlich eher ängstlich war und sich verwundbar fühlte.
5 Nur einen Monat früher hatte sich Kennedy für ein »Bündnis für den Fortschritt« ausgesprochen.
6 Zitiert nach: D. Porter, *U.S. Economic Foreign Aid: A Case Study of the United States Agency for International Development,* Garland Publishing, New York, 1990, S. 12 f.
7 Vgl. »Public Papers of the Presidents: John F. Kennedy«. In: Herbert Feis, *Foreign Aid and Foreign Policy,* Delta, 1966.
8 Hinkelammert, F. J., *La Deuda Externa de América Latina,* (San José: Departamento de Investigaciones Económicas, 1988).
9 Vgl. dazu z.B. Bartram S. Brown, *The United States and the Politicization of the World Bank: Issues of International Law and Policy,* Kegan Paul International, London, 1992. Vgl. auch Miles Kahler, »The United States and the International Monetary Fund: Declining Influence or Declining Interest?« In: Karen A. Mingst and Margaret R. Karns, *The United States and Multilateral Institutions: Patterns of Changing Instrumentality and Influence*, Unwin Hyman, Boston, 1990.
10 In Renminbi Yuan 1985.
11 Im Streben nach diesem Ziel gewährte die Sowjetunion den afrikanischen Ländern zwischen 1954 und 1967 Wirtschaftshilfe

im Ausmaß von 900 Mio. Dollar, und die Chinesen stellten 340 Mio. Dollar bereit, wobei die Unterstützung zumeist in Form von Krediten erfolgte.

12 »Memorandum from Ulric Haynes of the National Security Council Staff to Robert W. Komer of the National Security Council Staff« (18.05.65), Johnson Library, National Security File, Haynes Files, CHRONO (Haynes). Geheim.

13 Die Angaben sind dem Dokument über den Entscheidungszeitpunkt für die Demokratische Republik Kongo mit Stand 2003 entnommen.

14 Aktuellste verfügbare Daten aus den World Development Indicators 2002 der Weltbank.

15 Es ist weiterhin umstritten, ob es sich bei den Zuwendungen aus den Golfstaaten um Kredite oder Spenden handelte. Es ist auch schwer, die geliehenen Beträge genau zu quantifizieren, obwohl wir wissen, dass die Geldgeber die Rückzahlung von 120–130 Milliarden Dollar einschließlich Zinsen verlangen.

16 Vgl. z.B. »CIA Found Italian Tie to Atlanta Bank's Sales to Iraq«, *Washington Post,* 1. November 1992; *Banca Nationale del Lavero,* Institute for Science and International Security, Washington D.C.

17 *Encyclopedia of the Cold War,* Facts on File, 1994; A *Dictionary of 20th Century World Biography,* Oxford University Press, 1992.

18 Stanley Karnow, *Vietnam: A History,* Penguin Books, 1997, S. 214.

19 Ferraro Vincent und Melissa Roserer, »Global Debt and Third World Development«. In: Michael Klare und Daniel Thomas (Hrsg.), *World Security in Challenges for a New Century*, St Martin's Press, New York, 1994.

20 Vgl. z.B. Harold James, »From Grandmotherliness to Governance: The Evolution of IMF Conditionality«. In: *Finance and Development,* Dezember 1998.

21 Demba Moussa Dembele, ein ehemaliger hochrangiger senegalesischer Staatsbeamter, bestätigte dies in einem Gespräch mit der Autorin in London im Jahr 2003; dasselbe tun Anne Boschini und Anders Olofsgard in »Foreign Aid: An Instrument for Fighting Poverty or Communism?« Im August 2002 bei einer Versammlung der European Economic Association vorgelegtes Papier.

22 Es entstand beträchtliche Verwirrung über das tatsächliche Ausmaß der Schulden, denn viele Kredite im Kalten Krieg waren in »übertragbaren Rubeln« gewährt worden, einer Währung, die

nie wirklich existierte und damit auch keinen klar definierbaren Wechselkurs hatte.

23 Vgl. Cohen in: Robert Bottome, *In the Shadow of the Debt: Emerging Issues in Latin America,* Twentieth Century Fund Press, New York, 1992.

24 Die These, dass die Kreditvergabe während des gesamten Kalten Krieges den Sicherheitsinteressen der Geberländer diente, vertreten z.B. Anne Boschini und Anders Olofsgard, »Foreign Aid: An Instrument for Fighting Poverty or Communism?« Im August 2002 in einer Konferenz der European Economic Association vorgelegtes Papier.

25 Budgetdokument des Weißen Hauses, März 2003.

26 Bill Clinton im Gespräch mit Ernesto Zedillo in Davos, Januar/Februar 2002.

27 Beispielsweise machten sowohl Guinea-Bissau als auch die Zentralafrikanische Republik im Jahr 1997 die Anerkennung Taipehs rückgängig und wandten sich Peking zu, als es Taiwan ablehnte, ihnen Kredite in Höhe von 90 Mio. bzw. 120 Mio. Dollar zu gewähren und China in die Bresche sprang. Vgl. P. Liu, »Cross-strait Scramble for Africa: A Hidden Agenda in China-Africa Cooperation Forum«. In: *Harvard Asia Quarterly,* Frühjahr 2001.

28 In dieser Zeit unternahmen die Vereinigten Staaten zahlreiche anstößige Versuche, die drei afrikanischen Sicherheitsmitglieder, die allesamt von amerikanischen Hilfsleistungen und Investitionen abhingen, durch »Lobbying« auf ihre Seite zu bringen.

29 Soren Ambrose, »Multilateral Debt«. In: Alliance for Global Justice, *50 Years is Enough,* 1999.

30 Vgl. z.B. »US May Cut Aid Over Court Immunity«. In: *Washington Post*, 1. Juli 2003, sowie «Columbia Accepts a US Deal on Exemptions in Rights Cases«, *New York Times*, 19. September 2003.

31 Die Abstimmung erfolgte am 29. November 1990.

32 Sir John Vereker, Staatsekretär im britischen Ministerium für Internationale Entwicklung (DFID), legte diesen Schluss im Jahr 2004 in einer E-Mail-Korrespondenz mit der Autorin nahe. Doch es sollte berücksichtigt werden, dass selbst diese Länder über ihre Exportkreditagenturen oft Kredite gewähren, die den Interessen ihrer heimischen Unternehmen dienen, wie wir im nächsten Kapitel sehen werden.

33 Selbst der viel gepriesene amerikanische Marshallplan, in dessen Rahmen zwischen 1948 und 1951 mehr als 13 Milliarden Dollar in den Wiederaufbau Europas investiert wurden (vor al-

lem in Form von Zuschüssen) stellte, wie jüngste Analysen amerikanischer Regierungsdokumente gezeigt haben, im Wesentlichen eine Verteidigungsmaßnahme dar, die gegen die vermutete sowjetische Aggressionspolitik in Westeuropa – insbesondere in Frankreich und Italien – gerichtet war. Obwohl der amerikanische Außenminister George Marshall in seinen öffentlichen Erklärungen betonte, sein Plan richte sich nicht »gegen irgendein Land oder eine Doktrin, sondern gegen Hunger, Armut, Verzweiflung und Chaos«, äußerte er sich inoffiziell anders. Im Februar 1947 machte sich Marshall in einem Treffen mit ausgewählten Kongressabgeordneten im Weißen Haus für eine Ausweitung der Unterstützung Europas stark, um den wachsenden kommunistischen Einfluss in Griechenland, der Türkei und anderen Ländern zurückzudrängen. Vgl. dazu Notizen, in denen erläutert wird, warum die Vereinigten Staaten Griechenland und der Türkei Finanzhilfe gewähren sollten, 27/02/47, Truman Library Archive Online. Vgl. auch M. Leffer, *Preponderance of Power: National Security, The Truman Administration and the Cold War*, Stanford University Press, Stanford CA, 1992, sowie M. Hogan, *The Marshall Plan: America, Britain and the Reconstruction of Western Europe* 1947–52, Cambridge University Press, Cambridge, 1987.

**Kapitel 3**

1 »How $1 billion was lost when Thatcher propped up Saddam«, *Guardian*, 28. Februar 2003.

2 Memo von H. C. Clark an J. A. Condoux, »Subject: I/J Pipeline Development«, 29. Februar 1984.

3 Vgl. Nicholas Hildyard und Susan Hawley, »The environmental audit committee inquiry export credits guarantee department and sustainable development Memorandum«, 19. Mai 2003, *www.thecornerhouse.org.uk*, P. 46, »While 65 per cent …«: OECD Annual Estimates of Total External.

4 Vgl. OEDC Annual Estimates of Total External Debt.

5 Diese Analogie stellt Aaron Goldzimer her in: Goldzimer, Aaron, »Worse than the World Bank? Export Credit Agencies – the Secret Engine of Globalization.« In: *Backgrounder*, Winter 2003, Bd. 9, Nr. 1.

6 Diese Zahl beinhaltet die aufgelaufenen Zinsen. Der Pariser Klub errechnete im Juli 2003, dass sich die Gesamtschulden bei diesen Ländern auf 12,8 Milliarden Dollar ausschließlich Zin-

sen beliefen. Nach Angabe des Gläubigerklubs sind die Zinsen etwa genauso hoch wie der Kreditbetrag, womit wir auf rund 26 Milliarden Dollar kämen.

7 Obwohl es nicht möglich ist, genau festzustellen, welcher Anteil der westlichen Exportkredite direkt in Waffen investiert wurde, wird allgemein davon ausgegangen, dass dieser Anteil hoch ist. Der ehemalige polnische Finanzminister Marek Belka beispielsweise erklärte beim IWF-Gipfel in Dubai im September 2003, der Anteil der für militärische Zwecke ausgegebenen Gelder könne sich auf nicht weniger als 90 Prozent der Kredite belaufen. Sicher ist, dass Saddam auf Kredite angewiesen war, um seine Rüstungsprogramme zu finanzieren, denn die militärischen Ausgaben überstiegen die Einnahmen aus dem Erdölexport deutlich (Rüstungsausgaben von 120 Milliarden Dollar zwischen 1981 und 1985 standen Exporteinnahmen von 48,4 Milliarden Dollar gegenüber), womit sämtliche Kredite für den Erwerb von Gütern in jedem Fall Mittel für Saddams militärische Vorhaben freimachten.

8 Während dieses Buch geschrieben wird, sieht es so aus, als würden die im Pariser Klub vertretenen Gläubigerstaaten einen Großteil der irakischen Schulden abschreiben, doch die Unrechtmäßigkeit der Schulden wurde bisher nicht eingestanden. Es ist zudem nicht bekannt, ob die nicht dem Pariser Klub angehörenden Staaten einem Schuldenerlass zustimmen werden, und die zahlreichen Bedingungen, die mit der Entschuldung verbunden sein werden, dürften der irakischen Wirtschaft eher schaden als nutzen.

9 Vgl. z.B. Bruce Rich, »Exporting Destruction«, *Environmental Forum*, 09/01/2000.

10 Vgl. Horst Köhler, »Reforming the International Financial System«. In: *The Berne Union 2001 Yearbook*, Februar 2001.

11 Eurodad.

12 Zitiert nach: *ECGD: The Export Credit Guarantee Department*. In: Killing Secrets, 1998, *kill secrets@msn.com*.

13 Aus einem im Juni 2003 geführten Gespräch mit einem ehemaligen HSBC-Mitarbeiter, dessen Spezialgebiet Exportkreditvereinbarungen waren.

14 Vgl. Wayne Leslie, »A Guardian of Jobs or a Reverse Robin Hood«. In: *New York Times*, 1. September 2002.

15 Vgl. Aaron Goldzimer, »Worse Than the World Bank? Export Credit Agencies – The Secret Engine of Globalization.« In: *Backgrounder*, Winter 2003, Bd. 9, Nr. 1.

16 E-Mail-Korrespondenz mit Sir John Vereker, dem früheren

Staatsekretär im britischen Ministerium für internationale Entwicklung (DFID).

17 Angaben des Arbeitsministeriums, zitiert nach *Business Week Online*, 12. August 2002, sowie *Seattle Times*, 12. Juni 2003. Vgl. dazu auch: Michael Borrus, »Exploiters of Regionalization: The Asian Production Networks of U.S. Electronics Firm«. In: Michael Borrus, Dieter Ernst und Stephen Haggard (Hrsg.), *International Production Networks in Asia: Rivalry or Riches?* Brunner-Routledge, 2000.

18 Berechnet nach Angaben in: Export-Import Bank of the United States FY 2001 »Loans and Long Term Guarantees«, Annual Report 2001, S. 24-30.

19 Gespräch mit einem ehemaligen Mitarbeiter der HSBC, Juni 2003.

20 Vgl. »Firm Guilty of Lesotho Bribery«, *Guardian*, 19. Juni 2003.

21 Vgl. »Foreign funded power projects marked up«, PLN, *Jakarta Post*, 17. Oktober 2000.

22 Dieter Frisch, »Export Credit Insurance and the Fight Against International Corruption«. Arbeitspapier von *Transparency International*, 26. Februar 1999.

23 Vgl. Dieter Frisch, »Export Credit Insurance and the Fight Against International Corruption«, *Transparency International Working Paper*, 26. Februar 1999, *www.transparency.org/workinpapers/frisch/dfrisch.html.*

24 Zur Frage der Zusammenhänge zwischen Korruption und sinkenden Investitionen vgl. z.B. Paulo Mauro, »Corruption and Growth«. In: *The Quarterly Journal of Economics*, Bd. 110, Nr. 3, August 1995, S. 681-712, sowie Andrei Shleifer und Robert Vishny, »Corruption«. In: *The Quarterly Journal of Economics*, Bd. 109, 1993, S. 599-617.

25 Vgl. auch: OECD Guidelines for ECAs, *www.oecd.org/ech/act/xcred-en.htm*, sowie Michael H. Wiehen, »OECD Working Paper on Export Credits and Export Guarantees«, *Arbeitspapier von Transparency International Working Paper*, 2000.

26 Zitiert aus einem der ECGD vorgelegten Papier von Michael Wiehen, Member of the Board, Transparency International, 23. April 2003.

27 Vgl. Susan Hawley, »The Questions Taxpayers Must Ask«, *Observer*, 2. Februar 2003.

28 Ex-Im ermöglichte den Bau des Atomkraftwerks in Bataan mit einem direkten Projektkredit über 227,2 Millionen Dollar und einer Kreditgarantie über weitere 367,2 Millionen Dollar. Die

Bank übernahm auch eine Garantie für eine Anleihe eines ausländischen Staatsunternehmens, die an amerikanische Investoren verkauft wurde, um zusätzliche Mittel für das Projekt zu beschaffen und den Fehlbetrag zu decken, für den die Geschäftsbanken nicht geradestehen wollten. Vgl. dazu Aaron Goldzimer, »Worse Than the World Bank? Export Credit Agencies – The Secret Engine of Globalization«. In: *Backgrounder*, Winter 2003, Bd. 9, Nr. 1.

29 Vgl. z.B. Maristela de la Cruz-Cardenas, »ECAs and Debt: A Look into the Philippine Power Industry and the Debt Crisis«, Freedom from Debt Coalition, S. 2-3.

30 Vgl. Bruce Rich, »Exporting Destruction«. In: *Environmental Forum*, 1. September 2000. Rich weist darauf hin, dass die Exportkreditagenturen Frankreichs, Kanadas, Deutschlands und der USA de facto ihre nationalen Nuklearindustrien am Leben erhalten, indem sie ihnen zu einer Zeit, da zu Hause keine große Nachfrage nach Atomkraftwerken mehr besteht, den Export derartiger Anlagen in die Entwicklungsländer ermöglichen.

31 Vgl. z.B. Elaine Kurtenback, »Water Begins to Back Up Behind China Dam« AP, 7. Juni 2003; Aaron Goldzimer, »Worse Than the World Bank? Export Credit Agencies – The Secret Engine of Globalization«. In: *Backgrounder,* Winter 2003, Bd. 9, Nr. 1; Probe International, »Three Gorges Dam Project«, *www.probeinternational.org*.

32 Es sollte darauf hingewiesen werden, dass Gas mit Blick auf die Klimakonsequenzen eindeutig zu bevorzugen ist.

33 »UK extends arms sales ban to 63 countries«, Reuters, 11. Januar 1999; Larry Elliot, »Brown attempts to stop aid and debt relief being used for military spending«, *Guardian*, 12. Januar 2000.

34 Bruce Rich, »Exporting Destruction«, *Environmental Forum*, 1. September 2000.

35 Stellungnahme der Campaign Against the Arms Trade zur Überprüfung der Tätigkeit des Export Credits Guarantees Department, *www.caat.org.uk/informatio/publications/government/ecgd-submission-1099.php*.

36 »Indonesia uses UK Hawks in Aceh offensive«, *Guardian*, 20. Mai 2003.

37 Bruce Rich, »Exporting Destruction«, *Environmental Forum*, 1. September 2000.

38 Aaron Goldzimer, »Worse Than the World Bank? Export Credit Agencies – The Secret Engine of Globalization«. In: *Backgrounder*, Winter 2003, Bd. 9, Nr. 1.

39 Die Welthandelsorganisation hat ein Schlupfloch für OECD-Exportkredite gelassen – eine Ausnahmeregelung für die Exportkredite der reichen Länder, die direkt in die WTO-Vereinbarung aufgenommen wurden.

**Kapitel 4**

1 Vgl. Luis De Sebastian, *La Deuda Externa de América Latina y la Banca Internacional*, UCA Ediciones, San Salvador, 1987.
2 Vgl. IMF World Economic Outlook, 1980.
3 Vgl. Nicolas Van de Walle, *African Economies and the Politics of Permanent Crisis, 1979–1999*, Cambridge University Press, 2001.
4 Zitiert nach: J. Roddick, *The Dance of the Millions: Latin America and the Debt Crisis*, Latin American Bureau, London, 1988, S. 29.
5 W. A. Darity, *The Loan Pushers: the Role of Commercial Banks in the International Debt Crisis*, Ballinger, Cambridge, 1988.
6 Die Stabilisierung des Ölpreises wäre eine bessere Lösung gewesen, aber diese Option hatte nie eine Aussicht auf Erfolg. Die zweitbeste Lösung wäre eine Schuldenumwandlung durch die OPEC gewesen. Entsprechende Zusagen wurden gemacht, jedoch nicht gehalten. Stattdessen flossen die Öleinnahmen in Waffenkäufe. Die drittbeste Lösung wäre eine Erhöhung der Entwicklungshilfe gewesen. Dies war ebenfalls nicht durchzusetzen, was zum Teil daran lag, dass die OECD-Länder selbst unter der deutlichen Verteuerung der Importe litten. Somit war die viertbeste Option, die Kreditaufnahme bei Geschäftsbanken, in vielen Fällen die einzige Alternative.
7 Gespräch mit dem ehemaligen kolumbianischen Finanzminister beim Weltwirtschaftsforum 2003 in Davos. Vgl. dazu auch Susan George, *A Fate Worse Than Debt,* Penguin, London, 1988.
8 S. Griffith Jones und O. Sunkel, *Debt and Development in Latin America,* Oxford University Press, 1986; J. Schatan, *El Saqueo de América Latina,* Lom Ediciones, Santiago, 1998, S. 51.
9 Vgl. z.B. Nancy Birdsall und John Williamson, *Delivering on Debt Relief. From IMF Gold to a New Aid Architecture*, IIE, Washington, 2002.
10 Susan George, *A Fate Worse Than Debt,* Penguin, London,1988.
11 J. Roddick weist darauf hin, dass im Jahr 1978, als Lateinamerika insgesamt 21,8 Milliarden Dollar Schulden hatte, nur

7,3 Prozent davon staatlichen Geldgebern geschuldet wurden, während die übrigen 92, 7 Prozent auf private Gläubiger entfielen, darunter vor allem Geschäftsbanken. Vgl. J. Roddick, *The Dance of the Millions: Latin America and the Debt Crisis,* Latin American Bureau, London, 1988.

11 R.W. Lombardi, *Debt Trap,* Praeger Publishers, New York, 1985, zitiert bei Luis De Sebastian, *La Deuda Externa de America Latina y la Banca Internacional,* UCA Ediciones, San Salvador, 1987.

12 S. C. Gwynne, »Adventures in the Loan Trade«. In: *Harper's* 267, Nr. 1600, zitiert bei J. Roddick, *The Dance of the Millions: Latin America and the Debt Crisis,* Latin American Bureau, London, 1988.

13 »US Multinational Banking: Current and Perspective Strategies«, Salomon Brothers, 1976.

14 R.W. Lombardi, *Debt Trap,* Praeger Publishers, New York, 1985.

15 Gespräch von Anthony Sampson mit Walter Wriston, 13. Juni 1980, *Money Lenders,* Viking, 1983.

16 Internationale Bankaktivitäten (International Banking Operations), Anhörungen vor dem Unterausschuss für Finanzinstitute des Bankenausschusses des Repräsentantenhauses, 1977.

17 Diese Aussage schreibt Al Wojniloewr, Chefökonom der First Boston Bank, einem New Yorker Banker zu, mit dem er Gespräche über das Thema führte. Zitiert in: Mark Hulbert, »The Causes and Risks of Excessive Foreign Lending«. In: *Policy Analysis,* Nr. 23, 20. April 1983.

18 Üblicherweise gingen diese Zyklen mit den Auf- und Abschwungphasen im Westen einher. Vgl. z.B. C. Marichal, *A Century of Debt Crises in Latin America: From Independence to theDepression,* 1820–1930, Princeton University Press, Princeton NJ, 1989.

19 S. Branford und B. Kucinski, *The Debt Squads,* Zed Books, London, 1988.

20 Alexander Theberge, »The Latin American Debt Crisis of the 1980s and its Historical Precursors«, 8. April 1999.

21 Vgl. z.B. J. M. Mora, *Esto nos dio Lopez Portillo*, Anaya, Mexico City, 1982.

22 J. Augustin, *Tragicomedia Mexicana 2: La Vida en Mexico de 1970 a 1982*, Planeta, Mexico City, 1992.

23 In einigen Fällen haben Gläubiger versucht, Vermögenswerte des zahlungsunfähigen Landes beschlagnahmen zu lassen (vgl. dazu z.B. William Cline in: *International Debt: Systematic Risk*

*and Policy Perspective, 1984*). So wurde im Juli 2000 auf Antrag der schweizerischen Firma Noga, der die russische Regierung offenbar seit 1991 60 Millionen Dollar Öl-für-Nahrungsmittel-Vereinbarungen schuldete, das russische Kreuzfahrtschiff *Sedov* von einem französischen Gericht im Hafen von Brest beschlagnahmt. Das Schiff wurde mit 15 Schulkindern und 100 Studenten aus Murmansk sowie 61 Besatzungsmitgliedern an Bord 50 Stunden lang festgehalten. Doch es besteht nur geringe Hoffnung, dass westliche Gerichte derartige Maßnahmen aufrechterhalten (im Fall von Noga machte eine Entscheidung eines französischen Gerichts der Beschlagnahme ein Ende). Vgl. dazu z.B. Anatole Kaletsky, *Costs of Default*, Priority Press Publications, 1985. Kaletsky weist auch darauf hin, dass eine Beschlagnahme nur selten dem Umfang der Schulden entspricht.

24 Zitiert in: J. M. Mora, *Esto nos dio Lopez Portillo*, Anaya, Mexico City, S. 127.

25 Paul Cammack, David Pool und William Tordoff, *Third World Politics*, Macmillan, 1988.

26 Briefwechsel mit Ajit Singh, November 2003. Vgl. auch J. Augustin, *Tragicomedia Mexicana 2: La Vida en Mexico de 1970 a 1982*, Planeta, Mexico City, 1992.

27 B.J. Cohen, »US Debt Policy in Latin America: The Melody Lingers On«. In: R. Bottome u. a., *In the Shadow of the Debt: Emerging Issues in Latin America*, The Twentieth Century Fund Press, New York, 1992, S. 153–73, 162.

28 B. J. Cohen, »US Debt Policy in Latin America: The Melody Lingers On« In: R. Bottome u. a., *In the Shadow of the Debt: Emerging Issues in Latin America*, The Twentieth Century Fund Press, New York, S. 153-172. Anne Krueger bezieht sich auf: »The low growth, high service debt trap«. In: A. O. Krueger, »Debt, Capital Flows and LDC Growth«. In: *American Economic Review* 77, Nr. 2, 1987.

29 P. O'Brien, »The Debt Cannot be Paid, Castro and the Latin American Debt«. In: *Bulletin of Latin American Research* 5, 1, 1986; Fidel Castro, »This Debt is not only unpayable but also uncollectible«, Rede auf dem 4. Kongress der Lateinamerikanischen Journalistenvereinigung, 7. Juli 1985.

30 Paul Volcker und Toyoo Gyohten, *Changing Fortunes*, Times Books, 1992; Paul Cammack, David Pool und William Tordoff, *Third World Politics*, Macmillan, 1988.

31 Luis De Sebastian, *La Deuda Externa de America Latina y la Banca Internacional*, UCA Ediciones, San Salvador, 1987.

32 H. Lever und C. Huhne, *Debt and Danger: The World Financial Crisis*, Penguin, 1985, S. 26 f.
33 »Seit 1982 ist die mexikanische Erwerbsbevölkerung um mehr als 4 Millionen Menschen gewachsen, aber zwischen 1981 und 1984 wurde nicht ein einziger Arbeitsplatz geschaffen«, hieß es im Bericht der Weltbank über die Armut in Lateinamerika aus dem Jahr 1986 ... »In der Krise verdoppelte sich die Arbeitslosigkeit in Chile, und in Bolivien stieg sie auf das Dreifache ... Die Kürzungen der Gesundheitsbudgets zwischen 1980 und 1984: Argentinien – 13,9 Prozent, Chile – 23,8 Prozent, Bolivien – 77,7 Prozent«. Vgl. J. Roddick, *The Dance of the Millions: Latin America and the Debt Crisis*, Latin American Bureau, London, S. 85, 89 und 98.
34 Vgl. Robert R. Kaufman, *The Politics of the Debt in Argentina, Brazil and Mexico*, University of California, Berkeley, 1988.
35 Einige Betroffene begrüßten den von den Bretton-Woods-Einrichtungen vorgezeichneten Weg. Der damalige mexikanische Präsident de La Madrid war ein energischer Befürworter der neoliberalen Vorgaben des IWF und der Weltbank. Vgl. z.B. Robert R. Kaufman, *The Politics of the Debt in Argentina, Brazil and Mexico*, University of California, Berkeley, 1988.
36 M. Chamberlain, »The Brady Plan – the First Ten Years and Beyond«. In: *Latin Finance* 2000, S. 60-63.
37 Es gab bereits vorher einen Markt für Banken, die vorhandene Anleihen verkaufen wollten, aber er war sehr klein und nicht liquid gewesen.
38 Vgl. z.B. William Miles, »Securitization, liquidity and the Brady Plan«. In: *The North American Journal of Finance and Economics*, 1999.
39 Das jährliche Handelsvolumen stieg zwischen 1985 und 1995 von 1,5 Milliarden Dollar auf 200 Milliarden Dollar.

**Kapitel 5**

1 »King of the Castle«. In: *New York Post*, 15. Juli 2003.
2 Der Maßstab, an dem sämtliche Risiken gemessen werden, ist der »risikolose« Zinssatz, das heißt jener der amerikanischen Schatzobligationen. Diese Staatsanleihen gelten als völlig risikolos, da davon ausgegangen wird, dass die Wahrscheinlichkeit einer Zahlungsunfähigkeit des amerikanischen Staats bei Null liegt, obwohl diese Annahme fragwürdig ist.
3 Obwohl es schon seit Jahrzehnten Junk Bonds gab, wurden sie erst populär, als Milken das Potenzial dieses Marktes erkannte.

4 Besonders verlockend waren die Junk Bonds für sehr reiche Personen, die lieber Kapitalertragssteuer auf den Wertzuwachs von Anleihen zahlten als Einkommenssteuer für die Erträge aus Aktien und in der Lage waren, Verluste gegen andere Einkünfte aufzurechnen oder Verlustvorträge vorzunehmen.

5 Global Development Finance 2003, World Bank.

6 E-Mail-Korrespondenz mit Caitlin Zaloom, NYU, 11. Juli 2003.

7 Dies gilt jedoch nicht für jene, die mit den riskantesten »nicht als Anlage empfohlenen« Bonds handeln. Diese Händler müssen mit den grundlegenden Bedingungen des Landes vertraut sein, wenn sie Erfolg haben wollen, und sie müssen verstehen, womit sie handeln, da das Risiko einer Zahlungsunfähigkeit bei diesen Bonds sehr viel höher ist.

8 Der JP Morgan EMBI Composite Index weist einen jährlichen Durchschnittsertrag von 5,9 Prozent in den letzten fünf Jahren aus – allerdings wurde Argentinien nach der Einstellung des Schuldendienstes im Januar 2002 aus dem Index herausgenommen.

9 Jeden Tag werden Anleihen der größten Emerging Markets im Wert von mehreren Milliarden Dollar gehandelt.

10 Die Schwankungen von Angebot und Nachfrage bedingen auch laufende Schwankungen des Werts der Anleihen.

11 Paul Blustein, *Washington Post*, 3. August 2003.

12 Viele Banken, die sich Anfang der achtziger Jahre die Finger verbrannten, verleihen lieber Geld auf den Anleihenmärkten als Kredite zu vergeben. So unterliegen sie keinen Vorschriften über Rücklagen, sparen sich Kontrollkosten und können ihr Risiko in einem Maß diversifizieren, das bei Konsortialkrediten nicht möglich wäre, bei denen sie einen beträchtlichen Anteil des Kreditrisikos in der Bilanz ausweisen müssten, was bedeutet, dass sie im Fall der Zahlungsunfähigkeit eines Emerging Market den Verlust großer Geldbeträge riskieren würden.

13 Das soll nicht bedeuten, dass der Verwendungszweck der Anleihen keine Rolle spielt. In jüngster Zeit will eine wachsende Zahl von Investoren wissen, wie das Geld verwendet werden wird.

14 Professor Ajit Singh wies in einer E-Mail am 5. November 2003 darauf hin, dass es sich hier im Grunde um eine Art von »Gefangenendilemma« handle, denn »wenn hätten alle führenden Banken kooperiert, wäre es möglicherweise überhaupt nicht zu einer Krise gekommen. Dass sie nicht zusammenarbeiteten, lag daran, dass jede einzelne Bank die Situation nur aus ihrer eigenen Sicht bewertete und rasch aussteigen wollte, um nicht diejenige zu sein, die am Ende auf den Schulden sitzen blieb«.

15 Üblicherweise, wenn auch nicht immer, waren die CSFB und die Deutsche Bank in den neunziger Jahren die größten Käufer von kurzfristigen Rubelanleihen (GKO-Anleihen).

16 Theoretisch kann das Währungsrisiko mit Derivativen umgangen werden, aber für die Währungen der meisten Entwicklungsländer, insbesondere für jene der kleineren und ärmeren Länder, gibt es keine liquiden Derivativmärkte. Außerdem sind derivative Finanzinstrumente, die zur Absicherung gegen Risiken eingesetzt werden könnten, in Anbetracht der großen Volatilität ihrer Währungen selbst für jene Entwicklungsländer, die es mit einem relativ liquiden Markt zu tun haben, ausgesprochen teuer.

17 Global Development Finance 2003, World Bank.

18 Zitiert bei Dani Rodrik, »Why Financial Markets Misbehave«. In: Ann Pettifor (Hrsg.), *Real World Economic Outlook*, Palgrave Macmillan, 2003.

19 Eine Rolle spielte auch die beträchtliche Kapitalrepatriierung durch Auslandspakistaner, die befürchteten, ihre Bankeinlagen könnten eingefroren werden.

20 Michael Tomz »Voter sophistication and domestic preferences regarding debt default«, *Stanford Working Paper*, März 2004.

21 Jeremy Bulow und Kenneth Rogoff, »A Constant Recontracting Model of Sovereign Debt«. In: *Journal of Political Economy*, Bd. 97, 1, S. 155-78, University of Chicago, 1989. Ein wichtiger Indikator für die ausländischen Investoren ist oft auch, ob die Einheimischen genug Vertrauen haben, um ihr Geld auf den örtlichen Banken liegen zu lassen.

22 Obwohl die Nachfrage zu der Zeit, als Kholokovsky inhaftiert wurde, sank, da der Markt daran zu zweifeln begann, dass sich seine Interessen tatsächlich mit denen Putins deckten. Vgl. www.*bradynet.com/bbs/em/1003S4-0.html.*

23 Thomas L. Brewer und Pietra Rivoli, »Politics and Perceived Country Credit Worthiness in International Banking« In: *Journal of Money, Credit & Banking*, 1990.

24 J.T. Citron und G. Nickelsburg, »Country risk and political instability«. In: *Journal of Developmental Economics*, 1987, 2S, S. 38-92. Es kann allerdings zu einer ablehnenden Reaktion kommen, wenn der Markt den Eindruck gewinnt, dass das Maß einer autoritären Herrschaft voll ist, was am Ende beider Amtszeiten des peruanischen Präsidenten Fujimori der Fall war.

25 Thomas L. Brewer und Pietra Rivoli, »Politics and Perceived Country Credit Worthiness in International Banking«. In: *Journal of Money, Credit & Banking*, 1990.

26 Mit einem BIP von 1,34 Billionen Dollar (gemessen in Kauf-

kraftparitäten) belegte Brasilien im Jahr 2003 hinter den USA, China, Japan, Indien, Deutschland, Frankreich, Großbritannien, Italien und Russland den zehnten Rang unter den größten Volkswirtschaften der Erde.

27 *Euromoney*, September 2002.

28 Brasilien investierte im Jahr 2001 54 Milliarden Dollar in den Schuldendienst, von denen 37 Milliarden auf die Rückzahlung von Kapitalsummen und, was wichtiger war, 17 Milliarden auf Zinszahlungen entfielen. Daten aus: *Global Development Finance 2003*, Weltbank.

29 Dani Rodrik, »Why Financial Markets Misbehave«. In: Ann Pettifor (Hrsg.), *Real World Economic Outlook*, Palgrave Macmillan, 2003.

30 *www.forbes.com/home/2002/10124/cx-aw-1024fine.html.*

31 Vgl: More than $ 40 billion lent between 1990 and 2000, *Global Development Finance 2003*, Weltbank.

32 Paul Blustein, *Washington Post*, August 2003.

33 Jane Marcus Delgado, »Corruption, Governability and Trust: The Case of Argentina«. In: Unterlagen der American Political Science Association Meetings, Boston, Massachusetts, August 29, 2002.

34 Michael Tomz, »Voter sophistication and domestic preferences regarding debt default«, *Stanford Working Paper,* März 2004.

35 Paul Blustein, *Washington Post,* August 2003.

36 Zitiert nach Paul Blustein, *Washington Post*, 8. März 2003.

37 In: *Latin News* – Economy and Business, 29. Juli 2002.

38 Obwohl sie Niederlassung vor Ort haben, scheinen sie oft unfähig, die Auswirkungen der Geschehnisse in dem Land richtig einzuschätzen.

39 In den Jahren 1994/95.

40 Graciela Kaminsky und Sergio Schmukler, »Emerging Markets Instability: Do Sovereign Ratings Affect Country Risk and Stock Returns?«, Weltbank-Papier aus der Reihe »Working Papers – Domestic finance. Saving. financial systems, stock markets«, Nr. 2678, September 2001, abzurufen unter: *http.//ideas.repec.org/p/wop/wobadc/2678.html.*

41 Helmut Reisen und Julia von Maltzan, »Boom and Bust and Sovereign Ratings«. In: *International Finance* 22, 1999, S. 273-93.

42 G. Ferri, L. Liu und J. Stiglitz, »The procyclical role of rating agencies: Evidence from the East Asian crisis«. In: *Economic Notes*, 1999, 28: S. 335-55. Vgl. auch »Characteristics and Appraisal of Major Rating Agencies«, Veröffentlichung des Japan Centre for International Finance, Januar 2000.

43 G. Ferri, L. Liu und J. Stiglitz sind der Ansicht, dass die Ratingagenturen die Abwärtsspirale selbst verlängern. Vgl G. Ferri, L. Liu und J. Stiglitz, »The procyclical role of rating agencies: Evidence from the East Asian crisis«, *Economic Notes*, 1999, 28: S. 335-55.

44 Der IWF hat seine Haltung gegenüber den Kapitalkontrollen geändert und hält sie nun für unproblematisch, sofern sie die wirtschaftlichen Bedingungen nicht verzerren und das fragliche Land in der Lage ist, die Kontrollen zu verwalten. Zudem sollten die Länder nach Ansicht des Währungsfonds die Kapitalkontrollen lockern, wenn sie nicht gewährleisten können, dass die Institutionen ihre neuen Privilegien nicht missbrauchen.

45 Die »Collective Action Clauses, die von mehreren Seiten gefordert werden und einen Mehrheitsbeschluss über das Vorgehen der Anleger ermöglichen, wären geeignet, die Schuldengeier von den Anleihen fern zu halten, da nicht mehr die Zustimmung *aller* Gläubiger erforderlich wäre. E-Mail-Korrespondenz mit Richard Segal, 6. November 2003.

46 Als dieses Buch geschrieben wurde, gewann Dart den Prozess, ob es ihm gelingen wird, seine Forderungen einzutreiben.

47 Interessanterweise beteiligt sich auch die Bank dieses Anleihenhändlers ebenso wie viele andere Investmentbanken immer häufiger an vergleichbaren Praktiken im Handel mit Unternehmensanleihen vor allem aus asiatischen Schwellenländern. Das »Geschäft mit nicht bedienten Anleihen« funktioniert folgendermaßen: Die Banken kaufen die Anleihen zu einem Bruchteil der Kosten auf, um anschließend »den Leuten die Kniescheiben zu zertrümmern, um das Geld einzutreiben«, wie es ein hochrangiger Bankmanager ausdrückte.

48 Es gibt einige wenige Beispiele kleiner Länder, darunter z.B. Bulgarien, die von den Anleihenmärkten für eine gute Finanzpolitik belohnt wurden.

49 Vgl. Dani Rodrik, »Why Financial Markets Misbehave«. In: Ann Pettifor (Hrsg.), *Real World Economic Outlook*, Palgrave Macmillan, 2003.

**Kapitel 6**

1 Zu jenem Zeitpunkt war Gorki bereits wieder umgetauft worden und trug erneut seinen alten Namen Nischni Nowgorod.

2 Die Selbstmordrate stieg von 26,4 Fällen pro 100 000 Einwohner im Jahr 1990 auf 42,1 Fälle pro 100 000 Einwohner im Jahr 1994. Daten: *www.cdi.org/russia/johnson/7257-3.cfm.*

3 Vgl. z.B. »Russian Factories, Prey of Rust Away«. In: *New York Times*, 10. August 1998.
4 Davison Budhoo, *Enough is Enough. Open Letter of Resignation from the Staff of the IMF*, New Horizons Press, New York, 1990.
5 *Guardian*, 13. September 2000.
6 Kenneth Rogoff, »An Open Letter to Joseph Stiglitz«, Juli 2002. In einer Fußnote zum Brief wird erklärt, dass der Text »am 28. Juni in der Vorstellung von Mr. Stiglitz' Buch bei einer vom Infoshop der Weltbank organisierten Diskussionsveranstaltung der Weltbank« verwendet worden sei. *www.imforg/external/np/vc/2002/070202.htm*. Die Kritik wurde erstmals am 28. Juni 2002 in einer Diskussion über das Buch bei der Weltbank geäußert. Vgl. vorhergehende Anmerkung.
7 Miles Kahler, »The United States and the International Monetary Fund: Declining Influence or Declining Interest?« In: Karen A. Mingst and Margaret R. Karns (Hrsg.), *The United States and Multilateral Institutions: Patterns of Changing Instrumentality and Influence*, Unwin Hyman, Boston, 1990.
8 Die Marshall Foundation beziffert die Gesamtausgaben zwischen 1948 und 1952 auf 13325,8 Millionen (13,3 Milliarden) Dollar. Vgl.: *www.marshallfoundation.org/about-gcm/marshall_plan.htm expenditures.*
9 Joseph Stiglitz, *Globalization and its Discontents,* W.W. Norton & Company, 2003.
10 Zitiert nach: Catherine Caufield, *Masters of Illusion: The World Bank and the Poverty of Nations*, Henry Holt & Co, 1997.
11 Zitiert nach: Robert Wade, »Greening the Bank: The Struggle Over The Environment, 1970–1995«. In: Devesh Kapur, John Lewis und Richard Webb (Hrsg.), *World Bank: Its First Half Century: Vol. 2, Perspectives*), Brookings Institution, Washington DC, 1997, Kap.13.
12 Ergebnisse einer internen Prüfung der Kreditvergabepraktiken durch die Bank, zusammengefasst im Wapenhans-Bericht 1992. Vgl. dazu: Paul Mosley, Jane Harrigan und John Toye, *Aid and Power, the World Bank and Policy Based Lending*, Bd. 1, 1991.
13 Erkenntnisse der Meltzer-Kommission, Reuters.
14 Analysten der Evaluierungsabteilung der Bank fanden bei einer Prüfung der Umweltverträglichkeitsprüfungen der Bank seit 1989 heraus, dass nur 17 Prozent der Projekte aufgrund der Ergebnisse modifiziert worden waren, wobei mehr als drei Viertel der befragten Mitarbeiter erklärten, dass es zum Zeitpunkt

der Fertigstellung der Evaluierungen zu spät war, sie noch umzusetzen.

15 Robert Wade, »Greening The Bank: The Struggle Over The Environment, 1970-1995«. In: Devesh Kapur, John Lewis und Richard Webb (Hrsg.), *World Bank: Ist First Half Century: Vol. 2, Perspectives*, Brookings Institution, Washington DC, 1997, Kap. 13.

16 Bericht der Evaluierungsabteilung der Weltbank über deren Aufforstungspolitik, Januar 2000.

17 Catherine Caufield, *Masters of Illusion: The World Bank and the Poverty of Nations*, Henry Holt & Co, 1997.

18 Jeffrey Winters, »Criminal Debt«. In: Jonathan R. Pincus und Jeffrey A. Winters (Hrsg.), *Reinventing the World Bank*, Cornell University Press, September 2002. Winters zitiert aus zahlreichen durchgesickerten Weltbank-Dokumenten, die seine These unterstützen.

19 Vgl. z.B.: »Odious Debt«, Bericht von Patricia Adams für CNN, Mai 1999; Charles W. Corey, »Past Corruption is Nigeria's ›Biggest Single Problem‹ (But expert calls for worldwide reforms)«. In: *Washington File*, Mai 2000.

20 Die Bank gab zwischen 1983 und den späten neunziger Jahren keine internationalen Studien über die Korruption in Aufgrag. Vgl. z.B.: Heather Marquette, »Corruption, Democracy and the World Bank«. In: *Crime, Law, and Social Change*, 36 (4), 2001, S. 395-407; Stephen Riley, »The political economy of anti-corruption strategies in Africa«. In: *The European Journal of Development Research*, 10.1, 1998, S. 129-59; »Western policies and African realities: the new anti-corruption agenda«. In: K.R. Hope Sr und B. C. Chikulo (Hrsg.), *Corruption and Development in Africa*, Macmillan, Basingstoke, 2000.

21 Vgl. z.B. H. James, *International Monetary Co-operation Since Bretton Woods*, Washington, 1996, S. 183-91; Alex Cairricross und Barry Eichengreen, *Sterling in Decline*, Macmillan, Basingstoke, 2003, S. 170 ff.

22 Joseph Stiglitz, *Globalization and its Discontents*, W.W. Norton & Company, 2003.

23 Vgl. z.B. World Economic Outlook 1980 des IWF.

24 Vgl. z.B. Wayne Ellwood, »You Can't Eat Coffee«. In: *New Internationalist*, September 1984.

25 So waren zum Beispiel an den zweiten Strukturanpassungskredit für Thailand mehr als 100 Bedingungen geknüpft. Vgl. Paul Mosley, Jane Harrigan und John Toye, *Aid and Power: The World Bank & Policy-based Lending – Volume 1*, 1991, S. 43.

26 Vgl. z.B. Ngaire Woods, »The Challenge of Good Governance

for the IMF and The World Bank Themselves«. In: *World Development*, Bd. 28, Nr. 5, S. 823-41; »The challenges of multilateralism and governance«. In: Christopher L. Gilbert und David Vines (Hrsg.), *The World Bank: Structures and Policies*, Cambridge University Press, 2000.

27 Joseph Stiglitz, *Globalization and its Discontents*, W.W. Norton & Company, 2003.

28 Interview mit der Autorin, Oktober 2003.

29 Vgl. z.B. Michel Camdessus, »Our primary objective is growth« (1990). In: James Raymond Vreeland, *The IMF and Economic Development*, Cambridge University Press, 2003, sowie Horst Köhler, »The IMF should strive to promote non-inflationary economic growth« (2000), ebenfalls zitiert bei Vreeland.

30 Vgl. z.B. Saskia Sassen, »The Feminization of Survival: Alternative Global Circuits«. Bei einer von der Heinrich Böll Stiftung in Berlin organisierten Konferenz zum Thema »Gender Budgets, Financial Markets, Financing for Development« (19. – 20. Februar 2002) vorgelegtes Papier.

31 Vgl. James Raymond Vreeland, *The IMF and Economic Development*, Cambridge University Press, 2003, S. 125 und 135; Joseph Stiglitz, *Globalization and its Discontents*, W.W. Norton & Company, 2003.

32 Manuel Pastor (1987), zitiert nach: James Raymond Vreeland, *The IMF and Economic Development*, Cambridge University Press, 2003, S. 137.

33 Vgl. z.B. S. George, *A Fate Worse than Debt*, Penguin, 1988, sowie J. Schatan, *El Saqueo de América Latina,* Lom Ediciones, Santiago, 1998.

34 Laut Daten der Vereinten Nationen.

35 Vgl. Ariel Buira's Einleitung zu: Ariel Buira (Hrsg.), *Challenges to the World Bank and IMF Developing Country Perspectives*, Anthem Press, 2003.

36 Vgl. z.B. Thomas Pogge und Sanjay Reddy, »Unknown: The Extent, Distribution and Trend of Global Income Poverty«, Zusammenfassung eines Papiers des Institute of Social Analysis, Columbia University, 26. Juli 2003.

37 Graham Bird, *IMF Lending to Developing Countries, Issues and Evidence*, Routledge, 1995, sowie Norman Humphreys, *Historical Dictionary of the International Monetary Fund*, 2. Aufl., Scarecrow Press, 1999.

38 »Die Handelshemmnisse kosten die Entwicklungsländer jährlich 200 Milliarden Dollar – doppelt so viel, wie sie an Hilfe erhalten.« *www.yellowtimes.org/article.php?sid=791*

39 H.J. Chang, »Kicking Away the Ladder – Infant Industry Promotion in Historical Perspective«, Oxford Development Studies, Bd. 31, Nr. 1, 2003; H.-J. Chang, »Kicking Away the Ladder – Globalisation and Economic Development in Historical Perspective«. In: J. Michie (Hrsg.), *The Handbook of Globalisation*, Edward Elgar, 2003; H.-J. Chang (Hrsg.), *Rethinking Development Economic*, Anthem Press, 2003.

40 Vgl.z.B. Martin Feldstein, »Refocusing the IMF«. In: *Foreign Affairs,* März/April 1998, Bd. 77, Nr. 2, S. 20-33.

41 *World Bank News,* September 22, 1994.

42 Die Vereinigten Staaten haben kein formales Vetorecht. In der Praxis können sie jedoch Entscheidungen verhindern, da für eine Reihe von Resolutionen 85 Prozent der Stimmen erforderlich sind, und die USA halten als einziges Land mehr als 15 Prozent der Stimmrechte. Vgl. Ariel Buira, »The Governance of the IMF«. In: A. Buira (Hrsg.), *Challenges to the World Bank and IMF, Developing Country Perspectives*, Anthem Press, 2003.

43 Bartram S. Brown, *The United States and the Politicisation of the World Bank: Issues of International Law and Policy*, Kegan Paul International, London,1992.

44 Vielfach hätten die Regierungen stattdessen die Militärausgaben kürzen können, was sie jedoch nicht taten, da sie starkem politischen Druck seitens des Militärs und der heimischen Eliten ausgesetzt waren. Vgl. z.B. James Cypher und James Dietz, *The Process of Economic Development*, Routledge, London, 2003.

45 Vgl. Saskia Sassen, »The Feminization of Survival: Alternative Global Circuits«. Bei einer von der Heinrich Böll Stiftung in Berlin organisierten Konferenz zum Thema »Gender Budgets, Financial Markets, Financing for Development« (19.–20. Februar 2002) vorgelegtes Papier.

46 UN Habitat-Bericht über die urbane Revolution, Oktober 2003.

47 Tomohisa Hattori, »Reconceptualizing Foreign Aid«. In: *Review of International Political Economy,* 8:4, Winter 2001: S. 633-60.

**Kapitel 7**

1 Paul Mosley, Jane Harrigan and John Toye, *Aid and Power: The World Bank & Policy-based Lending – Volume 1,* 1991.

2 Roland Vaubel, zitiert bei James Raymond Vreeland, *The IMF and Economic Development*, Cambridge University Press, 2003.

3 Paul Krugman, »Financing vs. Forgiving a Debt Overhang«. In:

*Journal of Development Economics*, Bd. 29, Nr. 3, November 1988, S. 253-68; Jeffrey Sachs, »The debt overhang of developing countries«. In: Jorge de Macdeo und Ronald Findlay (Hrsg.), *Debt, Growth and Stabilization: essays in Memory of Carlos Ias Alejandro*, Blackwell, Oxford, 1989, S. 80-102.

4 So ist der Senegal beispielsweise 41 Prozent seiner Verpflichtungen gegenüber multilateralen Gläubigern eingegangen, während 35 Prozent auf staatliche Gläubiger entfallen. Vgl. »Debt and Destruction in Senegal«, World Development Movement, Oktober 2003.

5 Die Kredite der Weltbank sollten nicht im selben Ausmaß abgeschrieben werden wie die anderer Gläubiger. Die Berücksichtigung multilateraler Kredite war nur möglich, wenn staatliche Geldgeber für diesen Zweck Zuschüsse bereitstellten. Darüber hinaus sollten die erforderlichen bilateralen Mittel nicht zusätzlich gewährt, sondern von der Entwicklungshilfe abgezogen werden. Aus einer E-Mail-Korrespondenz mit Professor Jan Pronk, dem ehemaligen niederländischen Minister für Entwicklungskooperation, 1. Januar 2004.

6 Hochrangiger Vertreter der Weltbank, November 2002.

7 Gemäß der Londoner Vereinbarung von 1953, wobei ich nicht fordere, 3,5 Prozent als allgemeine Richtlinie festzulegen. Zudem muss unterschieden werden zwischen dem Schuldendienst in einer Erholungsphase, in der der Schuldendienst deutlich weniger als 10 Prozent der Exporteinnahmen ausmachen sollte, und einem Tragbarkeitskriterium für den Schuldendienst in normalen Zeiten – in der Literatur wird für solche Zeiten ein Prozentsatz von bis zu 20 Prozent allgemein akzeptiert. Hier ist selbstverständlich nicht berücksichtigt, welche Belastung den Bedingungen eines Landes angemessen ist. Vgl. Kapitel 11.

8 Nicolas Van de Waite, *African Economies and the Politics of Permanent Crisis, 1979–1999*, Cambridge University Press, 2001.

9 Die Nettoflüsse aus den Entwicklungsländern sind insgesamt negativ, obwohl es regionale Unterschiede gibt.

10 *Financial Times*, 21. Januar 1999, S. 18.

11 Weder Clare Short noch ihr Staatsekretär Sir John Vereker befürworteten einen allgemeinen Schuldenerlass, da sie die Auswirkungen auf die Budgets ihres Ministeriums fürchteten und die Sorge hegten, die Armen würden nicht von der Entschuldung profitieren.

12 Das britische Ministerium für Internationale Entwicklung (DFID) hatte sich energisch dafür eingesetzt.

13 Da der Schuldenerlass an den erfolgreichen Abschluss des HIPC-

Programms durch ein Land gebunden ist, sind die meisten totalen Schuldenerlässe, die die Vereinigten Staaten und andere Staaten 1999 für die hoch verschuldeten armen Länder angekündigt hatten, bisher ausgeblieben, obwohl diese Gläubiger zumindest die Schulden jener 10 Länder gestrichen haben, die das HIPC-Programm abgeschlossen haben.

14 International Development Association and International Monetary Fund, HIPC Initiative Statistical Update, erarbeitet von Weltbank und IMF, genehmigt von Gobind Nankani und Timothy Geithner, 10. März 2003.

15 »Debt Relief and the HIV/AIDS Crisis in Africa«, Oxfam, Juli 2002.

16 Romilly Greenhill und Ann Pettifor (Jubilee Research), Henry Northover (CAFOD) und Ashok Sinha (Jubilee Debt Campaign), »Did the G8 Drop the Debt«, Mai 2003.

17 UNDP Human Development Report, 2003.

18 Obwohl die Definition der »tragbaren Schuldenlast« mittlerweile etwas großzüger ist als im ursprünglichen HIPC-Programm, ist sie weiterhin vollkommen willkürlich.

19 Obwohl Äthiopiens BIP in den Jahren 1999/2000 um akzeptable 5 Prozent wuchs, ist die Aufrechterhaltung dieser Wachstumsrate und erst recht ein stetiges Wachstum von jährlich 6 Prozent extrem schwierig (in einer Schätzung wird von einer Rate von nur 1,5 Prozent ausgegangen). Vgl. *httpllnews.bbc.co.ukl 1lhilworldlafrical1476618.stm;* GDP Real Growth Rate (2002 est), *www.cia.govlcialpublicationslfactbooklgeoslet.htmlEcon.*

20 Schätzungen der Weltbank. Vgl. *www.nationmaster.com*; Weltentwicklungsindikatoren 2003.

21 Nancy Birdsall und Brian Deese, *International Herald Tribune*, 27. Juni 2002.

22 CIA Fact Book 2003.

23 IMF-WB Uganda country document 2000, Zweites Entscheidungszeitpunkt-Dokument.

24 Romilly Greenhill und P. Ann Pettifor (Jubilee Research), Henry Northover (CAFOD) sowie Ashok Sinha (Jubilee Debt Campaign), »Did the G8 Drop the Debt«, Mai 2003.

25 Brian Ngo, Chefökonom der Weltbank, Bei der Konferenz der Jubilee-Schuldenkampagne, März 2004.

26 Vgl. Tony Killicks Bericht für ODI/ DFID, November 2002.

27 IMF 2001: 30 zitiert bei James Raymond Vreeland, *The IMF and Economic Development*, Cambridge University Press, 2003, S. 161.

28 Jim Levinsohn, »The Poverty Reduction Strategy Paper Ap-

proach: Good Marketing or Good Policy?« In: Ariel Buria, *Challenges to the World Bank and IMF*, Anthem Press, 2003.

29 »HIPC Initiative – Status of Implementation«, International Monetary Fund and International Development Association, 12. September 2003.

30 Gespräch mit dem tansanischen Präsidenten Mkapa beim Weltwirtschaftsforum 2002.

31 *Wall Street Journal*, 11. November 1999.

32 »The Enhanced HIPC Initiative and the Achievement of Long-Term External Debt Sustainability«, International Monetary Fund and International Development Association, 15. April 2002, S. 27.

33 Romilly Greenhill und Ann Pettifor (Jubilee Research), Henry Northover (CAFOD) und Ashok Sinha (Jubilee Debt Campaign), »Did the G8 Drop the Debt«, Mai 2003.

34 Obwohl sie mittlerweile anscheinend bereit sind, die Zahl der Bedingungen zu senken. Vgl. z.B. Joseph Stiglitz, »The painful reality the IMF ignores«. In: *Guardian*, 2. Oktober 2003.

35 Sud Quotidien, 23. Juli 2003.

36 North South Coalition PRSP Programme Poverty Reduction Update, Februar 2003.

37 World Bank 2003 Senegal: Poverty Reduction Strategy Paper and joint IDA-IMF Staff Assessment of the PRSP, Washington DC, 17.1.2003.

38 Gespräch mit dem tansanischen Präsidenten Mkapa, Januar 2003.

39 Erklärung von Carole Brookins, EDS2003-0389, Juni 20, 2003.

40 R. Chowdhury Abdur, »External debt, growth and the HIPC Initiative: is the country choice too narrow?« In: T. Addison, H. Hasen und F. Torp (Hrsg.), *Debt Relief for Poor Countries*, Palgrave Macmillan, 2004, S. 19.

41 *www.perusupportgroup.co.uk/debt.htmdebtintro.*

42 World Bank, Weltentwicklungsindikatoren.

43 *Guardian*, 18. Oktober 2003.

**Kapitel 8**

1 Vgl. z.B. *La Nación*, 20. Dezember 2001.

2 Zitiert nach Paul Blustein, »Argentina Didn't Fall on its Own«. In: *Washington Post*, 3. August 2003.

3 JP Morgan, die UBS, die BNP und die Deutsche Bank verkauften ebenfalls viele Papiere in Italien.

4 »The hole gets deeper«, *Economist*, 12. November 2002. Viele weitere Länder haben mehrfach den Schuldendienst eingestellt: So erklärte sich beispielsweise Spanien zwischen dem 16. und 19. Jahrhundert dreizehnmal für zahlungsunfähig. Frankreich tat dasselbe achtmal, Portugal und die Vorgängerstaaten Deutschland ein halbes Dutzend Male. Die lateinamerikanischen Staaten stellten den Schuldendienst im 19. und 20. Jahrhundert häufig ein, und dasselbe gilt für das Osmanische Reich und später für die Türkei.

5 Der Grund dafür ist, dass ein Land isoliert wird und üblicherweise überhaupt keine Hilfe mehr erhält, wenn es aufhört, von Währungsfonds und Weltbank gewährte Kredite zu bedienen.

6 Im Mittleren Osten und der Türkei, in Lateinamerika, in den europäischen Schwellenländern und den Entwicklungsländern Asiens und Europas stieg die Auslandsverschuldung zwischen 1995 und 2003 beträchtlich. Vgl. »Trends in sovereign indebtedness«, *ABN AMRO Emerging Markets Fortnightly*, 22. Oktober 2003. Das Institute of International Finance hat sich spezifisch mit der Kreditaufnahme bei privaten Geldgebern (vorwiegend bei Geschäftsbanken und Anleihenkäufern) befasst und diese für 2003 und 2004 auf 45,8 bzw. 49,8 Milliarden Dollar geschätzt, wobei der Großteil auf Anleihen entfällt, während die Kredite bei den Geschäftsbanken zurückgehen. Allerdings gibt es beträchtliche regionale Unterschiede. Beispielsweise stiegen im Jahr 2003 die Anleihenemissionen der lateinamerikanischen Staaten und der europäischen Emerging Markets, während Ostasien und Afrika sowie der Mittlere Osten die Aktivität auf den Bondmärkten zurückschraubten. Vgl. das IFF-Papier »Capital Flows to Emerging Market Economies«, 21. September 2002. *www.iif.com.*

7 *Ukrainian Journal*, 3. Dezember 2003.

8 Die Kreditaufnahme für produktive Investitionen ist nur sinnvoll, wenn der Zinssatz, zu dem sich ein Land Geld leihen kann, unterhalb der erwarteten langfristigen Kapitalrendite liegt (die durch das Wachstum des BIP ersetzt werden kann). Zieht man diesen Maßstab heran, so sollten einige Entwicklungsländer, die sich aufgrund ihres schlechten Kreditratings nur zu Zinsen von mehr als 10 Prozent Geld leihen können und ein sehr viel niedrigeres Wirtschaftswachstum aufweisen, ihre Kreditaufnahme drosseln.

9 Concord Coalition, September 2003.

10 Morris Goldstein, »Debt, Sustainability, Brazil, and the IMF«, Institute for International Economics, Februar 2003.

11 Alan B. Cibils, Mark Weisbrot und Karl Debayani, »Argentina

Since Default: The IMF and the Depression«, Center for Economic and Policy Research, 3. September 2002.

12 »Trends in sovereign indebtedness«, ABN-AMRO, *Emerging Markets Fortnigbtly*, 22. Oktober 2003.

13 P. Mauro, N. Sussman, Y. Yafeh, »Then versus Now«, IMF Working Paper, November 2000, Emerging Market Spreads.

14 Barry Eichengreen und Michael D. Bordo, »Crises Now and Then: What Lessons From the Last Era of Financial Globalization?« *NBER Working Paper Series,* Working Paper 8716, Januar 2002.

15 Morris Goldstein, »Debt, Sustainability, Brazil, and the IMF«, Institute for International Economics, Februar 2003.

16 *Economist*, 1. März 2003, S. 51.

17 Michael Tomz, »Voter Sophistication and domestic preferences regarding debt default«, Stanford Working Paper, März 2004.

18 Vgl. z.B. Robert Wade, »Poverty and Income Distribution: What is the Evidence?« In: Ann Pettifor (Hrsg.), *Real World Economic Outlook, Vol 1*, 2003.

19 Sue Brandford, *Red Pepper,* Oktober 2003.

20 IIF, Dezember 2003.

21 Bei jenen Emerging Market-Anleihen, die mit Collective Action Clauses versehen werden, sollte dieses Problem sehr viel weniger gravierend sein, da praktisch alle Investoren, die ein Interesse am Ergebnis der Verhandlungen haben, im selben Boot sitzen. Niemand müsste befürchten, dass sich besser informierte Anleger in den Verhandlungen einen Vorteil sichern könnten. Allerdings dürften auch solche Bestimmungen über das gemeinschaftliche Vorgehen der Gläubiger das Kernproblem nicht lösen – den Kapitalmangel des Schuldners.

22 Morgan Chase 2001, 10-K filing, S. 28.

23 Telephonic, 10-K, 2002.

24 Sara Anderson und John Cavanagh, »Bearing the Burden. The Impact of Global Financial Crisis on Workers and Alternative Agendas for the IMF and Other Institutions«, Institute for Policy Studies, April 2000.

25 Drückende Armut und Arbeitslosigkeit in den Herkunftsländern zählen zu den wichtigsten Ursachen der Migration. Vgl. z.B. Piyasiri Wickramasekera, »Asian Labour Migration: Issues and Challenges in an Era of Globalisation«. In: *International Migration Papers* 57, ILO, Genf, 2002, *www.ilo.org/public/english/protection/migrant/downloa/imp/imp57e.pdf;* Donatella Giubilaro, »Migration from the Maghreb and migration pressures: current situation and future prospects«. In: *Migrant Papers*, ILO,

Genf, 1997. Zugänglich unter: *sss.ilo.org/public/englisblprotection/migrant/download/imp/imp/15e.pdf;co.uk/2/hi/africa/205 3649.stm* – Geschichte senegalesischer Migranten, die aufgrund mangelnder Chancen in ihrem Heimatland nach Italien auswandern; seit der Einstellung des Schuldendienstes durch Argentinien haben 255 000 Menschen das Land verlassen, was etwa dem Siebenfachen der Auswandererzahl zwischen 1993 und 2000 entspricht – Nationale Auswanderungsdirektion.

26 *Independent*, 28. April 2002.

27 Vgl. z.B. Mark Copelovitch, »Domestic Interests and the International Lender of Last Resort. The Political Economy of IMF Crisis Lending«, 20. August 2003.

28 So stellten beispielsweise die amerikanischen Steuerzahler Uruguay Anfang August 2002 einen Kredit von 1,5 Milliarden Dollar zur Verfügung, um einen drohenden Zusammenbruch des Landes zu verhindern.

29 »Der Internationale Währungsfonds bewilligte am Donnerstag ein Kreditpaket mit einem Umfang von 10,2 Milliarden Dollar für Russland, um der krisengeschüttelten Wirtschaft des Landes über die nächsten drei Jahre zu helfen, womit Präsident Boris Jelzin kurz vor der Wahl wichtige Rückendeckung erhält.« *The Tech,* MIT, 23. Februar 1996. Helmut Kohl gewährte Jelzin am meisten Finanzhilfe, und die Vereinigten Staaten (unter Führung von Stiglitz, dem damaligen Vorsitzenden des Council of Economic Advisors) waren der zweitgrößte Geldgeber. Die Kredite dienten im Grunde dazu, Jelzin an der Macht zu halten, um eine Rückkehr zum Kommunismus und soziale Unruhen zu verhindern und die Stabilität Russlands zu gewährleisten.

30 Die Vermögenswerte, um deren Beschlagnahme sie sich in der Praxis bemühen können, sind üblicherweise durch die Kreditvereinbarung beschränkt. Vgl. z.B. Anatole Kaletsky, *Costs of Default*, Priority Press Publications, Juni 1985.

31 Selbstverständlich stehen den Gläubigern im Fall eines Staatsbankrotts aufgrund der mangelnden Eigentumsrechte in der Praxis kaum Mittel zur Verfügung, was sich andererseits in den Risikoprämien niederschlägt, die die Staaten zu bezahlen haben. Vgl. z.B. Kenneth Rogoff, »Emerging Market Debt. What is the Problem«. Rede vor der Sovereign Debt Restructuring Mechanism Conference, Washington DC, 22. Januar 2003.

32 »Argentina Faces Hundreds of Lawsuits from Bondholders«. Bloomberg, 2. Dezember 2003.

33 Die brasilianischen Finanzinstitute unterliegen Beschränkungen, die sie dazu zwingen, einen großen Teil ihrer Mittel in Schuld-

verschreibungen des brasilianischen Staates zu investieren. Den Löwenanteil dieser Anleihen besitzen die Banken, und den Großteil der übrigen Schuldverschreibungen teilen sich die Rentenfonds und Versicherungsgesellschaften.

34 *www.wsws.org/articles/2002aug2002/arg-a22.shtml.*

35 Vgl. z.B. Saskia Sassen, »The Feminization of Survival: Alternative Global Circuits«. Bei einer von der Heinrich Böll Stiftung in Berlin organisierten Konferenz zum Thema »Gender Budgets, Financial Markets, Financing for Development« (19. – 20. Februar 2002) vorgelegtes Papier. 36 »After default Argentina needs a very substantial reduction in its debt«, *Financial Times*, 30. Juni 2003.

36 Zahlreiche Studien zeigen einen Zusammenhang zwischen Ungleichheit und Staatsbankrotten. Vgl. z.B. Jeffrey Sachs und Andrew Berg, »The debt crisis: structural explanations of country performance«. NBER Working Paper Series, Working Paper No. 2607, 1988.

37 Im Januar 2003 gelang es Argentinien, den IWF dazu zu bewegen, die Frist für die Rückzahlung von Schulden in Höhe von 6 Milliarden Dollar zu verlängern, wobei die Drohung mit einem Schuldenmoratorium zu den besten Waffen des Landes zählte. Argentinien erhielt Unterstützung seitens der G-7, die sich für den Fall eines argentinischen Moratoriums Sorgen um die Stabilität der internationalen Finanzeinrichtungen machten und die Ansteckungswirkung einer solchen Maßnahme fürchteten. Vgl. *Financial Times*, 21. Januar 2003.

38 Vgl. z.B. *Economist*, 1. Mai 2003

39 Obwohl Argentinien Ende 2003 Kapitalkontrollen einführte, um den Zustrom spekulativen Kapitals zu verhindern.

40 Zu den Gründen dafür, dass sie kaum Verwendung finden – eine Ausnahme bilden einige große Unternehmen wie Anglo American und andere große Goldproduzenten, die sich gegen Preisschwankungen absichern –, zählen die hohen Prämien, die vor allem im Voraus bezahlt werden müssen, was für Länder, die von der Hand in den Mund leben, fast unmöglich ist. Und zumeist handelt es sich um nichtmetallische Rohstoffe, die vielfach von kleinen Landwirten erzeugt werden, die, auch wenn sie sich zu Kooperativen zusammengeschlossen haben, kaum Zugang zu den komplexen derivativen Finanzinstrumenten haben und diese nicht verstehen.

41 Ende Oktober 2003 wurde in der Versammlung der G-20 ein neuer Verhaltenskodex zur Vermeidung von Staatsbankrotten und Finanzkrisen diskutiert. Dieser Kodex wird freiwillige Ver-

pflichtungen zur Transparenz und eine allgemeine Vereinbarung über die Emission von Staatsanleihen mit Collective Action Clauses umfassen, die es ermöglichen werden, die Kreditbedingungen auch gegen den Widerstand einzelner Investoren neu auszuhandeln. Doch dieser Kodex wird keine Regelungen zur Klärung der Frage beinhalten, wann auf die Rückzahlung der Schulden eines Landes verzichtet werden sollte. Auch wird er anders als die Konkursverfahren für Körperschaften und Privatpersonen dem Schuldner kein Dach über dem Kopf sichern.

42 Jose Maria Figueres, der ehemalige Präsident von Costa Rica, erklärte mir in einem Gespräch im September 2003 die Strategie, die er zu Beginn seiner Amtszeit angewandt hatte, um die Schuldenlast seines Landes zu verringern. Die für Anleihen geforderten Zinsen waren zu hoch, weshalb es keinen Sinn hatte, auf die internationalen Kapitalmärkte zu gehen. Am Ende seiner Amtszeit änderte er dies angesichts des Anstiegs der ausländischen Direktinvestitionen und des Wirtschaftswachstum und begab Dollaranleihen zu einem annehmbaren Zinssatz.

**Kapitel 9**

1 Lawrence Summers, »Preventing AIDS: An Investment in Global Prosperity«, Aussage vor dem Bewilligungsausschuss des Senats, Unterausschuss für Auslandsaktivitäten, Washington DC, 11. April 2000.

2 Laurie Garrett, *The Coming Plague: Newly Emerging Diseases in a World out of Balance*, Virago, London, 1995, S. 609.

3 PAHO Communicable Diseases Program. *www.valpo.edu/geomet/geo/courses/geo215/lab7.htm.*

4 Der IWF beschränkt sich nicht mehr darauf, den Ländern Grenzen für ihre Haushaltsdefizite aufzuerlegen, sondern besteht mittlerweile sogar darauf, dass die Schuldnerländer Haushaltsüberschüsse erzielen, was noch drastischere Ausgabenkürzungen erzwingt. E-Mail-Korrespondenz mit Rick Rowden von Action Aid USA, Dezember 2003.

5 Die Weltbank begann im Jahr 1987, für die Einführung von Gebühren zu werben, damit die Schuldnerländer die strengen Einsparungsauflagen erfüllen konnten, die der IWF seit Ende der siebziger Jahre mit der Kreditvergabe verknüpfte. Trotz des Widerstands gegen Benutzergebühren im Kongress führte der amerikanische Druck lediglich dazu, dass die Weltbank ihre of-

fizielle Politik änderte. Während ihre heutige Position lautet, die Benutzergebühren im Gesundheitswesen stellten »keinen verpflichtenden Bestandteil der Kreditbedingungen« mehr dar, verlangen die Regierungen der Schuldnerländer mit wenigen Ausnahmen weiterhin derartige Gebühren, weil diese den Staatshaushalt entlasten, was notwendig ist, da die nationalen Gesundheits- und Bildungsbudgets immer noch unzureichend sind. Die Weltbank muss die Benutzergebühren nicht länger mit der Gewährung von Krediten verknüpfen, da die Regierungen der südlichen Hemisphäre ohnehin darauf zurückgreifen.

6 Vgl. z.B. Ergebnisse von Addis Abeba, 1997.

7 World Health Organization, »Macroeconomics and Health: Investing in Health for Economic Development«. Bericht der Kommission für Makroökonomik und Gesundheit, S. 10.

8 Vgl. z.B. D. Potts, »Structural adjustment and poverty: perceptions from Zimbabwe«, *Indicator South Africa,* 14, 3, 1997, S. 82-88, sowie L. Hulton und D. Furlong, »Gender equality in education: a select annotated bibliography«, erstellt im Auftrag der Bildungsabteilung des britischen Ministeriums für Internationale Entwicklung (DFID).

9 Mariam Claeson u. a., »Poverty Reduction and the Health Sector«, Kapitel »Gesundheit, Ernährung und Bevölkerungsnetz« des Poverty Reduction Strategy Sourcebook der Weltbank, Juni 2001, abzurufen unter *http://wbln0018.worldbank.org/HDNet/hddocs.nsf/c840b59b6982d2498525670c004def60/cb3e5ef9ac5d0daf85256b1900672592/$FILE/PovertyReductionFinalJune2001.pdf.*

10 F. J. Chaloupka und A. Laixuthai, »US Trade Policy and Cigarette Smoking«. In: *Asia National Bureau of Economic Research*, Working Paper Nr. 5543, 1996, zitiert nach D. Yach, S.S. Fluss, D.W. Bettcher, 2001, S. 243.

11 *www.unhchr.ch/Huridocda/Huridoca.nsf/0/082c9d7252e6aeod80256739003 88f43? Opendocument*. Dr. Barry Bosworth, ein leitender Mitarbeiter der Brookings Institution, schreibt: »Wir sind mittlerweile das am höchsten verschuldete Land der Welt, und es ist fraglich, wie lange die übrige Welt noch bereit sein wird, den amerikanischen Konsum zu finanzieren.« *www.pbs.org/newshour/btp/odop/2004-question2.html.*

12 Nana K. Poku, »Poverty, Debt and Africa's HIV/Aids Crisis«. In: *International Affairs* 78: 3, 2002.

13 Dieser Wert bezieht sich auf die gesamten Pro-Kopf-Gesundheitsausgaben in den Vereinigten Staaten im Jahr 2001. Die privaten Ausgaben beliefen sich auf 2749 Dollar und die öffent-

lichen Ausgaben auf 2286 Dollar. Daten der Centers for Disease Control and Prevention, National Center for Health Statistics.

14 WHO Commission on Macroeconomics and Health Report, Dezember 2001, World Health Organization, »Macro-economics and Health: Investing in Health for Economic Development, Bericht der Kommission für Makroökonomik und Gesundheit.

15 Diese spezifische Zahl bezieht sich auf die südpazifischen Inseln. E-Mail-Korrespondenz mit Derek Yach von der Weltgesundheitsorganisation, 2003.

16 »Carrying the Burden«, *Jubilee 2000 Coalition, www.jubilee2000uk.org/jubilee2000/features/women04l2.html.*

17 A.L. Colgan, »Africa's debt«, Positionspapier der African Action, AfricaAction, Washington DC, Juli 2001, S. 4.

18 Nana K. Poku, »Poverty, Debt and Africa's HIV/ Aids Crisis«. In: *International Affairs* 78: 3, 2002.

19 Heinecken L., »Aids: The New Security Frontier«. In: *Conflict Trends*, Nr. 4, 1001:10. Vgl. auch: »Living in Terror: the looming security threat to Southern Africa«. In: African Security Review, Bd. 10, Nr. 4, 2001.

20 Nana K. Poku, »Poverty, Debt and Africa's HIV/Aids Crisis«. In: *International Affairs* 78: 3, 2002.

21 Wambui Chege, »Fund Aids Fight, not Foreign Debts', Sachs says at Earth Summit«, Jubilee USA Network, August 2002.

22 Vgl. z.B. Human Development Report 2003 der Vereinten Nationen.

23 Mariam Claeson u. a., »Poverty Reduction and the Health Sector«, Kapitel über Gesundheit, Ernährung und Bevölkerungsnetze im Poverty Reduction Strategy Sourcebook der Weltbank, Juni 2001, erhältlich unter: *http://wbln0018.worldbank.org/HDNet/hddocs.nsf/c840b59b6982d2498525670c004def60/cb3e5ef9ac5d0daf85256b1900672592/$FILE/PovertyReductionFinalJune2001.pdf.*

24 »As U.S. Balks on Deal for Medicine, Patients in Africa Feel the Pain«, *Wall Street Journal Europe*, 2. Juni 2003.

25 Alison Katz »AIDS Individual Behaviour and the Unexplained Variation«. In: *African Journal of AIDS Research*, 2002, 1:125-42.

26 Mariam Claeson et al, »Poverty Reduction and the Health Sector«, Kapitel über Gesundheit, Ernährung und Bevölkerungsnetze im Poverty Reduction Strategy Sourcebook der Weltbank, Juni 2001, erhältlich unter: *http://wbln0018.worldbank.org/HDNet/hddocs.nsf/c840b59b6982d2498525670c004def60/cb3e5ef9ac5d0daf85256b1900672592/$FILE/PovertyReduction FinalJune2001.pdf*

27 G. Myrdal, »Economic Aspects of Health«, Rede vor der 5. Weltgesundheitsversammlung (WHA), WHO, Genf, 1952, zitiert nach D. Yach, S.S. Fluss und D.W. Bettcher, »Targets Met, New Needs«. In: *Politica Internazionale* 1–2 (Januar – April), 2001, S.233-52.
28 Nana K. Poku, »Poverty, Debt and Africa's HIV/Aids Crisis«. In: *International Affairs* 78: 3, 2002.
29 Die meisten dieser Daten sind zitiert nach: *World Markets in Focus* 2002, World Markets Research Centre.
30 »Halting Africa's Brain Drain«, *BBC News*, 19. Mai 2003.
31 World Markets Research Center, Daten der International Organization for Migration, 2002.
32 D.W. Bettcher, D. Yach und G.E. Guidon, »Global Trade and Health: Key Linkages and Future Challenges.« In: *Bulletin of WHO*, 78(4), 2000, S. 521-34. Vgl. dazu auch: WHO Communicable Diseases 2002, Progress Report.
33 »The Stuarts and the Civil War: The Plague Years 1665–66«, *BBC Timelines,* erhältlich unter: *www.bbc.co.uk/ history/timelines/england/stu_plague_year*
34 »Global Health Security – Epidemic Alert and Response«, Dokument A 54/9 der 54. Weltgesundheitsversammlung (WHA), WHO, Genf, 2001. Zitiert in: D. Yach, S.S. Fluss und D.W. Bettcher, »Targets Met, New Needs« In: *Politica Internazionale*, 1-2 (Januar – April), 2001.
35 Beispielsweise wurden in Texas zwischen 1980 und 1999 68 Fälle von Dengue-Fieber verzeichnet. Vgl.: *www.epolitix.com/ ENIPublicationsPH7/3_1/5E41D963-193D-4D71-AD50-1D ECE86171OD.*
36 *www.who.int/infectious-disease-report/2000/ch4.*
37 Andrew T. Price-Smith, »Ghosts of Kigali; infectious disease and global stability at the turn of the century«. In: A. Price-Smith (Hrsg.), *Plagues & Politics*, Palgrave Macmillan, 2001.
38 Andrew T. Price-Smith, »Ghosts of Kigali; infectious disease and global stability at the turn of the century«. In: A. Price-Smith (Hrsg.), *Plagues & Politics*, Palgrave Macmillan, 2001.
39 *www.who.int/infectious-disease-report/2000/ch4.*
40 *www.westnilemaps.usgs.gov.*
41 Rory Carroll, »Hope rises in Africa for AIDS vaccine«, *Guardian*, 20. Mai 2003.
42 Robyn Pharaoh und Martin Schönteich, »AIDS, Security and Governance in Southern Africa – Exploring the impact«, Institute for Security Studies, Occasional Paper, Nr. 65, Januar 2003.
43 L. Heinecken, »Aids: The New Security Frontier«. In: *Conflict*

*Trends*, Nr. 4, 1001: 10; vgl. auch »Living in Terror: the looming security threat to Southern Africa«. In *African Security Review*, Bd. 10, Nr. 4, 2001.

44 Mark Schneider, »A Clear and Present Danger: HIV/AIDS Threatens Global Security«, Rede vor der Konferenz zum Thema »HIV/AIDS as a threat to Global Security«, Yale University, Newhaven CT, 8. November 2002.

45 Im Jahr 2001 gaben die afrikanischen Länder der Subsahara 14,5 Mrd. Dollar für den Schuldendienst aus. Vgl. Weltbank, »Global Development Finance 2002«, April 2002. Die jährliche Nettofinanzierungslücke wird 18,7 Milliarden Dollar betragen und bis 2015 auf 27,5 Milliarden Dollar steigen im Jahr 2007. Vgl. »Macroeconomics and Health: Investing in Health for Economic Development«, Bericht der WHO-Kommission für Makroökonomik und Gesundheit, Dezember 2001.

46 Wenn wir die gesamte Gruppe der armen Länder mit den als »hochverschuldeten armen Ländern« (HIPC) vergleichen, stellen wir fest, dass die Kindersterblichkeit zunimmt und die Lebenserwartung abnimmt, je höher ein Land verschuldet ist.

47 Nach Angaben von Amnesty International sterben jeden Tag weltweit 35 000 Kinder infolge der Armut – das entspricht 1460 Toten pro Stunde.

48 Im Jahr 2001 wandten diese 14 Länder 9,1 Milliarden Dollar für den Schuldendienst auf. Vgl. Jubilee USA Network, »Debt Relief Increases Impact of US efforts to fight HIV-AIDS«, zitiert nach: »The DATA deal: An emergency G7 Package for Africa«, 2003.

**Kapitel 10**

1 Für weitere Informationen über Uzan vgl.: »Everyone knows this is a political lynching«. In: *Time Europe*, 4. August 2003.

2 Paul Birdsall, *Versailles Treaty Twenty Years After,* Reynal and Hitchcock, New York, 1941.

3 John Maynard Keynes, *The Economic Consequences of the Peace*, Harcourt, Brace & Howe, New York, 1920.

4 *The Times*, 2. September 2000.

5 »Solution leave legacy of bitterness«, *Financial Times*, 2. August 2002.

6 Gabriella Gamini, »Argentina finds solace in Evita as hardship goes«, *The Times*, 16. November 2002.

7 Vgl. z.B. *www.geocities.com/CapitolHill/1131/support_peru.html.*

8 Michael Fortin, »Reflections on the Occasion of an Act of Terrorism«, *Africana Plus*, Oktober 2001, *http://pages.infinet.net/africana/terrorism.htm.*

9 Gespräch mit Owens Wiwa, Ghent, 30. Oktober 2001.

10 UNStats (UN-Statistiken): *http://216.239.59.104/search?q=cache:bPCySOL_c3sJ:unstats.un.org/unsd/accsub/2002docs/mdg-habitat.pdf+%22total+slum+dwellers%22&hl=en&ie=UTF-8*

11 Jessica Stern, »Pakistan's Jihad Culture«. In: *Foreign Affairs*, Bd. 79, Nr. 6, November/Dezember 2000.

12 Thomas Hobbes, *Leviathan*, Everyman's Library, Dutton, New *York*, 1950, S. 103 f.

13 R. Crandall, *Driven by Drugs: US Policy Toward Colombia*, Lynne Rienner, London, 2002; F. Thourni, *Political Economy and Illegal Drugs in Colombia,* Lynne Rienner, London 1995; *G. Murillo,* »Narcotráfico y política en la década de los ochenta: entre la represión y el diálogo«. In: C. Arrieta u. a. (Hrsg.), *Narcotráfico en Colombia*, Tercer Mundo Editores, Colombia, 1990, S. 203-76.

14 Mejia, »La Idea de Almoloya«, *La Jornada*, 19. Mai 1996.

15 Robert Looney vom Centre for Contemporary Conflict, *www.ccc.nps.navy.mil/rsepResources/si/dec02/southAsia2.asp.*

16 Vgl. z.B.: *www.brook.edu/dybdocroot/views/papers/singer/20020l03.htm.*

17 Die manchmal gravierend sein können – so hat beispielsweise der katholische Einfluss an Orten mit hohen Aids/HIV-Raten die Verwendung von Empfängnisverhütungsmitteln blockiert.

18 Thomas Friedman, *Chicago Tribune*, 14.11.2001.

19 Jack Beatty, *The Real Roots of Terror*, The Atlantic Unbound, 5. Dezember 2001, Politics and Prose; Thomas L. Friedman, »In Pakistan It's Jihad«, *New York Times,* 12. November 2001; Jeffery Goldberg, »Inside Jihad University: the Education of a Holy Warrior«. In: *Hamilton Spectator*, 22. September 2001; »Pakistan: Madrassas, Extremism and the Military«, Asia Report 36 der International Crisis Group (ICG), 29. Juli 2002, S. 16.

20 P. W. Singer, »Pakistan's Madrassahs: Ensuring a System of Education not Jihad«, Brookings Institution, November 2001.

21 Alex Alexiev, »The Pakistani Time Bomb«, Centre for Security Policy, März 2003, *www.centerforsecuritypolicy.org/index.isp?section=static&page=alexievPakistan.*

22 Der pakistanische Präsident Pervez Muscharraf in einer Pressekonferenz mit Präsident George W Bush, The White House, 13 Februar 2002, *www.yale.edu/lawweb/avalon/sept_11/president_137.htm.*

23 Obwohl einige dieser Gruppen in den letzten Jahren geschrumpft sind, bieten sie üblicherweise irgendeine Kombination derartiger Dienste an.

24 Die Vereinigten Staaten haben dies erkannt. Im Januar 2004 gaben sie bekannt, Truppen und Unternehmen aus dem Verteidigungssektor nach Westafrika zu entsenden, um eine neue Front im Krieg gegen den Terror zu eröffnen. Obwohl diese Region nicht als Brutstätte des Terrorismus bekannt ist und obwohl die al-Qaida ihre Operationen auf dem afrikanischen Kontinent bisher weitgehend auf den Osten beschränkt hat, will Washington in einer Regierung mit engen Bindungen an die arabischen Staaten und an die moslemische Welt kein Risiko eingehen, vor allem da Mauritanien, Mali, der Tschad und Niger, die allesamt hoch verschuldete arme Länder sind, eine zahlreiche moslemische Bevölkerung haben, durchlässige Grenzen aufweisen und feindselige Oppositionsgruppen beherbergen. Vgl. »US Opens new Front in War on Terror by Beefing Up Border Controls in Sahara«, *Guardian*, 14. Januar 2004.

25 Statistiken zur moslemischen Bevölkerung, Institute of Islamic Information and Education.

26 Ich möchte betonen, dass ich damit selbstverständlich nicht sagen will, der Extremismus sei auf den Islam beschränkt. Auch behaupte ich keineswegs, dass alle moslemischen Länder die Gewalt befürworten. Genauso wenig schließe ich geopolitische oder religiöse Gründe für die extremistische Gewalt aus. Wenn jedoch die Voraussetzungen für den islamischen Extremismus gegeben sind – wenn z.B. ein Land moslemisch ist oder eine nennenswerte moslemische Bevölkerungsminderheit beheimatet – *und* die wirtschaftliche Situation schlecht *und* der Staat schwach ist, dann erhöht sich die Wahrscheinlichkeit für eine Ausbreitung des Extremismus beträchtlich.

27 Vgl. z.B. Michel Chossudovsky, *The Globalization of Poverty and the New World Order*, Global Outlook, 2003.

28 Immanuel Kant, *Zum ewigen Frieden: Ein philosophischer Entwurf*, 1795.

29 Im Jahr 1990 belief sich die Entwicklungshilfe auf 560 Mio. Dollar.

30 Vgl. z.B. *Observer*, 1. Dezember 2002, sowie *The Times*, 30. Dezember 2002.

31 Vgl. z.B. *Financial Times*, 30. Oktober 2002 und 17. April 2003.

32 Vgl. z.B. *Financial Times*, 12. Dezember 2001.

33 Saudi-Arabien ist eine bemerkenswerte Ausnahme. Das Land

ist weder arm noch verschuldet, und dennoch blüht der Terrorismus dort.

34 Eine ausgezeichnete Analyse des Terrorismus liefert Mary Kaldor, »Global Terrorism«. In A. Giddens (Hrsg.), *The Progressive Manifesto: New Ideas for the Centre Left*, Polity 2003.

35 Sharon Beder, »Insurers Sweat Over Global Warming«. In: *Engineers Australia*, August 2001, S. 41.

36 In Brasilien hat sich die Abholzung der Regenwälder seit dem Regierungsantritt Lulas beschleunigt – in diesem Fall geht es darum, Flächen für den Sojaanbau zu erschließen, denn die Soja-Exporte zählen zu den wenigen Möglichkeiten, die Brasilien offen stehen, um jene Einnahmen zu erzielen, die erforderlich sind, um die Gunst der internationalen Kapitalmärkte nicht zu verlieren und die Kredite zurückzuzahlen, ohne das Wahlversprechen größerer sozialer Gerechtigkeit brechen zu müssen. Andernorts werden Wälder abgeholzt, um andere für die internationalen Märkte bestimmte Agrarprodukte wie Palmöl, Kaffee, Kakao und Blumen anzubauen. Für mehr Informationen dazu vgl. z.B. James Kahn und Judith McDonald, »Third World Debt and Tropical Deforestation«. In: *Ecological Economics* 12, 1995.

37 *www.earth-policy.org/Indicators/indicators5.htm.*

38 Evan Bowen-Jones, David Brown und Elizabeth Robinson, »Assessment of the solution-orientated research needed to promote a more sustainable bushmeat trade in Central and West Africa«, Januar 2002, erstellt für die Direktion Natur- und Landschaftsschutz des britischen Ministeriums für Umwelt, Ernährung und ländliche Angelegenheiten (DEFRA), 1998. Bowen-Jones untersuchte auch die Situation in West- und Zentralafrika; vgl. dazu ihren Bericht für die Ape Alliance, »The African Bushmeat Trade – A Recipe for Extinction«. Vgl. auch Dale Peterson, *Eating Apes*, University of California Press 2003.

39 Zu den Auswirkungen der Strukturanpassungsprogramme auf die Umwelt vgl. z.B. A. Gueorguieva und K. Bolt, »A. critical review of the literature on SAP and the Environment«, World Bank Environment Department, April 2003; H. Mainhardt, »IMF Intervention in Indonesia: Undermining Macroeconomic Stability and Sustainable Development by Perpetuating Deforestation«, WWF, Washington, 2001.

40 Vgl. z. B.: *http://archive.greenpeace.org/pressreleases/oceans/2001oct3.html.*

41 »World Bank funds destruction of protected wetlands: Devastation of mangrove swamps for industrial shrimp aquaculture must end«, 21. November 2002, Valencia, *www.greenpeace.*

*org/news/details?campaign%5fid=4025%&intem%fid=71640; www.christian-aid.org.uk/indepth/9605praw/prawn.htm;* »Smash and Grab: Conflict corruption and human rights abuses in the shrimp farming industry«, 19. Juni 2003, *www.guardian.co.uk*; Bericht der Environmental Justice Foundation in Zusammenarbeit mit Wildaid, *www.ejfoundation.org/pdfs/smash_and_grab.pdf*; Eileen Maybin und Kevan Bundell, »After the Prawn Rush: The human and environmental costs of commercial prawn farming«, Christian Aid, 1996.

42 Für nähere Informationen zu diesem Verfahren vgl. z.B.: *www.climatelawsuit.org*.

43 Arianna Huffington, »The Pentagon Sounds The Alarm On Global Warming: Why Isn't President Bush Listening?«, 25. Februar 2004. Einige Quellen zur drohenden ökologischen Apokalypse: Martin Rees, *Our Final Century. A Scientist's Warning: How Terror, Error, and Environmental Disaster Threaten Humankind's Future in This Century On Earth and Beyond*, Basic Books, 2003; Robert Nadeau, *The Wealth of Nature: How Mainstream Economics has Failed the Environment*, Columbia University Press, 2003.

**Kapitel 11**

1 Zu den wichtigsten Quellen zum Thema der unrechtmäßigen oder »abscheulichen« Schulden (*odious debt*) zählen: Patricia Adams, »The Doctrine of Odious Debts: Using the Law to Cancel Illegitimate Debts«, im Juni 2002 auf der Konferenz über unrechtmäßige Schulden vorgelegtes Papier; Michael Kremer und Seema Jayachandran, »Odious Debt«, April 2002; Jeff King, Ashfaq Khalfan und Bryan Thomas, »Advancing the Odious Debt Doctrine«, Arbeitspapier des Centre for International Sustainable Development Law, McGill University, Februar 2002; Jeff Rudin, »Odious Debt Revisited«, Januar 2002; Joseph Hanlon, »Defining Illegitimate Debt: Understanding the Issues«, Norwegian Church Aid, 2003.

2 Diese Bestimmungen umfassen u.a. die Allgemeine Menschenrechtserklärung der Vereinten Nationen, die Europäische Konvention zum Schutz der Menschenrechte und der Grundfreiheiten aus dem Jahr 1950 und den Internationalen Pakt über bürgerliche und politische Rechte der Vereinten Nationen aus dem Jahr 1966.

3 David Held, »Law of States, Law of Peoples: Three Models of Sovereignty«. In: *Legal Theory* 8, 2002.

4 Es muss ein Urteil darüber gefällt werden, ob die Zustimmung des Volkes auf demokratischem Weg eingeholt wurde, und ich akzeptiere, dass dies bis zu einem gewissen Grad vom Ermessen abhängt. Es gilt jedoch grundsätzlich festzuhalten, dass es abhängig vom Grad der Repräsentation und der demokratischen Rechenschaftspflicht *möglich* ist, zwischen verschiedenen politischen Herrschaftsformen zu unterscheiden. Diese Unterscheidung könnte das Schiedsgericht vornehmen. Was die Unterschiede zwischen autoritären Diktaturen, Teildemokratien (in denen es einige Verfahren für Wahlen mit einer echten Entscheidungsmöglichkeit und bestimmte Garantien in Bezug auf bürgerliche und politische Rechte gibt) und voll entfalteten Demokratien anbelangt, vgl. David Potter, D. Goldblatt, M. Kiloh und P. Lewis (Hrsg.), *Democratization,* Polity Press, 1997.

5 Es gibt einige Rechtsgrundsätze – ungerechtfertigte Bereicherung, Quasivertrag, »money had and received« (aufgrund eines nichtigen Vertrags oder durch Täuschung usw. erhaltenes Geld muss zurückerstattet werden) u. ä. – die auch auf Staatsschulden angewandt werden könnten.

6 N. Pomeroy, »Lectures on International Law in Time of Peace«, Houghton-Mifflin, Boston, 1886, S. 75. Vgl. auch J. King, »The Doctrine of Odious Debt under International Law«, *www.woek.de/pdf/kasa_mcgill_kap1.pdf.*

7 Vgl. Alejandro Olmos Gaono, »The Illegal Foreign Debt: The Value and Likelihood of a Legal Ruling«, *www.jubileeplus.org/analysis/articles/olmos_illegal_foreign_debt.htm.*

8 Richter Taft am Obersten Gerichtshof der Vereinigten Staaten, 1923: »Die Royal Bank ... hätte nachweisen müssen, dass sie das Geld tatsächlich der Regierung ... zur Verfügung stellte. Das hat sie nicht getan. Die Bank wusste, dass dieses Geld vom scheidenden Präsidenten Federico Tinoco nach dessen Flucht in ein anderes Land für persönliche Zwecke verwendet werden würde. Daher kann die Bank ihre eigene Regierung nicht für das Geld zur Rechenschaft ziehen, das zu diesem Zweck an Tinoco ausgezahlt wurde.«

9 Die Rechtsgelehren debattieren verständlicherweise intensiv über die Frage, ob Schulden als unrechtmäßig betrachtet werden können, wenn das Geld einem illegitimen Regime geliehen wurde, oder ob es erforderlich ist, den einzelnen Kredit eindeutig einem bestimmten illegitimen Zweck zuzuordnen.

10 Jeffrey Winters, »Criminal Debt«. In: Jonathan R. Pincus und Jeffrey A. Winters, *Reinventing the World Bank,* Cornell University Press, September 2002.

11 Im Jahr 1927 definierte der russische Jurist Alexander Sack Schulden als »abscheulich«, wenn sie von einem »despotischen Regime … nicht zur Erfüllung der Bedürfnisse oder im Interesse des Staates, sondern zur Festigung seiner Herrschaft aufgenommen werden … und für Zwecke verwendet werden, die nach Wissen des Kreditgebers nicht den Bedürfnissen und Interessen der Nation entsprechen.« Sack war der Ansicht, die Nation sei nicht an derartige Schuldverpflichtungen gebunden, wenn es ihr gelinge, die Regierung zu stürzen, die diese Kredite aufgenommen habe. Vgl. z.B. Patricia Adams, »Odious Debts: Loose Lending, Financial Corruption and the Third World's Environmental Legacy«, Probe International, 1991.

12 Das Kriterium der »begründeten Annahme« wird in der Rechtsprechung allgemein herangezogen, um eine Person stellvertrend für die Taten anderer zur Rechenschaft zu ziehen.

13 Die Klage »Khulumani u. a. gegen die Barclays National Bank u.a. wurde im November 2002 in New York von der Khulumani Support Group (die Jubilee South Africa angehört) und anderen Parteien gegen mehrere Unternehmen und Banken eingebracht, die nach Ansicht der Kläger das südafrikanische Apartheidregime unterstützten. Es handelt sich um eine Schadenersatzklage nach Maßgabe des Alien Tort Claims Act; dieses Bundesschadenersatzgesetz erlaubt es Ausländern, nicht amerikanische Unternehmen oder Personen vor amerikanischen Gerichten zu verklagen. Die Vereinten Nationen definierten die Apartheid im Jahr 1950 als Verbrechen gegen die Menschlichkeit.

14 Nancy Birdsall, John Williamson und Brian Deese, »Delivering on Debt Relief: From IMF Gold to a New Aid Architecture«, Institute for International Economics, 2002, S. 8.

15 Die Frage, worin die menschlichen Grundbedürfnisse bestehen, behandelt beispielsweise Francis Stewart, *Basic Needs in Developing Countries*, Johns Hopkins University Press, 1985.

16 Selbst Länder, die ihre Schulden nicht bedienen, werden oft bestraft, weil sie aufgrund ihrer Schulden zuzüglich der Zinsrückstände keine weitere Hilfe erhalten.

17 Vgl. z.B. die Artikel 25 und 26 der Allgemeinen Menschenrechtserklärung von 1948, in denen das Recht auf Nahrung, Gesundheit, Kleidung, Wohnung und Bildung festgehalten sind, sowie den Internationalen Pakt über die wirtschaftlichen, sozialen und kulturellen Rechte, in dem es heißt, dass »ein Volk in keinem Fall der Mittel zur Selbstversorgung beraubt werden darf«. Diesen Pakt haben 145 Staaten unterzeichnet. Hingegen werden

die Umweltrechte im internationalen Umweltrecht bisher im Allgemeinen als entstehendes Recht bezeichnet (als Recht *in statu nascendi,* im Zustand des Entstehens). Allerdings wurden diese Rechte seit 1968 durch eine Reihe internationaler Erklärungen, Resolutionen usw. bekräftigt. Beispielsweise stellte die UNO-Vollversammlung im Jahr 1968 in ihrer Resolution einen Zusammenhang zwischen der Qualität der Umwelt und der Wahrnehmung der Grundrechte her. In der bahnbrechenden Stockholmer Erklärung von 1972 (der ersten UN-Weltumweltkonferenz) wurden sowohl die natürliche als auch die vom Menschen gestaltete Umwelt als unverzichtbar für das menschliche Wohlergehen und die Wahrnehmung der Grundrechte bezeichnet, darunter das Recht auf Leben. In der Resolution hieß es weiter, der Mensch habe »das grundlegende Recht auf Freiheit, Gleichheit und angemessene Lebensbedingungen in einer hochwertigen Umwelt, die ihm ein Leben in Würde und Wohlstand ermöglicht«. Im Jahr 1990 erklärte die Vollversammlung der Vereinten Nationen, alle Menschen hätten »das Recht auf ein Leben in einer Umwelt, die ihnen Gesundheit und Wohlergehen ermöglicht«. Deutlicher werden diese Rechte im innerstaatlichen Recht definiert. In den Verfassungen vieler Länder, insbesondere in den nach 1970 entstandenen, wird das Recht auf angemessene Umweltbedingungen als grundlegend bezeichnet.

18 Zu den Konkursverfahren nach Chapter 9 vgl. z.B. Kunnibert Raffer, »The Need for an International Chapter 9«, *www.jahrbuch2002.studien-von-zeitfragen.net/WeltfinanzIRAFFER_1/raffer_12.HTM.*

19 Beide Fälle behandelt James Surowiecki, »Dealing with Deadbeats«. In: *New Yorker*, 28. Oktober 2002.

20 Ich spreche von »formaler Anerkennung« weil sich die G-7 und andere große staatliche Gläubiger in Köln unter dem Druck der Befürworter eines Schuldenerlasses sehr wohl verpflichtet haben, den hoch verschuldeten armen Ländern 100 Prozent oder fast 100 Prozent ihrer bilateralen Schulden zu erlassen, was darauf hindeutet, dass sie das Prinzip der Schuldenstreichung zwecks Erfüllung der Grundbedürfnisse anerkannt haben. Allerdings hat bisher nur Irland den auf den »Millennium Entwicklungszielen« beruhenden Zugang zur Tragbarkeit der Schulden übernommen. Hingegen erkennen der IWF und die Weltbank dieses Prinzip bisher überhaupt nicht an.

21 Wenn wir die »Tragbarkeit« der Schulden auf der Grundlage der Grundbedürfnisse einschätzen, stellen wir fest, dass vielen Ländern sämtliche Schulden erlassen werden müssten, wenn wir

davon ausgehen, dass die eingesparten Mittel in die Erfüllung der Grundbedürnisse fließen werden. Und viele dieser Länder würden zusätzlich Hilfe benötigen. Vgl. Joseph Hanlon, »Linking Debt Service to Development«, Diskussionsunterlage für den Workshop »Nicht tilgbare Schulden« des Jubilee 2000 Meetings in Rom, 16. November 1998; Jeffrey D. Sachs, »External Debt, structural adjustment and economic growth«, *UNCTAD: International Monetary and Financial Issues for the 1990s*, Bd. IX; Henry Northover, Karen Joyner und David Woodward, »A Human Development Approach to Debt Relief for the World's Poor«, Positionspapier, CAFOD. Vgl. auch Henry Northover, »An Alternative Approach to Debt Cancellation and New Borrowing for Africa«, CAFOD, Oktober 2003. Wenn ein Land keine ausreichenden Staatseinnahmen erzielt, um die zur Armutsbekämpfung notwendigen Investitionen vornehmen zu können, und wenn es keine ausreichende Hilfe aus dem Ausland erhält, um die Einnahmenlücke zu schließen – in der Regel sind beide Bedingungen gegeben – stellt eine weitere Entschuldung zudem die *einzige* Finanzierungsquelle dar.

22 Während in den Millennium Entwicklungszielen statt »kostenlos« der Terminus »allgemein« verwendet wird, heißt es in Artikel 26 der Allgemeinen Menschenrechtserklärung: »Jeder Mensch hat ein Recht auf Bildung. Zumindest die Grundschulausbildung muss kostenlos sein.«

23 Center for Global Development and Foreign Policy Magazine, »Ranking the Rich«, 2003.

24 Jeffrey Sachs schätzt, dass mindestens 30 Ländern zu diesem Zweck sämtliche Schulden erlassen werden müssten. Gespräch im April 2004.

25 Vgl. z.B. Ann Pettifor, »Resolving International Debt Crises – the Jubilee Framework for International Insolvency«, Januar 2002; Kunnibert Raffer, »The Need for an International Chapter 9«, *www.jahrbuch2002.studien-von-zeitfragen.net/WeltfinanzRAFFER_1/raffer_12.HTM*.

26 Vgl. dazu den SDRM-Vorschlag des IWF.

27 Jubilee Research hat sehr überzeugende Argumente dafür vorgebracht, dass der Währungsfonds seine Kapitalerfordernisse durch den Verkauf seiner Goldreserven mehr als decken könnte, ohne eine Herabstufung seiner Kreditwürdigkeit zu riskieren. Diese Ansicht teilt unter anderem Jeffrey Sachs (Gespräch im April 2004). Was die Weltbank anbelangt, so könnten die Regierungen, die die Weltbank finanzieren, das Kapital der Einrichtung im erforderlichen Maß aufstocken, um zu verhindern,

damit die Bank nicht gezwungen wäre, die Zinsen auf ihre Kredite zu erhöhen und damit die Länder mit mittlerem Einkommen zur Subventionierung der Länder mit niedrigem Einkommen zu verurteilen. Vgl. z.B. »Can the World Bank and IMF Cancel 100% of Poor Country Debts?«, Jubilee Research for Debt and Development, Coalition Ireland, 2003. Generell könnten die reichen Länder selbstverständlich selbst die Kosten der Abschreibung übernehmen, wenn die multilateralen Einrichtungen die Behauptung aufrechterhalten, sie könnten die Streichung der multilateralen Schulden nicht selbst finanzieren. Die Kosten einer Abschreibung sämtlicher multilateralen Schulden der HIPC-Länder würden sich nach der Erfüllung aller bisherigen Verpflichtungen zum Schuldenerlass auf 34,9 Milliarden Dollar belaufen. Die Jubilee-Schuldenerlasskampagne und das World Development Movement haben nachgewiesen, dass die entsprechenden Kosten für die einzelnen G-7-Länder und die anderen Industrieländer relativ gering wären. Beispielsweise würde es Großbritannien lediglich 1,3 Mrd. Pfund kosten, seinen Anteil abzuschreiben. Vgl: *Call for Change: How the UK Can Afford to Cancel its Share of Third World Debt*, März 2004.

28 Vorschläge zur Zusammensetzung der Schiedsgerichte haben u.a. Kunnibert Raffer sowie Thomas Fritz und Philipp Hersel unterbreitet. Vgl. Kunnibert Raffer, »Applying Chapter 9 Insolvency to International Debts: An Economically Efficient Solution with a Human Face in World Development«, Bd. 18, Nr. 2, 1990, sowie Thomas Fritz und Philipp Hersel, »Fair and Transparent Arbitration Processes: A new road to resolve debt crises«, Berliner Arbeitsgruppe Umwelt und Entwicklung, August 2002. Der Genfer Vereinbarung (die sich selbstverständlich auf eine vollkommen andere Situation bezieht, in der dennoch ein Schiedsgericht zur Streitbeilegung vorgeschlagen wurde) wurde eine von beiden Seiten vereinbarte Liste von Schiedsrichtern als Anhang beigefügt.

29 Die Welthandelsorganisation verfügt über einen Schiedsgerichtsmechanismus, die Streitschlichtungsstelle für die Beilegung von Handelsstreitigkeiten zwischen Staaten. Das Internationale Zentrum zur Beilegung von Investitionsstreitigkeiten (ICSID) schlichtet unter Aufsicht der Weltbank zwischen Staaten und Privatparteien.

30 Während die Nachfolgeregime in den fraglichen Ländern vorgewarnt werden müssten, dass sie, sollten sie diese geerbten Schulden bedienen, nicht mehr für eine Finanzhilfe infrage kämen, da sie ansonsten beträchtliche Anreize hätten, den Schul-

dendienst fortzusetzen. Vgl. Michael Kremer und Seema Jayachandran, »Odious Debt«, Brookings Institution Policy Brief Nr. 103, Juli 2002.

31 Vgl. z.B. Kenneth Rogoff, »Emerging Market Debt, What is the Problem«, Rede vor der Sovereign Debt Restructuring Mechanism Conference, 22. Januar 2003; Ann Pettifor, »Resolving International Debt Crises – The Jubilee Framework from international insolvency«, New Economics Foundation, Januar 2002.

32 Jede weitere Auseinandersetzung damit wurde bei der Frühjahrssitzung des IWF im Jahr 2003 auf unbestimmte Zeit ausgesetzt.

33 Gespräch mit Jeffrey Sachs, April 2004.

34 Die Zahl von 170 Milliarden Dollar bezieht sich auf die offiziellen Schulden der Subsahara-Länder Ende des Jahres 1999. Den Wert von 24 Milliarden Dollar habe ich anhand von John Garretts und Angela Travis' Berechnungsmethode ermittelt. Vgl. dazu John Garrett und Angela Travis, »Unfinished Business – Millennium Debt Challenge«, Jubilee 2000 Coalition, September 1999. Die Autoren nehmen an, dass die von anderen Staaten, vom IWF und von der Weltbank gewährten Kredite zu etwa 90 Prozent abgeschrieben werden können, was die Vereinigten Staaten bereits mit ihren bilateralen Schulden tun, während die regionalen Entwicklungsbanken ihre Kredite nicht im selben Ausmaß abschreiben können. Selbstverständlich ist nicht davon auszugehen, dass der Währungsfonds und die Weltbank eine Abschreibung von 90 Prozent ihrer Kredite an HIPC-Länder akzeptieren werden, obwohl ein unvoreingenommener Beobachter meinen könnte, dass der IWF, der Argentinien (das kein hoch verschuldetes armes Land ist) am Nachmittag einen Kredit von 3 Milliarden Dollar gewährte, nachdem er von diesem Land am Morgen die Zusage zur Rückzahlung von 3 Milliarden Dollar erhalten hatte, in einigen Fällen bereit ist, sich sogar mit einer hundertprozentigen Abschreibung abzufinden. Aber selbst wenn die multilateralen Schulden nicht abgeschrieben werden, sind die Kosten für die Streichung dieser Verpflichtungen durchaus tragbar. Aus den jüngsten Daten geht beispielsweise hervor, dass die 42 HIPC-Länder den multilateralen Institutionen nach der vollständigen Durchführung des zugesagten Schuldenerlasses immer noch 34,9 Milliarden Dollar schulden würden. Die reichsten Länder könnten es sich leicht leisten, diesen Betrag zu übernehmen.

35 Einen Teil der Schuld an dieser institutionalisierten Korruption, an der mangelhaften Verwaltung der Gelder und an der mangelnden Rücksichtnahme auf die Armen muss die reiche Welt

auf sich nehmen. Erinnern wir uns daran, dass der IWF und die Weltbank die Gewährung von Krediten an Entwicklungsländer bis vor Kurzem ausdrücklich mit der Bedingung verknüpften, dass die Regierungen dieser Länder die sozialen Dienstleistungen und die Gesundheits- und Bildungsbudgets zusammenstrichen, womit sie die Schuldnerländer aktiv daran hinderten, die Bedürfnisse ihrer verwundbaren Mitglieder zu erfüllen. Der Westen finanziert weiterhin Regierungen, die sich nicht um ihre verwundbarsten Bürger kümmern, sofern die geopolitische Unterstützung solcher Regierungen benötigt wird; dabei werden auch Kredite zugestanden, die es derartigen Regierungen ermöglichen, die Mittel in erster Linie für militärisches Gerät und größenwahnsinnige Renommierprojekte zu verwenden. Zudem beharren die westlichen Regierungen weiterhin darauf, dass die Entwicklungsländer zahlreiche Maßnahmen wie die Privatisierung staatlicher Versorgungsunternehmen durchführen, was die Lage der Armen zusätzlich verschlechtert. Hätten sie stattdessen nachdrücklich auf einer gerechten Verteilung der Mittel bestanden, so wären die Einkommensunterschiede in vielen dieser Länder heute möglicherweise nicht derart gewaltig.

36 Im Jahr 1998 gab Pakistan rund 5 Prozent seines BIP von 61 Milliarden Dollar für die Verteidigung aus, was es ihm ermöglichte, aktive Streitkräfte zu unterhalten, die halb so groß waren wie die Indiens. Vgl. Jessica Stern, »Pakistan's Jihad Culture«. In: *Foreign Affairs*, November/Dezember 2000, *www.foreignaffairs.org/20001101faessay940/jessica-stern/pakistans-jihad-culture.html.* Im Jahr 1996 wandte Pakistan 3 Prozent seines BIP für die Bildung auf. Vgl.: World Bank, »Entering the 21st Century: World Development Report 1999– 2000«, Oxford University Press, New York, 2000, *www.worldbank.org/wdr/2000/fullreport.html.* Pakistans Bildungsausgaben beliefen sich zwischen 1990 und 1997 auf 0,8% des BIP: World Bank, »Entering the 21st Century: World Development Report 1999-2000«, Oxford University Press, New York, 2000, *www.worldbank.org/wdr/ 2000fullreport.html.*

37 Im Haushalt der nigerianischen Bundesregierung für das Jahr 2002 waren 28 Millionen Dollar für ein Satellitenprogramm vorgesehen.

38 »Bolivia: Deflection of Resources from the Fight Against Poverty«, AIS-CODEDCO, La Paz, 17. April 2003.

39 Meetings von Weltbank und IWF, September 2003.

40 Vgl. z.B. Rafael La Porta, Florencio Lopez de Silanes, Andrei Shleifer und Robert Vishny, »The Quality of Government«. In:

*The Journal of Law Economics and Organization*, Bd. 15, Nr. 1, 1999.

41 Wer glaubt, dass die ärmsten Länder ihre Schulden in Wahrheit nicht bedienen und dass daher eigentlich keine Einsparungen möglich sind, dem sei gesagt, dass diese Annahme in der Vergangenheit zutraf, dass sie heute jedoch falsch ist. Da ein Land »seine Beziehungen zu den Gläubigern regularisieren«, d.h. seine Schulden bedienen muss, um das HIPC-Programm erfolgreich zu absolvieren, werden mittlerweile 85 Prozent der Schulden der hochverschuldeten armen Länder bedient. Hingegen zahlen die Nicht-HIPC-Länder im Durchschnitt lediglich etwa 40 Prozent ihrer Schulden zurück, was allerdings immer noch ein signifikanter Betrag ist.

42 Welche Projekte sollen diese Treuhandfonds unterstützen? Die Details würden von den Treuhändern festgelegt. Es sollte vermieden werden, in diesen Fonds jene Art von äußerer Einmischung in die Details zu praktizieren, die der Währungsfonds und die Weltbank so lieben und die darauf hinausläuft, den Empfängerländern unabhängig von ihren Bedürfnissen globale Lösungen aufzuzwingen, die zum Scheitern verurteilt sind. Die Leitungsgremien der Treuhandfonds wären am besten in der Lage, die nationalen Prioritäten festzulegen. Allerdings sollte vorgeschrieben werden, dass die Projekte nachweislich den Armen zugute kommen, die Bedürfnisse der Frauen berücksichtigen und geografisch gestreut werden. Die Millennium-Entwicklungsziele stellen einen guten Bezugspunkt dar.

43 In vielen Fällen können Schuldnerländer ihre Gläubiger nur bezahlen, wenn sie neue Kredite erhalten.

44 Dies wäre im Einklang mit dem Versprechen der internationalen Gemeinschaft, die Millennium-Entwicklungsziele anzustreben.

45 Verfügt ein Schuldnerland nicht über ausreichende Mittel, um seine Schulden zurückzuzahlen und kann damit auch kein Geld in den Fonds einzahlen, so muss die internationale Gemeinschaft bereit sein, die erforderlichen Mittel bereitzustellen, damit der Fonds funktionieren kann. Das Schiedsgericht könnte feststellen, inwieweit die Regierung eines Schuldnerlands in der Lage ist, einen finanziellen Beitrag zum Fonds zu leisten. Es sollte darauf hingewiesen werden, dass diese Fähigkeit per definitionem größer ist als die Kapazität zur Bezahlung der ausländischen Gläubiger, denn während die tragbaren Schuldenrückzahlungen auf grund dessen berechnet werden sollten, was nach der Erfüllung der Grundbedürfnisse der heimischen Bevölkerung zur

Verfügung steht, stellt die Bereitstellung von Geldern für den Fonds die prioritäre Verwendungsmöglichkeit der Ressourcen dar. Zudem werden im ersten Fall die heimische Währung und im zweiten Devisen benötigt.

46 Die Organisationen der Zivilgesellschaft könnten die Treuhänder vorschlagen, über die dann abgestimmt werden könnte, wobei jede Organisation unabhängig von ihrer Größe eine Stimme abgeben dürfte. Der Wahlvorgang müsste offen und transparent sein, um die Glaubwürdigkeit des Fonds zu gewährleisten. Es wäre auch ein Kontrollsystem erforderlich, um die Vorherrschaft einer Interessengruppe zu vermeiden. Marianne Guerin-McManus von Conservation International schlägt mit Blick auf die Umweltschutzfonds eine Rotation der Fondsmitglieder und die Verwendung spezieller Abstimmungssysteme vor, die in bestimmten Fragen eine überwältigende Mehrheit der Stimmen erforderlich machen oder bestimmten Mitgliedern in einzelnen Fragen ein Vetorecht einräumen würden, um zu verhindern, dass eine Gruppe übermäßige Macht gewinnt und den Zielen des Fonds schadet. Doch vor allem müssen wir uns darüber im Klaren sein, dass die Rekrutierung, Ausbildung, Überwachung und Förderung der Treuhänder aus der Zivilgesellschaft mit Kosten verbunden sein wird, die die reiche Welt mit Blick auf die positiven Feedback-Effekte jedoch bereitwillig übernehmen sollte.

47 Während mein Vorschlag für den Gläubiger im Wesentlichen einen Schuldenerlass bedeuten würde, wäre er für den Schuldner nicht von Anfang an mit einer Streichung seiner Schulden verbunden, sondern mit der Umwandlung eines mit Devisen zu bestreitenden Schuldendienstes in eine Zuteilung von Geldern in eigener Währung.

48 Es wäre denkbar, diese Rechenschaftspflicht in einem Vertrag wie der Bestechungskonvention der OECD festzuhalten, mit der die Bestechung ausländischer Staatsdiener in sämtlichen Signatarstaaten zu einer Straftat erklärt wurde. Die Staaten verpflichten sich zur Auslieferung solcher Straftäter, indem sie den Vertrag unterzeichnen.

49 Obwohl die HIPC-Initiative ein Bekenntnis zu einer sehr viel umfassenderen Beteiligung der Zivilgesellschaft beinhaltet und die internationalen Finanzinstitutionen erklärt haben, die Zivilgesellschaft werde von nun an sowohl in die Gestaltung der Programme zur Armutsbekämpfung als auch in die Überwachung der Verwendung von durch den Schuldenerlass frei gewordenen Mitteln eingebunden, sind diese Zusagen bisher im Großen und Ganzen nicht eingehalten worden. Die Treuhand-

fonds für die Nationale Regeneration stellen hingegen einen Mechanismus dar, der tatsächlich geeignet wäre, um ein solches Versprechen auch einzulösen.

50 Vgl. z.B. Steve Clemons, »Sharing, Alaska-Style«, *New York Times*, 9. April 2003.

51 Lehren können auch aus den Schulden-für-Umweltschutzmaßnahmen-Swaps gezogen werden, die in der Vergangenheit gelegentlich zur Anwendung gekommen sind.

52 Einige der Länder, die in den Genuss eines Schuldenerlasses gekommen sind, haben die Sozialausgaben um 20 bis 50 Prozent erhöht.

53 Inter-American Development Bank, 27. März 2004.

54 Eine weitere Möglichkeit zur Umwandlung dieser Geldströme in Wertpapiere könnte darin bestehen, dass das Gastland der emigrierten Arbeitskräfte deren Einkommenssteuerzahlungen in Anleihen umwandelt, die anschließend zur Finanzierung der Entwicklung verwendet werden können.

55 Selbstverständlich liegen Schulden in Form von Anleihen ab dem Zeitpunkt, da die Regierung eine Emission ankündigt, nominell offen.

56 Die in Kapitel 10 erwähnten Klagen, mit denen die amerikanischen Exportkreditagenturen Ex-Im und OPIC konfrontiert sind, stellen bereits einen Fall dar, in dem Regierungsbehörden für angeblich fahrlässige Kreditvergabepraktiken zur Rechenschaft gezogen werden.

57 Vgl. z.B. den BCCI-Fall.

58 Es sollte auch erwähnt werden, dass Länder, die zwar nicht hoch verschuldet, jedoch arm sind, aufgrund des Schuldenerlasses verlieren. Die Zuschüsse oder Schuldenerlässe für hoch verschuldete Länder dürfen die Unterstützung für andere arme Länder nicht ersetzen, sondern müssen sie ergänzen.

59 Den Entwicklungsländern könnten beispielsweise subventionierte Versicherungen angeboten werden, um ihnen die Bewältigung unerwarteter Schwankungen der Grundstoffpreise zu erleichtern, die diese Länder so oft in schwere Krisen stürzen.

60 Obwohl der Großteil dieses Geldes in westlichen Steuerparadiesen – auf den Cayman Islands, den Bahamas usw. – liegt, wurde ein Teil auf Konten im Iran, im Irak, in China, Kuwait, Saudi-Arabien und osteureuropäischen Ländern überwiesen, wo derartige Kontrollen zweifellos schwieriger sind. Aber wir sprechen hier über sehr viel Geld: Mobutus Privatvermögen, das überwiegend ins Ausland geschleust wurde, wird auf etwa 10 Milliarden Dollar geschätzt. Von dem Geld, das die Familie Ab-

acha in Nigeria gestohlen hat, wurden bereits 3,5 Milliarden Dollar auf ausländischen Bankkonten aufgespürt.

61 Vgl. z.B. Gordon Brown über die Internationale Finanzierungsfazilität (IFF) sowie Joseph Stiglitz und George Soros über den Souvereign Debt Restructuring Mechanism (SDRM).

# Index